後漢書裡的那些人那些事

江輝◎著

在中國的歷史上，東漢一直是處於一個有點尷尬的地位：前有西漢閃亮的光芒，讓人不敢直視；後有三國的風流人物，讓人為之嚮往，相較之下，光武帝劉秀建立起的東漢，如同個委屈的小媳婦般，夾在兩者之中，實在吸引不了太多目光。

東漢王朝總共經歷了十四位皇帝，國祚 195 年。

這個王朝給人的印象就是：幼主輪番夭折，宦官跋扈專權，外戚攝朝干政，黨錮之爭不休，整個國家呈現一片烏煙瘴氣、腐敗混亂的現象，留下的殘局就是三國的混戰與分裂。

雖然東漢王朝的悲情，讓人不忍直視，它依然留下了許多寶貴的問題給後世思考：一個國家為什麼會崛起？又為什麼會消亡？一個人為什麼會失敗？如果成功了，又是什麼因素？

這些歷史人物，面對如洪流般襲來的事件，選擇用甚麼樣的態度和方法處理，可能都是攸關人生的抉擇。

不妨想想，如果我們身處其境，又會採取怎麼樣的行動？

如果你是被「挾天子以令諸侯」的漢獻帝，你會選擇繼續作群臣的傀儡，或放手一搏，用生命奪回江山？

而亂世洪流中的士大夫，在面對生不由己，隨時可能遭到打壓，一不小心就會惹來殺生之禍的黨錮之爭時代，你是否還願意為國家社稷挺身而出？還是選擇獨善其身，隱居於世？

「以史為鏡，可以知興衰。」，歷史就是過去好幾代人的生活，這些問題，歷史都能為我們提供豐富的借鏡跟參考。

這本書，就是希望大家能像讀故事一樣讀歷史，自然而然地融入當時的情境與脈絡中，理解在那樣的年代裡，「發生了什麼事情？」、「為什麼會發生這些事情？」以及「他們為何這麼做？」

也就是，不只要「知其然」，更要「知其所以然」，這樣對歷史的理解，也就更深入、更上一層樓了。

寫歷史，需要一點想像力；讀歷史，更要讀出思考力。

本書在選材上，圍繞著人物開展：從東漢歷史洪流中的帝王，到開國與守成的文臣武將、掌權亂朝的外戚與宦官、亂世中的兒女情長……等，在本書中都有生動精采的刻畫，讓大家能用最輕鬆的方式，讀懂東漢這一時代的風起雲湧、人事更迭，讓歷史人物鮮活起來，穿越時空阻隔，來到大家面前！

現在，就讓我們放鬆心情，選個好位子，泡壺好茶，展開東漢這幅歷史畫卷，一起舒舒服服的「讀故事，品古人」吧！

　　我從小就喜歡讀歷史故事，歷史雖然不會重演，但歷史上的事件常常驚人的相似的出現在生活情境中。

　　在這麼多的歷史書籍中，我尤其喜歡《後漢書》。

　　《後漢書》是一部記載東漢歷史的紀傳體史書，作者是南宋的范曄，全書記載了從王莽末年起，至漢獻帝之間約二百年的歷史。

　　後人將《後漢書》和《史記》、《漢書》、《三國志》合稱「前四史」。

　　雖然合稱前四史，但《史記》、《漢書》、《三國志》的作者都是有「國家認證」的「史官」，奉朝廷之命編寫史書。

　　但范曄就不同了。范曄的身分，以今天的話來說，就只不過一個「業餘作家」而已。但也正是因為他「業餘」的身分，使《後漢書》最終能超越「規範」，成為令人耳目一新的史學清流。

　　范曄的思想開放進步，在《後漢書》的寫作方式上，雖然以班固的《漢書》為參考，但不拘泥所謂正統的記載形式，自成一格，開創了新局，其文如行雲流水，不受拘束，縱橫捭闔，大氣磅礴，讀之深有玩味，充滿文學的美感。

　　除此之外，范曄在思想上，亦與其他史學家有所不同，他寫的《後漢書》，打破了以往史書那種專為帝王、將相立家譜之風氣，敢於揭發封建統治下的暴政、勇於批判宦官與外戚的腐敗，具有強烈的作者主觀意識；加上范曄生活在一個駢文逐步興盛的時代，使《後漢書》在語言上，駢散並用，優美流暢的文字，時時可見於書中，許多流傳至今，琅琅上口的格言，例如：

「不入虎穴，焉得虎子」、「失之東隅，收之桑榆」……等，都是出自於後漢書的佳言。

　　對於這樣一本具有傳承性的史書來說，在當今的快節奏閱讀習慣下，人們未必能夠仔細品讀。

　　故此，我從全書中甄選出一百個精彩的故事，希望能使讀者用最輕鬆的方式，了解東漢的歷史，引領各位走進歷史現場，親歷當年東漢王朝的風風雨雨，從故事中領悟到生活的道理，並得到啓迪與借鑑，

　　這也算是《後漢書》在現代的另一種意義，對我來說，也就足夠了。

目錄

第一章 歷史洪流中的帝王

第二章 開國與守成中的武將文臣

第三章 不是外戚掌權，就是宦官亂朝

第四章 天下亂世，群雄割據

第一章

歷史洪流中的帝王

莊稼漢的逆襲人生
——光武帝舂陵起兵

故事 1

　　假使沒有西漢皇帝昏聵不堪，外戚擅朝的局面，也許劉秀就沒有登上歷史舞臺的機會。又或者沒有王莽篡奪劉氏天下，剝奪劉氏的爵位與封地，也許劉秀還能安心享受著皇帝遠親所帶來的優沃生活。

　　但是歷史的發展就是這麼突如其來，若不是風雲突變戰火起，劉秀可能與他的祖輩一樣，既享受著皇室宗族的高貴生活，又不必捲進權力鬥爭的漩渦，更別說成為後來的開國皇帝了。

　　在天下未亂，西漢未亡的時候，劉秀生活得十分愜意，頭頂著皇室宗族的光環，過著地主豪強的生活，每天耕田澆花，要多自在就有多自在。但相較於劉秀的謹慎低調，哥哥劉縯卻豪俠仗義，性格剛烈，胸懷大志，廣交天下豪傑，更為了成就偉大功業而不懈地努力著。

　　西元一七年，那個不被人們認可的皇帝王莽，統治危機四伏，農民起義堪比星星之火，地方官甚至來不及向皇帝傳報快訊，起義的野火就已經燒到了皇城外邊。此時的劉縯劉秀兩兄弟自然不會置身事外，更何況劉氏遠親在沒了劉氏政權的支撐下更不能坐以待斃。兩兄

【光武帝劉秀畫像】

弟一邊觀察著當今的局勢，一邊蟄伏在距離帝都長安城很近的南陽。一來可以和風暴中心保持距離，二來這個距離又很利於掌握長安城內的情況。

在這種情況下，劉秀的想法是「小不忍則亂大謀」，反正也忍了這麼久，不差這一時片刻。可是剛烈的劉縯卻不想忍耐下去，巴不得早點加入打倒王莽的隊伍。於是，他替劉秀做了決定，立刻招兵買馬，只要時機成熟，就打著「光復漢室」的大旗，直搗王莽的老巢。劉秀見哥哥心意已決，何況財政大權也握在他的手中，只好一同為秘密起義做準備。

這次準備足足做了五年，直到西元二二年，劉縯和劉秀才看到有利於他們的時機。

這一年，一支名為「新市兵」的地方軍隊在南陽站穩腳跟，同時，在南陽平林縣又有千餘起義人員，組成了一支名為「平林兵」的起義隊伍。眼見農民起義的烈火已經燒到了南陽城，劉縯當機立斷，決定趁此加入，回應兩支農民起義軍。

時隔不久，以劉縯為領袖的起義隊伍終於舉起了自己的大旗。可是，並不是每一名劉氏子弟都有勇氣去捍衛他們的漢室江山，起義剛剛開始就已經有逃兵。此時的劉秀一反儒雅溫和的性格，率先穿上了戎裝，佩上了寶劍，以自己的實際行動響應了哥哥的號召，並告訴劉氏子弟他們並不是去送死，而是有詳細計畫的。

【〈歷代帝王圖〉中的光武帝劉秀。在閻立本筆下，光武帝劉秀雙目炯然有神，面型端莊，體態勻稱。畫家巧妙利用史書所載「身長七尺三寸，美鬚眉、大口、隆准、日角」的生理特徵，傳達出劉秀英明睿智、胸懷寬廣的氣質。】

劉縯雖然剛烈，但是在戰場之上，只有勇氣是不夠的。他低估了王莽的軍隊實力，在看到起義情勢大好的情況下貿然進軍宛城重鎮，結果兵敗如山倒，春陵義軍被王莽的軍隊打得四散而逃。可以說「春陵起兵」首戰是以懸殊的差距落敗了，但「春陵起兵」對於劉秀而言卻是一個重大的轉捩點。

宛城一戰失敗之後，劉秀輾轉逃亡到信都，此時的劉秀放棄了劉縯的激進策略，他已經完全可以自己謀劃形勢對策了。

在信都立足之後，劉秀開始籌建軍隊，還舉辦了一場政治聯姻，新娘郭聖通的嫁妝則是一支十餘萬的軍隊。至此，劉秀基本上完成了自己的進化史，他已經從一名莊稼漢徹底轉變為國內群雄中不可小覷的起義力量了。

劉秀一鼓作氣，經過數番掃蕩，在亂世中割據成為一方軍閥。

西元二五年，劉秀在各地將領的擁護下稱帝，沒有排場，沒有皇宮，就是這麼低調。但是，從此以後劉秀的天下開始了。

小知識

相傳，劉秀出生之時，有一株禾苗長得格外不同，竟然結了九個穗子，劉秀的父親劉欽見此認為兒子不同凡響，此後必成大事，因此以「秀」字為其命名。劉秀九歲喪父，與其兄妹寄居在叔父家生活，叔父家以種田為生，因此劉秀恰巧應了生來的徵兆，從莊稼地裡開始了自己的人生。

抽籤來的好運
——劉盆子稱帝

故事 2

劉盆子何許人？他的祖上是平定「諸呂之亂」的劉章，而劉章的爺爺正是漢高祖劉邦。

論漢室子弟親疏遠近，按理說劉盆子也是正統的皇親國戚，無奈生逢亂世，在他出生的年代已不是當時全盛的大漢王朝了，而是盛極而衰的末路國家。

在封建社會，劉盆子這種身世註定他的人生無法由自己掌控，因此他的命運在家天下的捆綁下形成「一榮俱榮，一損俱損」的固定模式。如果生對時間，趕上漢武盛世，劉盆子什麼也不用做自然有千百人簇擁他、討好他，但他恰好生在末世，夾在西漢東漢兩個朝代之間，劉姓對於他而言著實成為難以擺脫的負擔。

劉盆子雖然不走運沒能享受皇親國戚的富貴與權勢，卻也在亂世裡做了幾天的皇帝。以劉盆子的出身和才幹，在當時群雄並起的情形

【劉邦畫像】

下，無論如何也輪不到他來稱帝，但年幼的劉盆子偏偏就是有這種好運氣。而他能在四方戰亂的烽火狼煙中成了九五之尊，的確是依靠運氣，因為他這個皇帝是抽籤得來的。

試想，靠抽籤當上皇帝，即使在割據混戰的亂世，也不是誰想當就能當的。自古多少豪傑為了這個名稱拼死拼活也沒能稱心如意，但劉盆子偏偏得到了。不僅如此，他的好運在於他不但做了皇帝，更重要的是在他短暫的帝王生涯結束後還富足地過完了餘生。這是多麼平穩與跌宕的人生，想想也令人覺得羨慕。

回到劉盆子稱帝的正題，這要從農民起義軍「赤眉軍」經過式縣說起。

當時，劉盆子家族受到王莽篡位建立新朝的影響，原本的世侯爵位被廢黜，成為了普通的百姓。赤眉軍經過式縣時，恰好得知了在此的劉盆子一家。赤眉軍的首領一想，自己畢竟是農民出身，想要從眾多農民起義軍中脫穎而出必然需要一個名正言順的理由，有了劉氏子弟，自然會變得師出有名。於是，便將劉盆子和他的兩個哥哥劉恭、劉茂劫掠到軍營當中。劉恭和劉茂都是自小讀過書的，聰明人懂得看形勢，很快就為自己在赤眉軍謀到了職位，而年少無知的劉盆子看到赤眉軍有一群牛需要人照顧，便愉快地放起牛來。

可是，劉盆子的放牛生涯並沒有維持太久，到了西元一五年，赤眉軍首領樊崇採納方望「擁立漢朝宗室為帝，以號令天下」的建議，決定從劉氏三兄弟中找一個人出來登基稱帝。但問題又出現了，三個兄弟都聽話，何況只是立一個傀儡皇帝，無論是立誰都沒有差別，那麼到底應該選誰呢？他把劉盆子兄弟三人叫過來看了半天，最後決定把選擇權交給老天：樊崇命下屬準備了一個籤筒，做了三支竹籤，一短兩長，等到一切準備就緒，便命劉盆子三兄弟抽籤決定誰來做皇帝。劉盆子一聽要玩遊戲，心裡十分高興，當發現自己抽中了籤贏了遊戲更是樂不可支。於是，在同年六月，抽中籤的劉盆子就這樣高高興興地正式登基成為了皇帝，年號為建世，史稱建世帝。

小知識

　　劉秀打敗赤眉軍時，樊崇帶著劉盆子前來投降。劉秀接納了降軍，命人準備飯菜賞給他們。第二天，劉秀將自己的軍隊召集起來列成陣勢給樊崇等人觀看，劉秀問劉盆子，「我的軍隊如此強大，你能夠抗衡嗎？」劉盆子低頭乞求著回答：「我冒犯陛下，罪該萬死，但希望看在同是劉氏子孫的份上，能饒我不死。」劉秀笑起來，命劉盆子居住洛陽，並分了一所住宅，兩頃田地給他。

皇帝不是好當的
——公孫述兵敗族滅

東漢初年的英雄豪傑有很多，公孫述算得上是鼎鼎大名的人物。與劉秀不同的是，公孫述成名比較早，他的爺爺和父親都曾為官，這也為公孫述在擴充勢力時打下了良好基礎。

王莽滅亡後，天下失去秩序，此時公孫述既有名氣，又有自己的軍隊，不稱帝反而顯得很不正常。於是公孫述自立為帝，國號成家，建元龍興，任命李熊做大司徒，其弟公孫光任大司馬，公孫恢為大司空。

從時間上來看，公孫述稱帝比劉秀還要早兩個月。

【公孫述據蜀，在山上築城，因城中一井常冒白氣，宛如白龍，他便藉此自號白帝，並稱此城為白帝城。公孫述死後，當地人在山上建廟立公孫述像，稱白帝廟。】

公孫述稱帝以後其實還是很有規劃的，說到政治才幹，他幾乎與劉秀不相上下，可是說到軍事才能，則要遜色很多。西元三〇年，在劉秀連連擊敗各地割據勢力的形勢下，天下局勢已經十分明朗了。數年的征戰讓劉秀的政權已經是堅如磐石，但公孫述和隗囂偏偏不肯投降，仍然想要和劉秀一決雌雄。

劉秀坐擁天下，可是經過連年的戰亂他也打累了，因此更希望能以和平手段解決剩餘的兩股勢力，一來能顯示自己的胸懷，二來也能避免戰亂發生。因此，劉秀開始寫信給公孫述，一封信不成就寫兩封，兩封信不成就寫三封。在信中，劉秀完全顯露了自己與生俱來的皇室本性，以君自居，這種舉動令公孫述十分不開心。公孫述心想，你是皇帝，我也是皇帝，憑什麼要我退讓來換天下和平呢？一山不容二虎，天下不容二君，既然你想要做皇帝，那麼我們只能戰場上見了。

　　西元三二年，劉秀開始進攻隗囂，雖然公孫述及時派兵援助，也沒能挽回傾頹的局面。眼見又一股勢力被劉秀消滅，公孫述有些著急，他派王元與領軍環安據守河池，又命令田戎及大司徒任滿、南郡太守程汎率軍下江關，攻破漢威虜將軍馮駿等，攻占巫及夷陵、夷道，至此公孫述反攻為守，據守了荊門重地。

　　可是劉秀的勢力如猛虎般，哪裡容得了公孫述的抵抗。西元三五年，大將軍岑彭對公孫述發動進攻，沒幾日就奪下了領地。而這邊，劉秀仍然秉持著「不拋棄、不放棄」的原則寫信給公孫述陳述利害關係。此時的公孫述早已不像從前那般不可一世，但事已至此，雖然身邊的親信都勸公孫述投降，可是公孫述到底是有傲骨的，他對親信張隆、常少說：「興與亡都是命運，哪裡有投降的天子呢！」

　　亂世英雄，成王敗寇，公孫述的人生已經註定為此付出代價。

　　西元三六年，劉秀又派大司馬吳漢、輔威將軍臧宮對公孫述展開進攻。不久，公孫述就接到弟弟公孫恢和女婿史興戰死的消息。此後，公孫述幾經辛苦建立的帝國以不可挽回之勢加快崩潰，各地將帥對這場結局早已明瞭的戰爭都顯得十分絕望，離叛之事即使在公孫述滅族的恐怖統治下仍不斷地發生。

　　九月，吳漢乘勝追擊，公孫述此時已經瀕臨絕望，他對延岑說：「現在還有辦法嗎？」延岑說：「男兒應當在死中求生，怎能坐著等死呢！財物是

容易聚斂的，不應當吝惜。」於是，公孫述以金帛相誘，募集了五千人敢死隊偷襲吳漢大軍，竟反敗為勝將吳漢打落河中。

十一月，公孫述親自率兵進攻吳漢，一戰大捷，二戰大捷，三戰大捷。公孫述三戰三勝，彷彿看到了一舉擊滅吳漢軍隊的希望，可是他竟然忘了將士們都是血肉之軀，需要補充體力。這下吳漢抓到了機會，他命令壯士突擊公孫述，一槍刺中公孫述胸部，將其從馬上掀翻在地。雖然公孫述的親信拚死將他救回到城內，但這一槍畢竟太致命，晚上公孫述就一命嗚呼了。

臨死前，公孫述將兵權交給了延岑。

第二日清晨，延岑心知無法抵抗吳漢軍隊便舉旗投降，可是吳漢竟然下令族滅公孫述、延岑家族，又縱兵燒殺搶掠，焚燒公孫述宮室。

雖然劉秀得知以後憤怒地責備了吳漢，可是公孫述兵敗族滅的下場卻無法挽回了。

小知識

公孫述為人斤斤計較，不僅對郡縣官名隨意更改，更對官員隨意誅殺。稱帝之後，公孫述仿效漢天子法駕，鑾旗旄騎，陳置陛戟，然後車駕才出房闥。他又急於將自己的兩個兒子加封王位，因此招致追隨將士對他的失望。不僅如此，公孫述更霸道地表示只有公孫姓氏能夠當官掌權，這令大臣們十分不滿。

故事 4　好母生好兒
——尊重師長的漢明帝

　　在中國千百年的封建統治下，男人三妻四妾，皇帝後宮三千，要普通男人對結髮妻子一心一意尚屬困難，更別說要求皇帝夫妻恩愛，琴瑟和諧了。但漢明帝卻有這樣的福氣，他的父母正是歷史上極為著名的恩愛夫妻：劉秀與陰麗華。

　　其實劉秀也曾為了政治與郭聖通聯姻過，郭聖通還生下了劉秀的第一個兒子，也是後來的太子。但不管是嫡子的限制，還是身分的限制，都難以阻擋劉秀對髮妻陰麗華的深情。不僅堅持讓陰麗華做了皇后，還將他與陰麗華的兒子立為皇帝接班人。而這個接班人正是後來的漢明帝劉莊。

　　漢明帝的父親是東漢開國賢帝劉秀，而他的母親更是有「娶妻當得陰麗華」的美譽，可想而知，在兩個優質基因的組合加上後天教育，漢明帝倘若放到現代也一定是一名出身良好的優秀少年。

　　漢明帝可以說是以精準的皇帝教育模式培養著，但難得的是，自小就萬千寵愛集一身，後來又是普天之下權力最高者的漢明帝對待恩師始終保持著尊敬的態度。他從未以帝王之尊面對過他的老師，「一日為師終身為父」的大義讓漢明帝完全是身體力行，實踐著老師對自己的教導。

　　那麼，這位擔任准皇帝老師的高人到底是誰呢？

　　據說，這位天子老師名叫桓榮，在當時是頂尖的學者，就是所謂的學界泰斗。他對儒家思想至死追隨，學識淵博，不慕名利，而且在《尚書》上很有研究。如此高人擔任準皇帝的老師自然是錯不了的。

於是，未登基之前，劉莊便整日跟在桓榮身邊學習《尚書》，老先生本身應該也很有魅力，不僅將劉莊培養得很好，還和劉莊建立起了深厚的感情。

當劉莊登基成為漢明帝後，有一次，漢明帝剛好忙完政務，可以給自己放個假。那麼這難得的時間到底是應該去後宮取樂，還是馳馬射獵，或者安排歌舞表演？當然，這些都不是漢明帝的選擇，他甚至想都沒有想便去桓榮的家裡探望自己的昔日恩師。

當漢明帝到了桓榮的宅邸，已經身為皇帝的漢明帝卻絲毫不顯露權威，而是如過去那般讓桓榮坐在東面，還召集百官和桓榮弟子前前後後數百餘人向桓榮行禮。試想，身為皇帝向來都是由大臣太監主持別人向自己行禮，可是此時漢明帝卻親自主持眾人向自己的老師桓榮行禮。劉秀若是在世的話可能都沒有這種待遇，也不知劉秀得知是嫉妒還是欣慰。

【桓榮畫像】

漢明帝率眾人親自執弟子禮節，以示對老師的尊敬，而當學生們提問題時，有的學生狡詐地討好漢明帝表示尊敬皇帝。可是漢明帝卻十分謙讓地說：「老師在這裡，我也是弟子。」

要說這是漢明帝為施仁治的作秀，那在漢明帝對桓榮其他方面的關心上則可以讓其他人清清楚楚地明白漢明帝與桓榮的師生情誼了。

在桓榮每次生病的時候，漢明帝都會派遣侍從前去探望，而且專門指派太醫為老師治病。後來，桓榮病勢沉重，請辭交還爵位和官職的時候。漢明帝堅決不許，並親自來到桓榮家中詢問起居情況。不僅

【漢明帝尊崇儒學】

如此，漢明帝一到桓榮家所在的街道就下車，完全放下了皇帝的威嚴。在病榻前，他撫摸著老師哭泣，待了好久才離去。

　　桓榮死後，漢明帝猶如失去至親傷心不已，親自換上喪服為桓榮送葬，賜他在首山之陽修築墳墓，對桓榮的兒子也做了妥善安置。

小知識

　　有一次，漢明帝在夢中看見一個高大的金人，頭頂呈現白光，直接降臨在宮殿正中央，當他想要開口時，金人又瞬間騰空向西飛去了。夢醒後，漢明帝百思不得其解，就向群臣陳述自己的夢境。這時，有位博學的大臣說這是西域的佛陀。明帝得知西域有神佛，便派使者去天竺求經，還在洛陽建立中國第一座佛教廟宇——白馬寺。

故事 5

寫得一手好字
——漢章帝獨創「章草」

劉炟被漢明帝冊封為皇太子的時候年僅三歲，更重要的是，劉炟並不是嫡子，也不是長子，他的生母是賈貴人，而他在眾多皇子中僅僅排第五。漢明帝並不是按照嫡長子繼承制來立皇儲顯然犯了帝王萬萬不可犯的錯誤，但是漢明帝卻執意立年僅三歲的劉炟為皇太子，究其原因，並不是因為漢明帝獨寵賈貴人，也不是前四位皇子無能不才，理由其實很簡單也很直接，漢明帝是「立愛」。可想而知，當時尚不通人情世故的年幼劉炟是多麼被漢明帝所喜愛。

不過，劉炟也並沒有恃寵而驕，父親對他器重，劉炟也十分爭氣地表現出少年聰慧，寬容善學的性格特點。在劉炟十九歲這年，漢明帝去世，劉炟順理成章繼位，是為漢章帝。

漢章帝劉炟雖然年輕，卻沒有辜負父親生前對他寄予的厚望。即位初期，劉炟便下令要求各部門「慎選舉，進柔良，退貪猾，順時令，理冤獄」。總之，劉炟繼承了父親勤政愛民，選拔良才的性格，但相較於漢明帝，劉炟則更為寬厚。可以說，漢章帝統治時期在東漢歷代算是一個黃金時代，政治清明，社會安定，真正做到了「仁政」的統治。

在政治穩定，社會繁榮的大好局面下，劉炟不需要擔心軍事上的侵略，也不需要考慮有奸臣賊子想要顛覆他的政權，更不需要顧慮百姓是否有饑荒疾病。所以劉炟這個皇帝就可以好好培養一下自己的興趣了。

劉炟雖然皇室出身，卻沒有皇室子弟身上那種懶惰奢靡之氣，反而更像

【漢章帝巡行】

一個文人墨客。對於劉炟而言，除了治國理家之外，他唯一的興趣只剩下練習書法。

　　歷史上的皇帝，基本上人人都有一手好字，畢竟字如其人，在單純依靠文書傳遞資訊的古代，能見到皇帝本人的官員只有少數，百姓更是想都不必想了，而皇帝想要彰顯自己的威嚴，一手龍飛鳳舞的好字則成為必修課。何況生長在帝王家，普天之下莫非王土，所有的資源都可以供皇室利用，想要找幾個名師教皇帝練字再簡單不過的了。可是劉炟的字卻不僅僅是用好字來形容的。

　　如果劉炟不是被漢明帝倚重立為皇帝，說不定他就成為了一代書法家。

　　劉炟喜愛書法，更喜歡捨棄原有的書體隨性寫字，久而久之，劉炟的字體自成一派形成了獨特的書體。起初，劉炟只是書寫隸書，畢竟是官方字體，身為一國之君無論如何也要好好練習，但隨著國家越來越安定，劉炟不必整天為政事所牽絆，可以自由利用的個人時間越來越多，練字的時間也就變得

很寬裕了。想必此時的劉炟心情很得意自在，一不小心連筆下的字也活潑起來，不再呆板規整，上下字更變得獨立而不連寫，筆法雖似隸書形跡，卻又帶有幾分草野自在。劉炟的這種字體，正是後來「章草」，也是「今草」的前身。

漢章帝去世時年僅三十一歲。在東漢歷史上，漢明帝與漢章帝的統治時期是最為繁榮安定的黃金時期，後世稱這段時期為「明章之治」，是中國古代史上少有的政治清明時代。但由於明章兩帝壽命都不長，兩位皇帝在位時間總共也不過三十一年，因此相較西漢歷史上的「文景之治」，缺少影響力。

故事 6

外戚手裡難奪權
——漢和帝的自治之路

　　東漢的皇帝大多短命，因此小皇帝比比皆是。那麼在小皇帝尚不能獨立來統治國家的時候，要是再遇上貪權的母親，以及母親身後的外戚集團，小皇帝自然會淪為朝堂上的傀儡。更何況漢和帝劉肇的母親並不是親娘而是後母，又是大將軍竇勳的女兒，因此，劉肇的命運自然而然就被竇太后操控了。

　　劉肇一出生就被竇皇后抱養而離開了生母梁貴人，竇皇后為了自己的前途和勢力更是先以「巫蠱之罪」誣陷了當時漢章帝所立太子劉慶的母親宋貴人，接下來又以「謀逆之罪」將梁貴人全族貶謫到了偏遠地區。這下子，竇皇后的勢力已經堅不可摧了，不會再有其他的皇子來威脅到自己的太后之路。

　　漢章帝死後，劉肇登基，竇皇后順理成章晉升為竇太后。剛滿十歲的劉肇不足以執掌朝政，這樣一來自然需要請太后幫忙。於是乎，竇氏外戚開始了隻手遮天的統治，徹底將一個穩定平和的東漢王朝攪得不再安寧。

　　可是劉肇到底是會長大的，竇太后無論怎麼有控制力，也無法控制一個逐漸成長懂事的人，更何況天下沒有不透風的牆，處於竇氏一族長期壓迫下的劉肇，對於自己的身世也漸漸有所耳聞。

　　一方面是日益膨脹的竇氏，一方面是養育自己的後母，劉肇雖然無法接受竇憲、竇篤等人的做法，但畢竟竇太后對自己也算是疼愛，因此無權無勢的劉肇也只好對竇氏的行徑睜一隻眼閉一隻眼。

　　可是，竇憲卻仍然不知滿足，外戚的身分即使令他榮耀也比不上帝王寶座來得舒服，因此，便開始與女婿郭舉及其父郭璜、部下鄧疊及其弟鄧磊等

人計劃刺殺劉肇。

當十四歲的劉肇得知竇憲的陰謀之後，心知再也不能坐以待斃，必須要想出強硬的對策，否則別說自己的性命，連漢室江山也將不保。但劉肇卻也無可奈何，畢竟朝廷裡的文武官員基本上都是竇氏的人，雖然尚有司徒丁鴻、司空任隗、尚書韓棱這些忠臣可以信賴，可是竇氏兄弟卻早已將皇帝的行動限制住了，想要和大臣們私下接觸是絕不可能的。

劉肇想來想去，突然發現在這已經不屬於自己的皇宮裡每天服侍自己的宦官鄭眾正是對自己忠心耿耿可以倚重的人，而且鄭眾在劉肇身邊多年，他和劉肇單獨待在一起，誰也不會有疑心，另外鄭眾為人機敏，十分有心計，可以為劉肇出謀劃策。

於是，當其他人都遠離了劉肇身邊以後，劉肇便趁機將自己想要剷除外戚的計畫告訴鄭眾，讓劉肇驚喜的是，鄭眾竟然二話不說，當即表示自己將誓死追隨皇帝。雖然外戚勢力遍布朝野，但鄭眾並不懼怕，他勸劉肇要先下手為強。

政變來的很突然，但也很直接。

在逮捕竇憲的前一個晚上，劉肇親自率領羽林軍，命令司徒兼衛尉官丁鴻緊閉城門，同時派人分頭捉拿郭璜、郭舉父子和鄧疊、鄧磊兄弟。

第二天，劉肇直接派人到竇家宣讀旨意，不僅將竇憲大將軍的印綬收回，改封為冠軍侯，還下令竇固、竇景回到自己的封地。

年僅十四歲的劉肇僅憑一己之力迅速掃除了外戚勢力，令竇氏子弟至死都無法相信辛苦建立的竇氏勢力就這樣在瞬間化為烏有。雖然劉肇並沒有公開處置竇氏兄弟，但私下卻逼迫竇氏兄弟回到各自封地後自殺了結。

劉肇在外戚勢力下奪回劉氏政權的過程就這樣結束了，甚至沒有引起朝野的混亂和恐慌，足可見漢和帝劉肇的統治之才。

小知識

　　雖然劉肇以迅雷不及掩耳的速度掃平了竇氏外戚，但歸根究柢，成功原因還是劉肇的群眾基礎。竇氏囂張跋扈的做法早已天怒人怨，各方人士早就對竇氏兄弟心生不滿了，此時只需要一個契機和一位領導者將大家團結起來。竇氏往日強取豪奪，目中無人，民心盡失，他們的失敗是必然的。

不滿周歲的百日皇帝
——漢殤帝因此得名

　　雖然漢和帝劉肇剷除了竇氏外戚，但也並沒有延長自己的統治時間，他仍然沒有逃過明、章兩帝早亡的命運。漢和帝去世後，本應當由長子劉勝繼承皇位。可是，漢和帝的鄧皇后卻否定了這一個建議，此舉並不是她為了成為第二個竇太后，反而是一心一意為了漢室江山。

　　原來，劉勝是一個不折不扣的藥罐子，雖然多年尋醫問藥，但是從來就沒有好轉的跡象，甚至連他到底得了什麼病太醫都無法確診。讓這樣一個無法自理且隨時都有可能一命嗚呼的皇子繼承皇位也確實不妥，可是除了劉勝以外，該找哪位皇子繼承皇位呢？這同樣是一件棘手的事情。

　　這還是要從竇氏外戚說起。當時竇太后的外戚勢力過於膨脹，甚至竇憲等人還想要顛覆皇位，這令年輕的漢和帝留下了很大的心理陰影。雖然漢和帝以超乎年紀的沉穩將竇氏外戚一網打盡，恢復了自己的統治，但畢竟深宮之中，在權力面前仍然有人無法控制欲望。漢和帝深知自己的高處不勝寒，因此也格外小心。但不知怎麼的，

【漢殤帝畫像】

也許是家族遺傳基因不好，也許是其他什麼原因，不僅是皇帝短命連他的親生兒子們也都個個早逝。眼看著自己十多個兒子相繼夭折，漢和帝找不出原因，要說是湊巧，這也實在是太巧了，想來想去也想不出個所以然的漢和帝於是把矛頭對準外戚的身上。他一直懷疑自己的兒子相繼早逝，一定是有外戚在陷害他。

後來，當漢和帝再生了兒子便都寄養到宮外百姓家裡，這樣才總算保留下來了一點血脈。

漢和帝去世的早，加上先前他又死了十幾個兒子，此時面對該立誰為皇帝就變成了一道極為困難的選擇題。長子劉勝說不定哪天就死了，就算能多活幾天又不知能不能為漢室留下血脈，如果讓劉勝登基實在是太冒險了，可是其他的皇子也找不出第二個人了，因為第二人選也同樣靠不住。雖然他沒病也沒有品行問題，可是這個人選還沒有斷奶。

是的，這正是後來的漢殤帝劉隆。

漢殤帝剛出生不到百日他的父親漢和帝就去世了，而尚在襁褓中的漢殤帝就被鄧皇后立為皇帝。鄧皇后的想法自然是好的：她計畫著先以太后名義臨朝執政，同時撫養幼小的劉隆長大成人，等到劉隆懂事以後將權力過渡給皇帝，這樣既能保證漢王朝權力的平穩交接，又不會導致國家內亂。可是天不從人願，劉隆雖然被鄧皇后悉心呵護著，但也終究沒能逃脫早逝的命運。

這位出生不滿百日就登基的小皇帝，在位僅僅兩百二十天便不幸夭折，時年剛滿一歲。

劉隆死後，諡號為「孝殤皇帝」，也算應了劉隆懵懂又可惜的一生。

　　漢殤帝是東漢第五位皇帝，也是中國帝王中即位年齡最小、壽命最短的皇帝。他被史家稱為「八月皇帝」或「百日皇帝」。漢殤帝在位期間由其養母鄧太后執政，鄧太后積極治國，大力發展經濟，同時避免外戚勢力興起。範曄在《後漢書》中評論道：「殤世何早，平原弗克。

父憑子貴
——被廢太子遭誣陷

劉慶並未真正出現在東漢帝王史上，但是他在東漢的發展中卻發揮了轉捩點的作用。說到劉慶，則需要重新說一下竇太后爭權奪勢的事情。

當時竇太后還只是大將軍竇勳的小女兒，恰好被漢章帝選入宮中。年輕貌美的竇氏憑著自己得天獨厚的優勢很快便抓牢了漢章帝的心，不久便從竇貴人封為了竇皇后。竇皇后受漢章帝的寵愛加上有家族勢力做後盾，其實趕快生個嫡子，也不用費盡心思去害什麼人了。

可是偏偏天意弄人，雖然竇皇后深受漢章帝的寵愛，每晚都能留住漢章帝，可是自己卻始終無法生育。眼看著宋貴人所生的兒子劉慶一天天長大成人，又很討漢章帝的歡心，自己卻無能為力。

在封建王朝，最重要的事情之一便是立太子，身為皇后的竇氏一直無所出，那麼漢章帝只能立其他皇子為皇儲，而劉慶自然是不二人選。

竇皇后雖然嫉妒宋貴人，但是她也沒有對策可以改變現狀。這時，正好梁貴人也生了一個兒子，竇皇后終於看到了機會。畢竟以竇皇后的心性是難以接受由劉慶做這個皇帝，假使劉慶登基，自然是傾向於生母宋貴人，竇皇后也就當不了太后。所以，當得知梁貴人生了一個兒子，竇皇后便跑去請求漢章帝將梁貴人的兒子過繼給自己撫養。

漢章帝並沒有多想這個問題，也就依著竇皇后的要求滿足了她。然而，這只是竇皇后的第一步，當她有了梁貴人兒子的撫養權之後，接下來便是要考慮如何將劉慶的太子之位廢掉。只要一天不廢掉劉慶，她的養子就沒有登

基的機會，那麼竇皇后自然也沒有成為太后的希望。

於是，一個為宋貴人量身訂做的陰謀就此展開了。

竇皇后深知在後宮中對巫蠱十分避諱，恰好邪門歪道這種事又難以說清楚，因此竇皇后便策劃用巫蠱來嫁禍宋貴人。可是雖然有了計畫，卻得有下手的機會。這就需要竇皇后等待時機了。

不久的某一天，宋貴人病了，按理說，身為後宮的嬪妃，又是太子的母親，生了病自然有最好的醫生為她看病。可是宋貴人偏偏要用偏方，非得找生菟絲來吃。這種微不足道的小事，卻徹底將宋貴人推向了萬劫不復之地。

竇皇后早已經想好了計畫，就等著宋貴人自己上鉤，偏偏宋貴人又要娘家人帶生菟絲進宮。於是，竇皇后立刻跑到漢章帝那裡去打小報告，至於其中原因，當然是巫蠱一類的誣陷，一個有野心的女人自然會把每個細節都添油加醋地渲染一遍，不用想也知道漢章帝從竇皇后那裡聽來的故事有多麼離譜邪惡。

可憐的宋貴人甚至沒有辯解的機會就被漢章帝打入了冷宮。宋貴人被囚禁以後，劉慶也因此受到牽連過沒多久便被廢黜了太子之位。至於宋貴人，從巫蠱之禍發生那刻起，她就明白了一切都是竇皇后容不下自己，便在宦官蔡倫的嚴刑追究下，最後不堪折磨服毒自盡了。

宋貴人雖死，但劉慶的人生卻沒有因此結束。被封為清河王的劉慶在後來漢和帝誅滅外戚勢力過程中立下了汗馬功勞，因而被他的弟弟漢和帝委以重用。但是劉慶的好運不僅如此，在東漢王朝的風雲變幻中，廢太子劉慶的兒子最後登上了皇位，而這位曾與皇位失之交臂的父親也因此被追封為「孝皇帝」，劉慶可以說是父憑子貴了。

小知識

　　在漢章帝統治時期的各藩中，清河王族是較著名的一支，這個家族不僅出了一個皇帝，還出了一位對漢家王朝有功的劉慶。清河王劉慶為人友善孝順，一共生三子十一女，原為太子，後被廢改封為清河王，餘生遵紀守法，安穩謹慎，從未犯下過錯。

唯獨成全父親
——內憂外患的漢安帝

漢安帝劉祜正是廢太子劉慶的兒子，當時隨著年僅一歲的漢殤帝去世，東漢的皇位一下子又空起來了，於是原本被封為清河王族的劉慶又重新被鄧太后想起來，很快地，他十三歲的兒子劉祜就被正式扶上了皇位。

劉慶當時因竇太后弄權致使他被廢黜太子之位，生母宋貴人更是含恨慘死，想不到幾經變故，自己的兒子竟然意外地登上了皇位，不知當時得知這個消息的劉慶會是怎樣的心情。命運總是讓人措手不及，在劉祜繼位以後，一生太多坎坷的劉慶終於難以支撐命運的捉弄，在兒子劉祜繼位四個月後去世了。

雖然劉祜的祖母也就是當時被竇太后以巫蠱之禍誣陷的宋貴人早已去世

【漢安帝畫像】

多時，而劉慶也在劉祜登基以後去世了，但劉祜並沒有忘記自己是如何輾轉流落到清河的。於是，劉祜開始追查當年宋貴人自殺的真相，徹底為自己的祖母平反，而當時審問宋貴人的蔡倫最後也因不堪忍受劉祜的逼問選擇了自殺。

宮廷史就是這樣，在幾代人利益的糾葛中，仇恨總可以綿延持續下去。

家仇已報，那麼劉祜剩下的事就是好好做皇帝了。可是事與願違，即使劉祜已經到了可以執政的年紀，鄧太后仍然不肯將權力放給他。劉祜對此雖然不滿，但也無可奈何，畢竟在幾十年的宮廷鬥爭中，清河士族早已被放逐在外，即使劉祜被安排當上了皇帝，他也並沒有可以倚重的大臣。

禍不單行，在內部權力失衡的狀況下，邊疆又傳來羌族作亂的消息。東漢與羌族的矛盾，曠日持久，始終都為此而困擾。此時東漢朝廷政權不斷更替，又有竇太后的外戚政權禍亂在先，羌族人自然以為有機可乘。劉祜正是在這樣一個敏感時刻當上了皇帝，他沒有實際權力，但又是眾矢之的，可想而知，這樣的皇位實在沒什麼意思，每天除了擔心自己的性命外竟然想不出第二件可以做的事情。

可是，鄧太后無論權力再大，畢竟也是人，凡是人就免不了一死。在鄧太后四十一歲這年，劉祜夢寐以求的事情終於發生了：鄧太后一命嗚呼。

做了太久的傀儡皇帝終於得以解放，心情堪比被關在大牢裡剛被釋放的犯人一樣。劉祜心想，沒有了鄧太后的管束，我終於可以隨心所欲了，這個天下是我的了！

皇帝有了這種想法著實是件可怕的事情，他已經偏離了為國為民的軌道，完全將東漢王朝淪為自己玩樂的工具。而劉祜不單是自己要玩得開心，還要找各種人來陪他玩，於是他的妻子閻皇后便趁機將自己閻氏族人推薦給劉祜作為玩伴，而劉祜對此也十分受用。

就這樣，以閻皇后為首的閻氏一族開始形成新的外戚勢力。而劉祜在內

憂外患下到死也沒能醒悟，他「珍惜」這來之不易的皇權，所以盡情揮霍著國家資源來供自己玩樂，卻從沒有想過自己的祖母和父親曾經因皇權之爭做了多大的犧牲。

劉祜在皇帝的任期內，大力追查了祖母當年的冤案，又將自己的祖母和爹娘加以追封，可以說，劉祜這個皇帝當得雖然不怎麼樣，但他登基也有一點好處，就是成全了他的父親廢太子劉慶。也不知劉慶到底是與皇權有緣還是無緣，雖然他生前從沒有做過一天皇帝，可是他的兒子在他死後給了他皇帝的名號。

小知識

鄧太后死後，原本曾因鄧太后受過處罰的人利用劉祜對鄧太后的不滿開始挑撥，致使鄧氏一族被劉祜清算，許多鄧氏族人因不堪官員的侮辱和逼迫選擇了自殺。然而，鄧氏集團卻不同於東漢其他的外戚集團，他們雖然掌握權力，卻沒有做出危害朝野的事情，反而是一心為了東漢的發展，在歷史上的外戚勢力中也算是良好的楷模了。

閻顯兄妹的政治秀
——漢前少帝自身難保

故事 10

　　當皇帝這件事，有人搶破腦袋，也有人是心不甘情不願被迫當上的，比如劉懿。

　　東漢初期，幾位皇帝也算是勤政仁德，奈何真龍天子並沒有長命百歲，反而一個比一個去世得早，留下孤兒寡母，形成了女人當政的局面。雖然在太后執政期間，也興起了特殊的外戚勢力，但總結來說東漢的整體發展還是很有生機的，倘使沒有竇太后連同她背後的竇氏外戚突然出來鬧了一場，或許東漢還能有機會再現西漢武帝時期的蓬勃氣象。

　　無獨有偶，在竇太后倒臺以後，久居深宮的閻皇后也開始謀劃自己的太后之路。

　　西元一二五年，漢安帝劉祜去世，閻皇后大喜過望，這正是她所期望的機會啊！但還是有問題，閻皇后想要順利晉升為太后穩定她的閻氏集團，首先要抵制住京師大臣們對劉保的擁護。

　　劉保何人？正是漢安帝的獨生子。當然劉保的生母並不是閻皇后。劉保登基對閻皇后來說無疑是巨大的威脅，因為劉保的生母是被閻皇后毒死的。假使劉保登基了，閻皇后非但當不成養母，還極有可能性命不保。

　　這可是威脅自己身家性命的大事。於是，閻皇后將哥哥閻顯召進宮內密謀奪權事宜。說來也巧，漢安帝去世的時候並不是在什麼公共場合，雖然漢安帝生前從不安分，可是他卻死得十分低調。因此，閻皇后正好利用沒人知道漢安帝死訊的機會將漢安帝駕崩的消息給遮掩過去了。

而漢安帝已經成了一具冰冷的屍體，此時他的老婆閻皇后為了盤算自家利益反而將漢安帝的屍體放置到一間陰暗隱密的房間裡，任由他腐爛發臭。要知道，漢安帝在世時對閻氏家族不薄，如今在利益面前，閻氏族人翻臉卻快過翻書，簡直是恩將仇報。不僅秘不發喪，而且繼續對外宣稱漢安帝病重，直到四天後，閻皇后才把漢安帝的屍體抬出來出殯發喪。

　　在風雲變化的皇宮內，四天的時間已經足以改變一切。四天之後，漢安帝終於入土為安，而閻皇后也如願以償地當上了太后，開始了她的臨朝聽政生涯。

　　那麼，沒有生育過的閻皇后在成為太后的過程中需要一個皇帝，而且最好是一個能夠聽任自己擺布的年幼皇帝。於是，她的哥哥閻顯適時提出立漢章帝之孫濟北王劉壽的兒子、北鄉侯劉懿為帝的建議。大致可以想像當時的情形：兄妹二人默契地對望了一眼，不謀而合的計畫著大權在握的未來，兩人心中的愉悅也是不言而喻。

　　劉懿繼位以後雖然年少無知，但也明白自己的處境。此時終於順利成為太后的閻氏為了鞏固自己的地位，任命哥哥閻顯為車騎將軍儀同三司，掌握軍政大權。而那些衷心擁護劉保的大臣們雖然對閻氏兄妹橫行霸道的做法心有不滿，卻不能表露出來，因為閻顯對漢安帝過去的親信們早已展開了誅殺。就這樣，東漢劉氏王朝便由宦官專政改為外戚閻氏擅權。

　　可是閻太后閻顯兩兄妹的如意算盤卻不長久，因為劉懿在位僅七個月便患病去世，史稱少帝。

　　這位被迫當上皇帝，又始終處於憂患自身難保的漢少帝，因疾病去世對他來說也是一種解脫。

小知識

　　閻太后閻顯為了把持朝政，迎立北鄉侯劉懿為帝，而劉懿在位兩百二十四天因病去世，史稱少帝。後來，漢順帝繼位，以諸侯王的禮儀將劉懿下葬，因此也有史家不將劉懿計入東漢皇帝之列。

宦官的傀儡

——漢順帝的屈從

漢順帝劉保的生母還未來得及被他的父親漢安帝加封為妃就已經被閻皇后毒死了。雖然劉保只是漢安帝和宮女所生的皇子，但畢竟貴在獨生子的身分，因此被漢安帝立為太子。可是閻皇后擔心劉保會威脅到自己，竟然狠心到連一個孩子都容忍不了，整日跟漢安帝吹枕邊風，不罷了劉保的太子之位，閻皇后是不會甘休的。

可是，閻皇后並沒有坐穩她的太后之位，她所立的小皇帝不到一年就去世了，此時在皇室子弟裡很難再找出第二個合適人選繼位，況且劉保是漢安帝正統傳人，在朝中有大批官員等著閻氏倒臺擁護劉保匡扶劉氏江山。

當時，北鄉侯在登基後一直病快快的，於是中常侍孫程向濟陰王提議說：「您是先帝的親兒子，本來沒什麼過錯。因為先帝聽信讒言，才被廢黜。如果北鄉侯死的話，我們聯合起來，共斬江京和閻顯，事情肯定成功！」不久，北鄉侯果然病逝，可是閻太后卻並不死心，又用秘不發喪的伎倆，想要繼續從皇室子弟裡挑選皇帝接班人。

宮門雖然被閻太后緊緊封死，大臣們心知宮中局勢又要有變動了，但具體要發生什麼也沒人說得出來，只能在家裡等待結果。閻太后的一舉一動雖能瞞過大臣們，卻無法逃過宦官的眼睛。宦官孫程等人早已計畫要推翻閻太后的統治，擁立劉保為皇帝。此事一成，原本沒有靠山的劉保得以登上皇位，心中自然感激宦官們，以後少不了宦官的好處。如果不成，宦官們大不了就是一死，反正在這深宮裡也沒有別的出路，搞不好哪天還會因為無足輕重的

小事被閻太后殺掉。可見，孫程等人是抱持賭博的心理。畢竟這是一榮俱榮的好事，搞不好押對寶，他們也能就此翻身。

於是，在一個月黑風高的夜裡，孫程等十幾人在宮中德陽殿秘密聚集，舉行宣誓儀式，每人割去一片衣服，決心同心協力，共舉大事。時隔兩天，孫程等人又召開了一次緊急會議，此次會議對日後劉保登基成為漢順帝有著非常重要的影響：孫程決定立即動手。於是，這天晚上，在宮門緊閉的皇宮內開始了一場宦官間的流血鬥爭，閻氏信賴的宦官被孫程等人殺死，唯獨留下了老宦官李閏。孫程把刀擱在他脖子上，說：「現在我們迎立濟陰王，不准三心二意。」李閏在宮中沉浮多年，自然懂得牆頭草處事方式，事已至此，他當然沒有誓死反對的必要，便順勢應允了。孫程見李閏願意與自己同謀，就扶起李閏一起迎接濟陰王劉保登基，是為漢順帝。

劉保繼位以後，閻氏的好日子也到頭了。

在清除政敵這件事上劉保和宦官配合得很好。但沒了閻氏作威作福以後，仍有劉保需要面對的問題。劉保因為生母地位低下致使他沒有自己的外戚集團，又一直被父親冷落，這讓劉保養成了軟弱的性格。雖然他得以登上皇位，卻沒有能力來捍衛自己的江山。因此，劉保唯獨可以依賴的人只有這群宦官，而宦官們的野心也是不容小覷的。

孫程等人擁立有功，因此全被封侯。可是劉保卻漸漸疏遠了孫程等人，開始寵信另一個宦官張防。這個張防無論在智謀和為人上都遠不及孫程，唯一擅長的是會拍馬屁。劉保這個自小不被重視的皇帝恰好需要張防這種人來滿足自己的虛榮心。而張防把劉保哄開心以後，自然開始為非作歹。

當孫程上書劉保揭發張防的惡行時，反而激化了和劉保的矛盾。

久而久之，劉保這個皇帝當得越來越無趣，不是受制於孫程，就是被張防玩弄於股掌之間。對此，漢順帝劉保除了選擇忍讓再也沒有別的辦法，誰叫他是宦官擁立登基的呢！

　　西元一二四年，漢安帝的乳母王聖、大長秋江京和中常侍樊豐誣陷太子劉保的乳母王男和廚監（古代宮廷的廚官）邴吉，因此王男和邴吉被殺。太子劉保雖不忍心，但也無可奈何，只好終日歎息。而王聖等人懼怕日後劉保繼位，會報復他們，於是王聖串通樊豐、江京誣陷劉保，劉保也因此從太子被貶黜為濟陰王。

兩歲能執政？
——漢沖帝的黃泉路

東漢不乏娃娃皇帝，到了劉炳又是一個小皇帝，而且也是一個短命皇帝。

漢沖帝劉炳繼位的時候剛剛兩歲半，雖然他的生母是虞貴人，但是在他繼位後，得益的卻是梁皇后和她的娘家梁氏家族。梁皇后年紀輕輕守了寡，雖然沒生兒子，但也沒廢太大心思就穩妥地當上了太后。想來劉炳的生母虞貴人也是一個聰明人，為了自己性命也為了兒子的前途選擇了隱忍，不曾因為自己的兒子是太子就得意，也因此保全了自己的性命。

可是，劉炳畢竟年幼，一個兩歲的孩子睡覺還會尿床，吃飯需要人餵，硬要他執政也是不可能的，更何況梁氏外戚也從沒有想過要把權力交給劉炳。當時，梁家上一代的掌門人梁商已經老了，這位忠厚老者為人正直，忠君愛國，是朝中榜樣，不論誰提起他都是要豎大拇指的。可是梁商倒是「好竹出歹筍」，這絕對不是謙虛的話，倘若梁商的兒子真的缺少才華，頂多梁氏一族由盛轉衰，還能留下一個好名聲。可是梁商的兒子卻是歷史上臭名遠揚的奸臣梁冀。

劉炳這邊當上了皇帝，梁冀那邊仗著自己是太后的兄長，開始了毫不收斂的兇暴統治，還常常找虞貴人及其家族的麻煩。梁商在天之靈如果知道兒子的所作所為，搞不好會氣得從墳裡鑽出來。

梁冀掌權，驕橫跋扈，結黨營私。小皇帝劉炳雖然什麼也不懂，但日子也不好過，畢竟還是需要有母親在身邊的年紀，可是梁冀卻將虞貴人和劉炳隔離開來。後宮雖然人多，但無論如何也比不上親生母親的照顧，經過一段

時間，小皇帝劉炳就開始生病了。

梁冀得知劉炳生了大病以後，心裡氣壞了，這簡直是對自己統治的無聲反抗。雖然劉炳尚不懂事，可是他這一病無疑使梁冀遭到了「合作夥伴」的背叛。而不能執政又不合作的劉炳最後付出了「代價」，半年以後，剛滿三歲的劉炳便因病去世了。

這條皇權路劉炳走得迷糊，而他的黃泉路也許才是真正的自由！

在劉炳死後，朝廷裡自然要推選新皇帝。梁冀暴行已久，朝廷大臣們有心整治梁冀，於是以太尉李固為首提出擁立「年長有德」的清河王劉蒜。

梁冀當然堅決反對，最後他的霸道再次獲勝，選擇了年僅八歲的劉纘做繼承人，誓將專權進行到底。

小知識

西元一四四年四月，劉炳被立為皇太子。同年八月，漢順帝去世，年僅兩歲的劉炳繼位，是為漢沖帝，尊漢順帝皇后梁妠為皇太后，由梁妠臨朝攝政。永憙元年，漢沖帝去世，年僅兩歲，諡號孝沖皇帝，葬於懷陵。

故事 13　此跋扈將軍也
——漢質帝童言無忌

　　說到東漢末期的統治，就是不停地更換君主，且多是幼主。不難想像，在外戚勢力過於強大的當時，這些幼主的命運大多不會很好。清代的歷史學家趙翼在《二十二史箚記》中專門研究過東漢多幼主的現象，從他的調查中發現，東漢的十九位皇帝裡，活過三十歲的只有四人：光武帝、明帝、章帝和最後的獻帝。剩下那些年輕的幼主，大多都因為外戚勢力身不由己最後命喪黃泉。

　　而在西元一四五年即位，在位時間僅一年的漢質帝劉纘，雖然同樣遭受外戚控制，但是他卻顯得有些特殊。

　　劉纘的不幸在今天看來就是常說的「禍從口出」，當然也可以像後來寫史書的範曄一樣，認為漢質帝被謀殺是因為聰明惹的禍。一個僅僅八歲的孩子竟因為聰明惹禍被殺，可見當時東漢王朝內部有多混亂了。

　　走了一個兒皇帝，又迎立一個兒皇帝，這一切皆是為了穩固梁冀的個人統治。此時已經被外戚牢牢控制的東漢，依然看不到希望，八歲的劉纘在如真似幻的年紀當了皇帝，他還不明白權衡利弊，也不知道陰謀詭計，更不懂得利慾薰心。只是在他被選中繼位，由宮女太監服侍著穿上繁瑣的帝王服準備登基時，他問：「皇帝是做什麼的？」回答他的人告訴他，皇帝就是要別人都聽他的，皇帝是最厲害的人，誰都不能欺負皇帝。

　　八歲的孩子，渴望稱王稱霸當第一的感覺，就好像小學生喜歡當班長想要考一百分當第一名一樣。

可是，劉纘實在生的不是時候，他雖然是皇帝，但這個天下卻並不是他說了算。

梁冀為了自己能夠獨攬大權將劉纘抓來做皇帝，看好的不過是劉纘年紀小和他的姓氏。但劉纘哪裡明白，他記住了宮人說，自己是最厲害的人，誰也不能欺負自己，於是，這樣一件啼笑皆非的事情發生了：

當時，梁冀在朝廷內外已經是隻手遮天，雖然朝中仍然有像太尉李固這樣的正直大臣不斷上書批評梁冀的所作所為，可是國家君主年幼無依，尚且不能料理國事，這些奏摺也就石沉大海，無法得到回覆。在這種絕望下，李固等人始終沒有放棄與梁冀抗爭，但是都無一例外遭到了梁冀的打擊和壓制。

而此時，年幼的劉纘卻依然天真地活在自己的世界裡，他不管自己的國家有多亂，也不管他的大臣們活得多麼痛苦，更不管梁冀的專橫跋扈。孩子總有孩子的好處，對於無力回天的事情，如果換成一個有正常心智的成年人，對此現狀要不就是無力憂鬱而死，要不也會被梁冀殘忍殺害，也有可能在無助的情況下漸漸墮落荒淫。而劉纘卻能享受自己充滿童真的歲月。

可是，即使是這樣的日子劉纘也無法一直生活下去。因為梁冀已經到了目中無人的地步，即使在小皇帝劉纘面前，也是一副盛氣凌人的樣子。劉纘看到梁冀如此囂張，他心想，不是說好了我才是老大嗎？你只是我的大將軍怎麼還敢欺負我？

孩子的負面情緒往往會隨著各種小事加重，更重要的是，孩子是不懂得隱藏情緒的，他的不滿就是不滿，現在梁冀欺負到自己頭上了，劉纘當然不高興。在一次朝會中，當梁冀又開始肆意濫用權力的時候，群臣敢怒不敢言，都表現得恭恭敬敬，可是坐在殿上的劉纘卻生氣了。劉纘雖然才八歲，可是正因為只有八歲才有無畏的勇氣。這時，劉纘竟然當著眾大臣的面指著梁冀的鼻子喝斥道：「此跋扈將軍也！」好像如果不這樣做，不這樣說，劉纘心裡的怒火就無法平復似的。

　　但是，孩子做錯事也需要付出代價。因為在利益面前，弱肉強食的自然法則已經被梁冀搬到了朝廷中。

　　這件事發生以後，雖然有大臣為劉纘求情，說他年紀小不懂事，但在梁冀心裡卻始終是一個心結。小心眼加上從沒遇過人忤逆自己的梁冀只要一想到小皇帝劉纘竟然當眾斥責自己就十分不快，誰也沒想到，這個梁冀竟然和一個小孩子計較起來。

　　梁冀對劉纘懷恨在心，又擔心劉纘早熟聰慧將來也許會威脅到自己的統治，便動了殺心。

　　西元一四六年六月，梁冀知道劉纘喜歡吃餅，便命人將毒藥摻進劉纘平時吃的餅中。九歲的劉纘吃過餅後過沒多久就腹痛難忍，接著中毒身亡，死後的諡號為「質帝」。

小知識

　　劉纘的曾祖父因生母地位卑賤被剝奪王位的繼承權，按理說，到了劉纘這一代，與皇位應該無半點牽連，頂多分封個地方諸侯，但在他八歲時，卻因朝廷內亂，被外戚梁冀推上了皇位。西元一四五年，劉纘即位，可是在位時間不到一年，便被梁冀毒死，諡號孝質皇帝，葬靜陵。

故事 14

廁所政變為紅顏
——漢桓帝為愛誅權臣

　　西元一五九年六月，漢桓帝劉志終於可以從不和諧的夫妻關係中鬆一口氣了，那個整天令他頭疼的梁皇后因病而死。梁皇后去世以後，劉志也可以放心地寵愛鄧貴人了。

　　這個鄧貴人是如何在梁冀的壓迫下混進宮中的呢？說到這件事有一點複雜，原來鄧貴人的母親年輕守寡，改嫁給了梁紀，而梁紀又是梁冀夫人孫壽的舅舅。因此，鄧貴人也算是梁家的自己人。

　　可是鄧貴人畢竟不姓梁，而她又與劉志夫妻情深。試想自己的老公整天被一個八竿子打不著的親戚欺負著，這種事換誰心裡都不會好過的。可是鄧貴人畢竟也算是梁冀安插在劉志身邊的眼線，即使對梁冀不滿，鄧貴人也只有隱忍。

　　而比起鄧貴人的忍，有一個人更是忍中高手，這便是劉志。雖說梁冀倒行逆施，但畢竟有漢質帝的例子在前，劉志也只有對梁冀的行為裝作蒙昧無知。劉志心想，畢竟我沒有力量可以和你爭鬥，再說能安穩地做一個傀儡皇帝總比和你拼個你死我活的好。所以，劉志始終都很淡定地忍著。

　　可是，梁冀哪裡知道滿足。劉志和鄧貴人兩人只不過想好好在梁冀的擺布下圓滿地過著二人世界，可是梁冀卻也要橫加干擾。說白了他還是為了鞏固自己的地位，畢竟從梁太后到梁皇后都已經去世了，此時宮中無人，梁冀的外戚地位受到了威脅。於是，他想到將鄧貴人收為乾女兒的主意。

　　這想法的確是好，可是現在又涉及了輩分問題，雖然鄧貴人與梁紀並沒

有真正的血緣關係，可是畢竟她的母親嫁給了梁紀，算起來梁冀和鄧貴人也屬於同輩。梁冀想要認鄧貴人做乾女兒，即使梁紀顧全梁氏的地位同意，鄧貴人身後的鄧氏也不會同意的。

梁冀索性來個一不做二不休，鄧貴人不是還有鄧氏撐腰嗎？那就把鄧貴人可以依賴的人都殺掉好了。

可是就在梁冀派人刺殺鄧貴人生母鄧宣的時候，刺客竟然不小心走錯院子被鄧宣的鄰居中常侍袁赦當作小偷抓個正著。未經嚴刑逼問，刺客就招供了。袁赦考慮到鄧宣畢竟是鄧貴人的母親，便將此事報告鄧貴人母女。鄧貴人一聽，當即梨花帶雨跑去找劉志哭訴了。

劉志一聽此事，簡直怒不可遏，梁冀平時作威作福也就算了，現在竟然欺負到自己心愛女人的頭上。這時候的劉志完全是衝冠一怒為紅顏，再也不去考慮什麼敵強我弱的問題了，既然梁冀要傷害我所愛的女人，那我一定要和他決一死戰。

說起來鄧貴人在古代後宮女人中算是很幸福的，畢竟丈夫對自己情深意切。可是劉志想發動政變打倒梁冀卻要考慮到言論自由的問題，這是很重要的，雖然古時候還沒有什麼竊聽裝置，可是隔牆有耳也不是鬧著玩的，更何況劉志的生活基本上是被梁冀的人二十四小時全天候監視，想要單獨和親信策劃剿滅梁冀難上加難。

但有一個地方劉志還是有自由權的：廁所。

想來也可悲，堂堂九五之尊，竟然只有在上廁所的時候才能不被人跟蹤監視，這樣的人生境遇，劉志一直忍著也很不容易。

這天，劉志假裝要上廁所，而他的貼身宦官唐衡自然要寸步不離地跟著。到了廁所裡，劉志終於恢復言論自由了，於是，他開始對唐衡陳述自己的計畫，並向唐衡詢問在朝廷之中有哪些人與梁冀有仇，能夠幫助自己剷除梁冀。

唐衡見到劉志勢在必行，就向劉志說出了四個和梁冀有不解之仇的官

員，不久之後，劉志此生第一次自己做主的詔令正式下達了，而此詔正是命令尚書令尹勳前往各重要部門，勒令丞、郎以下官員，一律全副武裝，鎮守自己的地盤。同時，又將各部門的印綬收繳。

在控制住兵權以後，劉志又調來一支軍隊對梁冀的大宅展開了圍剿。

梁冀做夢也想不到從前乖如兔子的劉志竟會突然有勇氣翻臉將自己的梁氏帝國摧毀。在大勢已去的情況下，樹敵太多的梁冀只好選擇服毒自盡以償還自己所造的罪孽。

小知識

劉志十五歲被梁冀立為皇帝，雖然他為了保護老婆聯合宦官轟轟烈烈地消滅了梁氏集團，可是他對宦官的寵信也導致東漢王朝從外戚集團落到宦官集團的手中，更間接導致了日後的「黨錮之禍」。劉志一生沉湎女色，時人譏為「舉秀才，不知書；舉孝廉，父別居」。東漢王朝自此江河日下，瀕於滅亡。

故事 15　後宮裡的「開襠褲」
──漢靈帝荒唐取樂

　　皇帝無論是沉浸女色，還是情深似海在歷史上都有不少例子，但說到荒淫，漢靈帝可以說是前無古人後無來者，而他的一生都致力於開發女色玩樂上。漢靈帝也算是很有名的皇帝，畢竟在賢德、治國、殘暴上他都沾不上邊，那就來個荒淫第一，也不枉當一回皇帝了。

　　漢靈帝縱欲，而且可以不分時間場合恣情放縱情欲，而他手底下的宦官對漢靈帝只愛女色不理朝政的做法又十分滿意，因此更是鼓勵漢靈帝努力開發宮中一切可以玩樂的女性，不管是宮女嬪妃，反正都是皇帝的子民，都要為皇帝服務。

　　可是漢靈帝好淫卻總是被繁瑣的女性服飾所掃興，單是寬衣解帶就要耗費他很多時間，要知道，在整天到處有美女走動的後宮，漢靈帝每耽誤一刻都可能會錯過與一個女子交歡。所以，如何將女人的衣服變得容易配合交歡成了漢靈帝的大難題。

　　某一日，不知漢靈帝受了什麼啟發，突然靈機一動想到了「開襠褲」。這種聽起來荒唐的事情恐怕也只有漢靈帝才想得出來。後宮裡的女子都穿著開襠褲，這樣當漢靈帝看中哪個女子就可以隨性拉過來交歡，連衣服都不用脫，方便極了。

　　可是漢靈帝哪裡能就此知足。讓宮女穿開襠褲畢竟只是一個初步改革，更新的創意遠不止於此。

　　西元一八六年，漢靈帝命令工匠在西園修建一千間房屋，同時又讓宮人

【東漢宮廷樂舞雜技畫像】

找來綠色的苔蘚覆蓋在臺階上面，從渠引水來環繞著一千間房屋的門檻，形成水環。而渠水中又種上南國進獻的荷花，花大如蓋，高一丈有餘，荷葉夜舒晝卷，一莖有四蓮叢生，名叫「夜舒荷」。如此夢幻的建築，漢靈帝也算是別出心裁了，但這裡卻不是供人觀賞的，而是供漢靈帝繼續滿足他的荒淫色欲。在這個猶如愛麗絲夢遊仙境的花園裡，漢靈帝命令宮女們將衣服脫的一絲不掛，在其中相互追逐嬉戲，而他自己則在一旁欣賞著女人們的胴體。有時漢靈帝興致一來，也會脫了衣服和宮女們打成一片，這個花園正是後來被稱為「裸遊館」的地方。漢靈帝荒淫得理直氣壯，甚至對於這樣有傷大雅的名字引以為傲，簡直是臉皮厚到了極點。

有一次，漢靈帝與眾美女在裸遊館的涼殿裡裸體飲酒，整夜玩樂。在這種紙醉金迷的時刻，漢靈帝感歎地說：「假如一萬年都如此，就是天上的神仙了。」

如果以為漢靈帝的創意就此結束，那實在是太低估他對女色的追求了。

漢靈帝除了喜歡開襠褲和裸遊以外，更喜歡玩扮家家酒。他命令後宮擺設成民間的商店，而宮中的嬪妃宮女則裝作買家，他自己做賣家，這種遊戲

令漢靈帝玩得不亦樂乎。漢靈帝「賣」的東西當然都是奇珍異寶，因此這些貪心的女人們私下為了妳偷的多我偷的少而爭鬥不休，可是漢靈帝卻毫不在乎，他所想的，仍然是如何滿足他的夜夜笙歌，以及他將如何更恣意地淫樂尋歡。

小知識

　　據《古今情海》引用《文海披沙》的記載，漢靈帝甚至在西園裡讓狗與宮女進行交配。漢靈帝如此荒淫，已經不僅僅要用誤國來形容了，在他統治期間，對國事已經是完全不理不睬，這也致使朝廷幾股力量肆意爭奪權力，更導致了「第二次黨錮之禍」。但漢靈帝也並不是毫無貢獻，當時因民間都是手抄版儒學著作，因此有一定差異，於是漢靈帝下令命儒學大師們校正《五經》的文字，最後將整理出來的稿了刻在石碑上供世人校對，這些石碑正是歷史上有名的「熹平石經」。

故事 16

皇帝也做不了主

——漢少帝無法自主的人生

漢少帝劉辯的皇位要從一次綁架案說起。

當時靈帝一死，要立何皇后的兒子劉辯還是立生母地位低下由宦官支持的劉協為帝，成了靈帝遺留下來的難題。靈帝一生除了荒淫以外，就是培養了一群無法無天的宦官。於是，在劉辯登基以後，不死心的張讓為了繼續維持宦官集團的地位，開始準備發動一場宮廷政變。

此時，何太后對外戚和宦官這兩股勢力都很重要，這也導致何太后直接將自己的哥哥何進害死了。當時群臣本來已經決定將宦官們驅逐出宮，雖然袁紹血洗後宮的建議沒被何進採納，可是直接把宦官趕回老家不也就沒什麼事了嗎？但以張讓為領導核心的宦官們卻跑到何太后面前哭訴自己多年辛酸，請何太后放過自己一命。

深宮之人或許都能從別人身上找到自憐的心理，一見到張讓哭訴多年的不易，何太后動搖了。何太后的哥哥何進自然不知道宮中的局勢已經無聲地逆轉，他一進皇宮直接被張讓一夥人拿著刀斧砍成了肉泥。

何進一死，袁紹火氣也上來了，直接帶著人馬衝進去血洗深宮，險些讓太監滅絕。

眼看勝利在望，這場權力鬥爭幾乎已經將宦官肅清乾淨，可是一些精明的將領卻突然意識到：皇帝不見了！

原來，劉辯在大亂的時候，被張讓趁機抓去當人質了。

張讓等人綁架著劉辯和劉協從洛陽北門逃出，可是袁紹等人卻已經開始準備擺慶功宴，顯然沒把小皇帝當一回事。反而是尚書盧植不死心地循著張讓逃跑的路線去營救皇帝。

　　這一追就追到了黃河邊，當張讓看到盧植時，心知氣數已盡，就向皇帝磕頭道：「臣等死了，陛下自愛。」說完，撲通一聲跳進了黃河裡。就這樣，劉辯終於可以打道回宮了。

　　在回去的路上，劉辯遇到董卓率軍趕來護駕。誰知劉辯一見面相兇惡的董卓竟然嚇得說不出話，反而是陳留王劉協把事情原委講的明明白白。

　　董卓一打聽得知劉協是董太后撫養長大，就對劉協說：「我是董卓，和董太后是本家人，讓我抱著你回去吧！」於是，董卓就這麼抱著劉協回到了皇宮。

　　董卓的突然出現，當然不是為了輔佐皇帝，當時東漢江山風雨飄搖，四方群雄已經蠢蠢欲動，董卓趕來護駕，不過是想從中撈點好處。回到皇宮以後，董卓自封司馬，開始實施自己的計畫，首當其衝，便是要擴大自己的權力，將陳留王扶上皇位。

　　於是，董卓找到袁紹，對他說：「當今天子年幼愚昧，不應該做萬乘之主。」袁紹雖然有稱霸之心，可是當時並無反意，當然不贊同。哪知董卓竟當著袁紹的面拔出劍來，怒目喝斥袁紹，說：「我有心重用你，你卻不識抬舉，今天不殺了你，早晚是禍害！」袁紹當然不是好欺負的，畢竟袁家四世三公，也很有威望，見此情形也將寶劍拔

【董卓畫像】

了出來，兩人就這樣僵持不下。說到底，董卓還是要考慮袁紹的勢力，可是袁紹也忌憚此時的董卓。當晚，袁紹就離開了京城洛陽。

袁紹一走，重兵在握的董卓就完全沒有阻礙了。很快地他就廢掉了少帝劉辯，降其為弘農王，轉而將陳留王劉協立為皇帝。

但董卓深知自己立劉協實屬名不正言不順，如果有人想取代自己，劉辯自然成為最好的工具，因此董卓派人將毒酒獻給劉辯，謊稱說：「服此藥，可以辟惡。」生來就被人擺布的劉辯自知大限將至但又不甘心，拒絕道：「我沒有病，只是你們想要殺我罷了！」來人見劉辯不喝，就強行將毒酒灌給劉辯。劉辯的妻子唐姬與其他宮人皆飲酒相送，在飲酒過程中，劉辯悲歌道：「天道易兮我何艱！棄萬乘兮退守蕃。逆臣見迫兮命不延，逝將去汝兮適幽玄！」最後，劉辯無法自主的一生落下了帷幕，可是對於東漢的亂世來說卻只是一個前奏。

小知識

劉辯從漢少帝被董卓廢黜為弘農王，成了東漢史上唯一一個被廢黜的皇帝。劉辯被迫服毒酒而死，唐姬則活到了李傕之亂以後。後來，賈詡得知唐姬尚在人世便告訴了漢獻帝，漢獻帝感懷劉辯的悲慘人生，遂將唐姬重新封為弘農王妃。唐姬的餘生則在弘農王的墓園中度過，不知何時所終。

故事 17 # 末代皇帝落難記
──獻帝不甘做傀儡

漢獻帝劉協登基後，已經是空有皇帝之名了。但他最無奈的，是自己的人生總是逃不開「傀儡」二字。

漢獻帝繼位以前，在宦官與外戚的爭鬥裡他就充當了宦官的傀儡角色。好不容易肅清了外戚何進集團和宦官張讓集團之後又出現了一個董卓。雖說如果沒有董卓，他這輩子只能是一個陳留王。但有了董卓以後，登上皇位的漢獻帝卻徹底淪為傀儡。

漢獻帝也想重振東漢江山，可是無奈他連自己皇帝的自尊都無法保護。

西元一九二年，董卓倒臺，但是這並沒有換回漢獻帝的自主權。當時的東漢已經陷入割據混戰的局面，而皇帝的作用也無非是一次又一次地淪為權臣的傀儡。在大分裂的局面下，漢獻帝也無法久居洛陽，開始了四處流竄的逃亡生涯。

西元一九六年，劉協終於離開了戰亂連綿的關中地區，當他回到已成一片廢墟的舊都洛陽時，心中對物是人非的感懷已經令他不能言語了。但這畢竟是東漢的皇城，即使已經殘破不堪，漢獻帝也要守在洛陽。因為只有在這裡，他才能找回皇帝的真實感，能夠按照自己的心意發布詔令。

可是，本以為可以在洛陽安定下來的漢獻帝卻錯了。過沒多久，曹操便率領軍隊來到了洛陽。這時的曹操當然不是早年被人鄙視的宦官的孫子、乞丐的兒子了，他已經成為中原腹地不容小覷的軍閥。漢獻帝從見到曹操的第一眼起就已經明白：自己又要變成傀儡了。

果然，曹操來到漢獻帝身邊也是看中了他的皇帝身分。但曹操卻沒有立即將漢獻帝趕下臺，反而選擇「匡扶」已經風雨飄搖的東漢政權。曹操這一個決定，是為了能「挾」住漢獻帝，說到底還是為了讓自己在軍閥爭戰中有個名正言順的地位。

　　曹操這一「挾」，可以說是改變了漢獻帝後半生的命運。雖然曹操來到漢獻帝身邊以後，漢獻帝看似擁有了帝王表面的權威，但是漢獻帝知道，一個新的帝國即將在東漢江山廢墟上崛起了。

　　已知無可挽回的漢獻帝也曾試著掙脫「傀儡」的命運，但最後卻以慘烈的失敗告終。

　　西元一九九年，十八歲的漢獻帝再也無法忍受獨攬大權的曹操。他做夠了傀儡，也受夠了身為傀儡所帶來的屈辱。於是，他任命岳父董承為車騎將軍，秘密寫下了衣帶詔，授意董承聯絡漢室大臣設法剷除曹操，結果事情敗露，曹操的權威非但沒有被撼動，反而導致參與此事的董承、吳子蘭、種輯等人被誅滅三族，連同懷孕的董貴人也沒能倖免。

　　此時的漢獻帝彷彿失去了最後一根救命稻草絕望萬分。在這種時候，伏皇后卻不肯認命，她認識到了曹操的殘忍和蠻橫，於是聯絡自己的父親伏完，歷數曹操殘暴不仁之事，希望伏完能夠效仿董承，剷除權臣。但有董承一事在前做例，伏完終究沒有膽量與曹操交鋒。即便如此，當事情暴露之時，伏氏宗族百餘人還是為此付出了性命代價，而伏皇后與劉協所生的兩位皇子也被曹操用毒酒毒殺。

　　漢獻帝的傀儡生涯並沒有就此結束，在這一場以死亡為代價的反抗中，漢獻帝徹底明白了自己只能是一個傀儡。這是他無法逃脫的命運。

　　西元二一五年，漢獻帝這個末路皇帝再也沒有能力和曹操抵抗了，他除了認命別無他法，不久，曹操將自己的女兒送到漢獻帝身邊逼迫他將其女立為皇后。縱使漢獻帝心有不甘，他也唯有聽命曹操，東漢江山的傾頹彷彿只

是在轉瞬之間，而漢獻帝所看到的，正是一個曹姓王朝的興起。

小知識

　　宋元之際的史學家胡三省是這樣評價漢獻帝的：漢獻帝並不是一個昏庸無能之輩，之所以在他手裡終結束漢一朝，是因為他只不過是一個空頭皇帝而已，「威權去已」。曹操死後，曹操之子曹丕逼迫漢獻帝劉協禪讓皇位，至此東漢結束，曹丕建立魏朝，封劉協為山陽公。西元二三四年，劉協壽終正寢。

故事 18

別開生面的送別儀式
——學驢叫的曹丕

　　曹丕和曹植本是同父同母的親兄弟，可是他們卻不像諺語「上陣不離親兄弟」那般，反而在軍國大事面前爭個你死我活。畢竟曹操建立的帝國只需要一個繼承人，而他們自小被父親所灌輸的意識就是「成王敗寇」。但曹丕最後卻成為了魏國的開國皇帝，而在這過程中，他擊敗了自己最強的敵人，也是父親曾經最看重的接班人——曹植。

　　曹丕之所以成功，是因為他懂得「俠骨柔情」。在父子情誼間，曹丕不僅向父親證明自己有齊家治國平天下的能力，還向曹操表露出深厚的愛父之心。

　　不僅如此，曹丕還是一個隨性達觀的人。

　　魏晉時期，「建安七子」中的阮瑀、陳琳、王粲、徐幹、應瑒、劉楨，都是曹丕和曹植的好朋友。這些大才子經常跟隨子桓（曹丕）、子建（曹植）兄弟，聚集在魏都鄴城，進行文化交流。中國文

【魏文帝曹丕】

學史上最慷慨深沉、意氣昂揚的「建安文學」，也就這樣誕生了。為此，歷史上就把曹丕、曹植兄弟和「建安七子」在那個時期的交遊，稱為「鄴下風流」。

有一回，這些人在曹丕府裡飲宴，喝到興起，曹丕見席間無以為樂，居然想起自己老婆來了。

曹丕的這位夫人，就是歷史上有名的美女甄氏。曹丕把甄夫人叫出來，讓她一同入席。這下阮瑀等人可為難了，世子是好朋友不假，但他說不定就是日後的皇帝，誰還敢看尊夫人呢？大家一個個低著頭，眼皮也不敢抬。

只有劉楨膽大，心想，他自己都不在乎，我還拘泥什麼呢？索性抬起頭來，一飽眼福。沒想到這一個舉動惹惱了曹操，他聽說之後立刻把劉楨治了罪，要不是被勸住，險些就把他殺了。

「建安七子」裡，阮瑀的最大長處是作詩，但要說成就最高的，當屬王粲了。他的《登樓賦》，非常有名。

王粲是「七子」裡最後一個去世的，曹丕這時已經是魏國的太子。他帶著文武官員們去給王粲送葬，眼看這些朋友一個個凋落，心裡難過，卻又不知怎麼表達追思才好。

這時，他想起王粲的平生嗜好，就對官員們說：「王仲宣（王粲，字仲宣）生前最喜歡聽驢叫，我們就一起來學驢叫，為他送行吧！」官員們面面相覷，不知所以，但又不敢不叫。

於是，在曹太子的帶領下，大家齊聲驢鳴，聲音此起彼伏，把王粲的葬禮搞得好一番別開生面。

據說，曹丕被曹操立為太子後，心情非常激動。當他回到府中，見到前來祝賀的大臣辛毗，竟然不顧君臣之禮抱住辛毗。辛毗回府之後，他的女兒辛憲英看到父親的表情有些尷尬，就詢問緣由。當得知曹丕因成為太子如此興奮，辛憲英不由感歎道：「太子，是將來取代君王治理國家的人。取代君王登基就位，不可不感傷悲戚，治理國家臨朝聽政不可沒有危機感。現在，曹丕剛被立為太子，本來是感傷危懼之時，怎麼能得意忘形呢？這可不是好兆頭。是不是預示著魏國的將來不會昌盛？」果不其然，在三十年後，魏國的大權落到了司馬昭父子的手中，最後成為歷史上又一個短命的王朝。

第二章

開國與守成中的武將文臣

只動口舌不動刀兵
——岑彭勸降朱鮪

　　更始政權在劉玄被俘以後，已經是名存實亡。儘管如此，殘餘的力量仍然如困獸般死守著一些重要城池，其中朱鮪所占據的洛陽對東漢日後的意義可謂十分重大。可是朱鮪在自知無法抵抗劉秀大軍之時，仍然不肯屈服。這種堅持並不是來自他的骨氣，而是源於一段血親之仇的舊事。

　　原來，朱鮪奪得洛陽之前，鎮守此處的恰是劉秀的哥哥劉縯。當年劉縯被殺，朱鮪正是始作俑者。不僅如此，在劉秀尚未形成自己的勢力還在為更始帝賣命時，有一次更始帝派劉秀安撫河北，朱鮪擔心劉秀回到河北會建立自己的勢力進行報復，因而拼命反對，險些令劉秀無法脫身。

　　有這兩次大仇，朱鮪對於劉秀而言，基本上可以說是當時最難解的死敵。如今更始政權分崩離析，朱鮪鎮守的洛陽城孤立無援，面對虎視眈眈的劉秀，他雖然無奈，卻也只能死守。劉秀屬意洛陽做首都已經是不言而喻了，朱鮪想要居安成了癡人說夢。打又打不過，投降也是死。朱鮪的境地為難至此卻沒有解決的辦法，一日日的困守，雖然漢軍始終無法攻克洛陽，可是洛陽早晚有彈盡糧絕的一天。儘管劉秀幾次派出使者勸降朱鮪，但朱鮪哪裡肯就範，他心裡明白，自己不僅害死劉縯，而且三番兩次地加害劉秀，這種情況誰能容得下自己。反正橫豎都是死，還不如守到最後有尊嚴的死去。

　　就在朱鮪與劉秀僵持不下之際，劉秀手下的將領岑彭自告奮勇跑出來勸降。畢竟岑彭原本是朱鮪麾下的指揮官，兩人的交情不言而喻。整日被劉秀大軍逼迫的朱鮪在這種壓抑時刻還是很需要一個相識已久的朋友談談心，派

岑彭勸降，可以說是節省兵力解決問題的最好辦法。

岑彭一見朱鮪，便向其喊話，大致就是說如今更始政權不復存在，死守洛陽實為下下之策，良禽擇木而棲，何不早些歸順？

朱鮪聽了岑彭的勸告，只能苦笑著搖頭，他對岑彭說：「當年害死劉縯，我是主謀之一，這種血債，我只能用血償，投降只會讓我更加沒有尊嚴地死去。」

岑彭得知原委以後，明白朱鮪並不是冥頑不靈不願意投降，而是因為心有顧慮，進退兩難。於是，岑彭將朱鮪的話轉述給劉秀，劉秀想成就大事自然要有不拘小節的心胸，雖然是血債，可是眼前事關整個天下的大事，因此劉秀表示不會追究，不僅如此，只要朱鮪願意投降，還可以將他原有的官職和爵位統統保留。甚至以黃河起誓，表達自己不會食言的決心。

再一次來到洛陽城下，岑彭是帶著劉秀的承諾來的，當這番話轉達給朱鮪後，朱鮪仍然無法放下顧慮。為了驗證岑彭所說的真實性，他命令手下從城頭扔下繩梯，告訴岑彭說：「如果你願意從繩梯爬上來，我就相信你。」

【劉秀手下的「雲台二十八將」，其中就包括岑彭。】

朱鮪本是想要試一試岑彭是否說假話，沒想到岑彭竟然想都沒想就抓住繩梯開始爬。這時候，朱鮪終於相信岑彭所說並非虛言。

這件事情之後，朱鮪終於對劉秀放下了防備，決定放下武器，向劉秀投降。而劉秀果然沒有食言，不但沒提過去仇恨，還對朱鮪以禮相待，當天便將朱鮪釋放，還原封不動的保留了他的官職和爵位。這場戰戰爭，劉秀沒費一兵一卒就將朱鮪收服，僅憑著幾句來往的口信，便將洛陽占領，足以見劉秀的政治才能。

小知識

朱鮪原本只是普通農民，直到王莽末年，南方饑荒連年，農民走投無路紛紛起義，很快結成一股農民起義軍——綠林軍。朱鮪正是當時綠林軍首領之一。西元二三年，綠林軍將劉玄擁立大漢宗室更始帝，朱鮪因此被封為大司馬。更始政權進入長安之後，劉玄在此加封諸將。這時朱鮪被封為膠東王，可是朱鮪卻堅持漢高祖曾約的「異姓不得封王」原則，因此沒有接受封賞。

躲不過的對手
——延岑投降滅族

故事 20

　　西元三五年，劉秀派岑彭、吳漢率領大軍攻打公孫述。岑彭素來用兵出奇制勝，在戰場上更是充分發揮了自己的用兵技巧。公孫述這次的失敗可以說相當致命，情急之下，他只得派出手下最得力的大將延岑率領漢中精兵南下抵抗。

　　延岑接到公孫述的命令後，當即率軍星夜趕去與公孫恢的部隊會合，分別把守廣漢、資中兩地。延岑和公孫恢的軍隊在岑彭大軍的壓力下築起了嚴密的防線，試圖全力阻擋岑彭進入蜀郡。

　　同年八月，岑彭派副將臧宮先從平曲的小道，再沿著涪水逆流而上。而在涪水上游地區駐守的部隊恰好是延岑的主力軍。由於事前沒有一點徵兆，臧宮突然發動襲擊，延岑來不及應戰就已經被漫山遍野的漢軍大旗嚇退了。這一仗，即使延岑已經下令撤退，還是被臧宮的部隊打得潰不成軍，令延岑足足損失了萬餘士兵，連那清澈的江水都被士兵的鮮血染紅。

　　延岑這次的失敗，對他來說是重創，雖然他僥倖在親信的掩護下逃到了成都，可是一路上也是狼狽至極。至於延岑的大部隊，都已經向臧宮投降了。而延岑隨軍帶著的馬匹、珍寶基本上都落在駐地，成了臧宮的戰利品。

　　延岑吃了敗仗，好在公孫述對他沒有過多的責罰，甚至連官位都沒變，還是一如既往地倚重。到了西元三六年十月底，吳漢、臧宮等人再次率領南征大軍，直接攻打公孫述所在的成都城。當漢軍壓在成都城腳下，眼見成都即將陷落，延岑卻不死心地找到了公孫述。他一面向公孫述陳述自己想要報

仇雪恨，堅定守城的決心，一面又獻出重金招募死士突襲漢軍的計畫。

這年十一月，延岑開始準備反攻。反攻第一步，就是重賞之下必有勇夫，延岑掏出了真金白銀，死士們也果然賣命，延岑一舉突襲吳漢，大敗漢軍。

吳漢在這一仗可被延岑傷的不輕，節節敗退也就算了，還被打進水裡差點丟了性命。要不是吳漢當時死死抓著馬尾巴，恐怕就要命喪成都城了。

而延岑不僅打贏了吳漢，他還把漢軍的糧草都奪來了。這次勝利讓公孫述喜不自禁，本來已經是處於極大劣勢了，現在被延岑給扭轉為優勢。公孫述一邊加賞延岑，一邊辦起了慶功宴。

吳漢這一仗被延岑打得這麼慘，肯定覺得很沒面子，況且糧草也沒了，連後勤保障都無法維持還怎麼打仗？灰心喪氣的吳漢想要從成都退兵回去，幸好張堪苦口婆心地勸阻了一番，吳漢才又鼓起信心圍困成都。畢竟和延岑也是交戰了十幾年的老對手，此次又害自己如此狼狽，吳漢心裡也是嚥不下這口氣，想要找個機會報復延岑。

西元三六年十一月十八日，吳漢只剩下能夠維持七天的軍糧。這時候，他必須要考慮是出兵攻城還是退兵。可是延岑還在成都城，吳漢必然不能忍受，所以下達了猛攻成都城的命令。吳漢大軍來勢洶洶，延岑一聽，笑道：「手下敗將，還敢來叫戰？」於是，延岑親自率領著主力軍隊迎戰吳漢的進攻。在他的帶領下，漢軍連續三次衝鋒都被他打了回去。

這次交戰，可以說是難分難解，從清晨廝殺到正午，也沒見誰占了優勢。此時，隨著兩軍都耗光了力氣，便決定休戰回去各吃午飯。想不到，吳漢這個人很不實在，竟然在延岑軍隊休息的時候發動了突襲，嚇得延岑趕忙退兵。

在吳漢和延岑交戰的時候，公孫述去哪兒了呢？原來他在觀戰。公孫述可能太過相信延岑，兩軍拼命打仗的時候公孫述看熱鬧竟然沒找個安全的位置，當吳漢軍隊偷襲過來時，延岑雖然沒什麼事，一旁觀戰的公孫述卻被刺成了重傷。

公孫述被拖回城以後，草草將後事託付給延岑，希望他能戰鬥到底。

誰知老闆一死，延岑就變臉了。他知道自己做不了老大，而公孫述現在也靠不住了，不如跟隨劉秀也許還有前途。因此，延岑打開城門向漢軍投降。

然而，延岑的投降並沒有為他換來榮華富貴，反而令他更沒尊嚴地死去。在吳漢的一聲令下，延岑被推上了斷頭臺，而他一家老小百餘口人也沒能倖免，都被屠殺殆盡了。

誰也沒想到，投降的延岑不僅沒為自己換回平安，反而被滅了族，這也是戰爭年代的悲哀。

小知識

延岑於王莽末年乘亂起兵，之後向更始政權大將劉嘉投降。更始政權崩潰後，延岑割據自立，曾一度占據關中三輔，自稱為武安王。後來，延岑被劉秀大將馮異擊敗，又陸續依附過秦豐、公孫述繼續對抗漢軍。等到公孫述被殺，延岑投降漢軍，最後被漢軍將領吳漢所殺。

將軍還是好廚子
——馮異與劉秀的好交情

故事 21

　　劉秀和哥哥劉縯在更始帝政權下做事時，由於官至大司馬的劉縯聲威過高，最後被更始帝劉玄猜忌殺害。

　　劉縯一死，劉秀在朝廷裡舉步維艱。一方面他沒有哥哥劉縯的影響力大，另一方面政敵早就想置他於死地。劉秀知道自己也遭到劉玄的猜忌，因此說話做事都變得更加謹慎，甚至連哥哥死了都不敢露出悲傷的情緒。

【「大樹將軍」馮異】

　　劉秀心裡難過，可是他總得憋著，這種滋味並不好受，積壓到一定程度，劉秀還是會有崩潰的時候。可是，劉秀不敢讓別人看到自己沮喪，更不想被人抓住自己軟弱的一面，只有在無人的時候自己偷偷流眼淚悼念哥哥。

　　跟隨劉秀作戰的將軍馮異了解劉秀的難處，就趁著劉秀身邊沒有人在的時候上前勸告劉秀要節哀振作。劉秀被戳中了痛處，趕忙裝作若無其事的樣子否認馮異的猜測。馮異見劉秀對自己仍有所防備，歎

息道：「我選擇追隨主公，就是下定決心與您休戚與共。現在天下需要漢室的復興，可是更始政權都是殘暴之徒，還望主公積極行事。」劉秀聽了這一番話，大受鼓舞，決定重整信心建立功業。

這時恰好趕上河北動亂，於是劉玄就想到派劉秀去安撫河北。劉玄糊塗，他手下的官員們並不糊塗，此時放劉秀去河北，無疑是放虎歸山，因此劉秀去河北一事始終受到阻撓。馮異得知後，向劉秀提議道：「更始朝中的曹竟、曹詡父子權力頗大，一個為左丞相，一個為尚書，能與曹氏父子結好，自然容易脫離朝廷中心。」果不其然，後來劉秀能夠以破虜將軍行大司馬事的身分前往河北，正是得到了曹詡的幫助。

後來，因王郎在邯鄲自立為王，令劉秀一度陷入窘境。這時，尚在薊縣的劉秀為了盡快趕到邯鄲平定王郎之亂，便連夜行軍，可是到了饒陽縣境內的無蔞亭地區，卻趕上天寒地凍，北風凜冽，饑寒交迫的劉秀只好停卜來駐紮休息。這時，馮異不知從哪裡找來了一些豆子，煮了一碗豆粥給劉秀喝。第二天早上，劉秀十分高興地說：「昨晚喝了馮異的豆粥，肚子不餓了，身上也暖了，實在是太好了！」

不過，馮異這個大將軍在劉秀行軍困難時充當廚子給劉秀做飯的事可不止這一回。等到劉秀率軍走到南宮縣時偏偏又遇到了大風雨，接連因為惡劣天氣的影響，劉秀只得命隊伍先到廢棄的民宅躲雨。到了民宅時，劉秀身上的衣服也都已經濕透了。馮異見狀趕忙找來木柴生火給劉秀烘烤衣服，同時還找到了野菜和小麥，又順手給劉秀做了一碗麥飯。

前後吃過馮異兩頓飯的劉秀對此心裡很感激。多年後，當馮異大敗赤眉軍和公孫述凱旋而歸時，身為皇帝的劉秀不僅親自迎接，還當眾感歎道：「當年馮異是我的主簿，在我們披荊斬棘平定關中時，對我有豆粥、麥飯之恩。這種情誼，我還沒有報答他啊！」於是，又命人賞了馮異許多金銀珠寶。

　　馮異為人謙虛，從不居功自傲。當時，跟隨劉秀的開國將領們，經常趁著征戰間隙聚集在一起吹捧自己的戰功。每每在眾將領爭功時，馮異總是默默地躲到大樹下不參與他們的討論。因此，士兵們給馮異取了個「大樹將軍」的雅號。

故事 22 　請不要「網開一面」
——吳漢的臨終遺言

　　說到雲台二十八將裡戰功最多的，要屬吳漢了。可是吳漢卻註定只能排名第二，畢竟排在第一的鄧禹不僅是劉秀的同學，還是吳漢當初的推薦人。論資歷，吳漢差了鄧禹一大截。

　　不過，吳漢戰功雖多，可是要和同樣善於作戰的劉秀比起來，完全是兩種人。劉秀體恤下屬，在戰場上總是親自上陣和士兵們並肩作戰。吳漢自幼貧苦，養成一種武力爭奪的性格，這間接導致他在領兵時出現很多搶奪事件，而吳漢的作戰方式也是無所不用其極，凡是能想到的陰謀詭計，只要能取得勝利，想都不想就用。劉秀和吳漢就好像黑白兩面，雖然各行其道，卻能合作成就大業。

　　有一次，劉秀想要從幽州徵兵，此時的幽州正是在更始政權的管轄下，而首領又是與劉秀貌合神離的苗曾。劉秀知道直接去找苗曾借兵是不大可能的事，就找自己的軍師鄧禹商量。鄧禹想了想，說：「間數與吳漢言，其人勇鷙有智謀，諸將鮮能及者。」意思是這事交給吳漢，但解決的辦法不一

【光武帝錫封褒德】

定光明磊落。

在得知吳漢僅帶著二十名騎兵來拜見時，苗曾簡直就沒把他放在眼裡，於是大搖大擺地出來迎接。沒想到見面後，吳漢二話不說直接就把苗曾的頭砍了下來。苗曾一死，幽州其他的將領再也不敢有所舉動，於是吳漢順利地帶回了幽州的兵馬，沒費自己一兵一卒。

不過，幽州的軍隊並不好用，雖然幽州軍以驍勇善戰著稱，可是這支軍隊基本上是由西漢的精銳騎兵組成，儘管戰鬥力高，卻只是傭兵。一支強大的傭軍，且成員大部分來自西域、匈奴，這就令劉秀無法駕馭了，畢竟要從本來就吃緊的財政中再撥出一部分給這些傭兵，實在有些吃不消。這時候，鄧禹又提議了：「不如交給吳漢統領。」於是，這支軍隊又轉到吳漢手中。

吳漢能控制住傭軍，肯定有他的辦法，這就令劉秀另眼相看了。因此，當更始帝派尚書令謝躬聯同劉秀一起進攻割據邯鄲的王郎時，劉秀知道謝躬是個人才，就想趁機將他收為己用。誰知謝躬不同意，劉秀知道謝躬留著一定是個後患，就計畫除掉謝躬。可是這種壞事畢竟不適合正義凜然的劉秀來做，這時候又要請吳漢出場了。

當時謝躬還守在鄴城，劉秀便寫信誘騙謝躬，讓他出兵攻打青犢軍。青犢軍戰敗，必然引起尤來軍恐慌，又可以趁機攻下尤來軍。謝躬聽自己一下子可以領兩個戰功，就出兵離開了鄴城。可是就在謝躬忙著和尤來軍交戰時，吳漢已經率軍把鄴城攻占下來了。占領了鄴城還不算，吳漢還找來降將假裝一切如初，等到吃了敗仗率兵返歸的謝躬一到鄴城，就被吳漢抓住了。吳漢知道劉秀心軟，就替劉秀把狠心的事給做了，謝躬就這樣被自己人砍了腦袋。

西元四四年，吳漢病危。得知此事的劉秀親自探望吳漢，並詢問他還有什麼想說的話，以及身後之事有何打算。這時吳漢沒有考慮自己的家人，反而對劉秀說：「臣愚昧無知，只願陛下慎重不要輕易赦免罪犯。」吳漢知道劉秀為人心軟，容易寬恕別人，因此吳漢這個大司馬臨死都希望能夠為劉秀

的江山著想，這也是吳漢身為臣子為劉秀所做的最後一點努力了。

　　吳漢死後，劉秀將其賜諡號忠侯，並且發動北軍五校、兵車、甲士為其送葬。這種場面正是效法西漢大將軍霍光的喪禮，可見劉秀對吳漢的重視了。

小知識

　　有一次，吳漢帶軍出去打仗，他的妻子趁他不在家便買了塊田，等到吳漢回來發現後，大罵道：「軍師在外，吏士不足，何多買田宅乎。」於是，吳漢把剛買回來的田都分給了兄弟外家。

賢妻有賢戚
——陰興與劉秀的秦晉之好

　　陰麗華被劉秀接回皇宮的時候，還帶上了同母所生的親弟弟陰興。陰興身為皇帝的小舅子，自然也受到了皇帝優待。

　　不過，陰興兄弟被封侯後，並沒有因為妹妹陰麗華的關係變得恃寵而驕，反而在為官期間顯出了賢德的風範。

　　當時，陰興與同鄉的張宗、臨鄉的鮮於裒關係十分緊張，可是陰興並沒有借助外戚的身分打壓他們，反而當劉秀讓陰興推薦官員時，陰興還向劉秀推薦了他們。相反地，與陰興交好的張汜、杜禽始終都沒有做官的機會，因為陰興明白他們是屬於華而不實的一類，所以只在錢財上幫助二人。由此可見陰興的正直賢良。

　　有一次，劉秀想要封陰興為關內侯，連印綬都拿出來了，可是陰興卻不同意。劉秀不明所以就詢問陰興是否有何不滿，陰興說：「我沒有衝鋒陷陣的功勞，可是陰氏宗族已經有多人受封加賞了，更承蒙您寵愛陰貴人，這已經是我的富貴了。除此以外，我不敢蒙受您這種恩德。」劉秀得知陰興的心願，就沒有強求陰興接受加封。

　　這件事被陰興的姐姐陰麗華得知後，問他原因，陰興回答說：「貴人您沒有聽過『亢龍有悔』嗎？越是在高位越易遭災難，外戚之家苦於自己不知進退，嫁女就要配侯王，娶婦就盼著得公主，臣心中實在不安。富貴總有個頭，人應當知足，誇奢更為輿論所反對。」陰興這番話令陰麗華感觸頗深，沒想到自己的弟弟竟然如此維護自己，更以身作則，此後陰麗華也更加克制

自己。正因為陰麗華、陰興姐弟的賢德，不僅沒有給光武帝劉秀帶來煩惱，反而幫助劉秀解決了很多朝廷上的難事。即使有陰氏的親友請求陰興幫忙加官進爵，陰興也從未應允過。

後來，陰麗華被加封為皇后，而陰麗華與劉秀的長子劉莊也因此被封為太子。這時，在教育劉莊的問題上成了劉秀的心頭大事，想來想去，最後劉秀決定找來劉莊的舅舅陰興和其異母兄長陰識共同輔導皇太子劉莊。一方面是陰興的確有大德，另一方面陰興畢竟是劉莊的親舅舅，因此在輔導劉莊的事情上格外盡心盡力。

眼見劉莊一天比一天聰明懂事，劉秀十分滿意陰興的教導。加上陰興是難得的人才，又是自己老婆的親弟弟，所以劉秀比較信賴陰興。適逢大司馬吳漢病故，於是劉秀提議讓陰興接任大司馬一職。可是陰興依然不願意接受劉秀的加封，又是磕頭又是流淚，連連退讓，說自己才能不夠無法勝任高位會影響劉秀的聖德。雖然這次劉秀也沒能加封陰興，可是稱帝後在政治上，劉秀仍然要經常詢問陰興的意見。可見劉秀與小舅子陰興的關係有多好了。

西元四七年，年僅三十九歲的陰興臥床不起。劉秀得知以後，趕忙放下手頭的政務去探望陰興。不久，陰興去世，直到他死也不過是個普通官員。可是他的賢德卻被後來的明帝劉莊記在心裡。

西元五八年，明帝劉莊登基後第一件事就是下詔表彰陰興：已故的侍中、衛尉、關內侯陰興，管領禁軍，跟隨先帝平定天下，他的軍功應該光榮地受到封爵獎賞，同時各位舅父也應按成例蒙受恩澤，都被陰興推讓了，安居於里巷之中。他曾輔導於朕，體現了周昌般的正直，在家中仁孝，也具備曾子、閔損（閔子騫）等人的品行，不幸早年去世，朕感到十分傷悼。賢人的子孫，應給予優異的待遇。現在封陰興的兒子陰慶為鮦陽侯，陰慶之弟陰博為隱強侯。又將陰興追諡為翼侯。

　　據說陰麗華、陰興他們的祖先原本是齊國賢相管仲，後來因為管仲的七世孫管修在楚國陰地任大夫，於是改姓陰。

人紅遭嫉妒
——身死蒙冤的馬援

故事 24

劉秀自然算是明君，單從他建國稱帝後沒有斬殺功臣這點來看就已經很難得了。而當年跟隨劉秀的「雲台二十八將」，不僅個個加官加爵，還人多得以善終。可是有一個人，卻在死後蒙受了二十九年的冤名。

這個人就是馬援。

其實，馬援當年被冤，劉秀何嘗不知，畢竟馬援行軍作戰的細節都是預先請示過劉秀才執行的。但是，在重人失誤面前，皇帝永遠是對的，黑鍋自然要找一個人來背。

不過，為何在眾多將領中唯獨要找馬援來替自己背黑鍋呢？這就要從很多年前馬援和劉秀的一次爭論說起。

【馬援像】

當年，馬援尚未歸附劉秀，而劉秀對馬援還是很欣賞，於是就發生了這樣一段對話。劉秀說：「都怪我這個皇帝能力不足，才使馬將軍在兩個皇帝間奔波勞累。」很顯然，劉秀是在表達馬援沒有首選自己，感到很可惜。可是馬援偏不領情，說：「漢帝陛下，當今世道，不光是帝王選擇臣子，做臣子的也應當選擇君

主呀！」馬援這句話就劉秀聽來格外刺耳，而且此時劉秀已經貴為一國之君，馬援說完這句話似乎還不滿意，又補了一句：「陛下您就真的不怕我馬援是一個刺客嗎？」這話完全是大逆不道了，雖然劉秀臉上保持著微笑沒有做出反應，可在心裡已經疏遠了馬援。

這件事以後，馬援算是得罪了劉秀，即使在日後馬援為劉秀獻計攻打隗囂，也難以撫平劉秀心裡對他的排斥。

可是芥蒂歸芥蒂，對於善用人才的劉秀來說，馬援還是有很多地方值得欣賞，而馬援「伏波將軍」的大名也並非浪得虛名，因此君臣間在行軍打仗上還是很有默契的。

劉秀一次次派馬援出征，可是隨著馬援的威名越來越大，做皇帝的劉秀心裡又開始不舒服了，哪裡有臣子的風頭大過皇帝的？更要命的是，馬援這個人除了會打仗以外，還很豁達。每次勝利，馬援都會將自己得到的獎賞分給手下的將士。此種舉動，馬援雖然無心，但觀者有意。而馬援的將士們在馬援的關照下對馬援越來越敬重，竟然一時忘我地向馬援喊出了「萬歲」的呼聲。

常言道，人切莫太紅，太紅是要遭人嫉妒的。馬援畢竟是之後升上來的將軍，但是他的風頭此時卻蓋過了當時跟隨劉秀打天下的功臣們，這自然令其他人很不開心，而馬援在軍中的風頭又蓋過了皇帝，這回可是連劉秀都要嫉妒他了。

儘管馬援從沒有造反的心思。但馬援在無意中一天天形成自己的勢力，看在劉秀眼裡還是有危機感的。

不過，劉秀與馬援之間的矛盾真正爆發是在武陵蠻夷暴動。在國家危難面前，馬援主動請纓。但這個舉動並不能感動劉秀，反而讓劉秀抓住了機會。當時天氣酷熱，加上瘟疫橫行，許多士兵沒死在戰場卻被瘟疫折磨倒了，連馬援也染上了重病。幾乎全軍都在生病，戰爭境況自然也不會多好。

這時，劉秀便適時地找來與馬援有過節的梁松去前線調查。梁松領了旨意，反正天高皇帝遠，實際情況如何還是要靠自己說給皇帝聽，這不正是報復馬援的好機會嗎？可是萬萬沒想到的是，當梁松抵達前線時，馬援已經因病去世了。這下滿腔怒火無處可發的梁松可是憋壞了。於是，他想出了捏造馬援貪汙的證據，又暗通劉秀，在奏報裡指出馬援進軍方案失誤。馬援人已經死了，面對種種污蔑，也無法辯駁了。可憐人倒眾人推，在梁松的指控下，竟然又跑出來一些地方官員也開始跟著附和數落馬援。

在「民意」的批評下，劉秀也只好「為難」的徹查馬援。證據早已經準備好了，等到徹查結果出來以後，劉秀「震怒了」。就這樣，馬援雖死，卻要蒙受不白之冤被剝奪一切職位，也算是東漢開國功臣中下場最淒慘的將領了。

但歷史自有公道，當馬援女兒的孫子漢章帝繼位後，馬援終於得以平反昭雪，不過這已經是他死後二十九年的事情了。

小知識

馬援在演示軍事策略時，曾命人取來大米，在光武帝劉秀面前用米堆成山谷溝壑等地形地物，然後講解山川形勢，又標示各路部隊進退往來的道路，複雜的地形地勢完全顯露出來，令劉秀對他的分析一目了然。馬援的「堆米為山」是世界軍事史上的一項傑出發明，而後來「軍用沙盤」也正是從此發展演化而來。

雲台第一將的失敗
──鄧禹的汙點

劉秀定都洛陽後，便將矛頭指向了長安。一方面是因為長安城作為西漢古都，是全國政治中心，屬於戰略要地。另一方面是此時赤眉軍的最後力量正集結在長安，想要穩定東漢政權，赤眉軍是必須要解決的障礙。

這樣重要的戰役，自然要派上不一樣的將領，這個不二人選當然是鄧禹。

這年的鄧禹不過二十四歲，能夠居雲台二十八將之首，自然有他的本領。可是鄧禹這次出戰長安，卻成了他永遠抹不去的人生汙點。

鄧禹領兵兩萬出征，一路招降，隊伍居然壯大到百萬餘人。可是在攻打長安這種刻不容緩的事情上，鄧禹卻顯出了謹慎的一面。他越是按兵不動，劉秀越是著急。等到終於要進攻之時，鄧禹竟然自作主張放棄攻城轉而折向北方。

劉秀再也抑制不住不滿的心情，就派人給鄧禹送去了一封親筆信。劉秀信中大致內容是說：「大司徒您現在所做的正如堯的事業，

【鄧禹畫像】

長安城內的赤眉軍就如那夏桀暴徒，如今長安百姓處於水深火熱，您應該要把握機會，及早討伐暴徒，維繫百姓之心啊！」

這封信裡，雖然劉秀委婉地表明了對鄧禹做法的不滿，但這不是重點，真正的重要之處在於劉秀在批評鄧禹的時候並不是下詔，而是寫了一封親筆私人信。君臣之間能做到如此，那可是給了鄧禹天大的面子。

鄧禹坐鎮在長安城外按兵不動，雖然受到了遠在洛陽城的劉秀的批評，但他卻堅持認為自己沒有錯。鄧禹始終認為此時在赤眉軍物資充足、士氣正旺之時攻打，只會兩敗俱傷，等到自己先一路向北攻打其他諸縣，有了聲威，做好準備以後，不必攻打，長安城內赤眉軍自然會自亂陣腳。

果不其然，過沒多久，長安城內的赤眉軍就亂成一團。

在赤眉軍十萬人的揮霍下，長安城內的物資很快就見了底，於是，赤眉軍的將領做出了一個決定：撤出長安。

赤眉軍從長安一走，鄧禹就可以不費一兵一卒地占領長安了。

可是赤眉軍豈是善類，他們在臨走之前，對這座古城進行了最後的掠奪。從皇宮到百姓家，凡是能帶走的東西都搶走，不能帶走的東西就燒毀。等到鄧禹率軍進入長安城時，已經是一片狼藉。

但是這並不是長安之戰的結果。

赤眉軍離去不久，便遇上隗囂的部隊。兩軍交戰時，突然遇上大雪令赤眉軍損失慘重，無奈之下，沒有禦寒衣物的赤眉軍只得重返長安城。

赤眉軍回來的突然，鄧禹連準備都沒來得及做，就被打個措手不及。而最要命的問題是，在赤眉軍面對已經搶無可搶的長安城，竟然喪心病狂把主意打到死人頭上。於是，西漢皇陵一座座被掘開，墳塚裡陪葬的金銀珠寶全被洗劫，連皇帝身上的金縷玉衣都被扒走了，赤眉軍還喪失人性地將呂后的屍體侮辱了一番。

沒能保護西漢皇陵已經是不可推卸的責任。

可是鄧禹更大的失敗是在鬱夷與赤眉軍交戰時，竟然被人多勢眾的赤眉軍打得節節敗退，直至退到長安城。此時已被赤眉軍毀掉的長安城哪裡還是避難之所，最後，鄧禹只得放棄長安城，退守到雲陽。

誰也沒想到，雲台第一將竟然如此落敗在赤眉軍手中。更讓人意想不到的是，赤眉軍竟以此種方式重新回到了長安城。

鄧禹征戰一生，可是長安之戰卻成了他難以抹去的汙點。

小知識

鄧禹與劉秀本是南陽同鄉。當年劉秀兩兄弟在南陽春陵起兵，戰功卓越，尤其是昆陽之戰中的劉秀令鄧禹十分佩服，可是一直沒有機會見面。直到劉玄派劉秀安撫河北，鄧禹得知以後，便快馬加鞭追上了劉秀。當劉秀問鄧禹為何如此急於見到自己，即使是想當官也找錯了人。鄧禹卻回答：「我只希望您的威德加於四海，我自當效微薄之力。」此時在劉秀尚無勢力之時，鄧禹便認定劉秀，此後始終跟隨。

一人勝過百萬兵
——「戰神」耿弇

西元二九年，耿弇率兵攻打盤踞在山東的張步，對此，張步早已做好防備。不過耿弇對張步的防守陣線也有自己的對策。在這位「戰神」精密的戰略方案下，張步的守城接二連三地被耿弇拿下。

等到臨淄也丟了的時候，張步徹底惱怒了。既然手下作戰不斷失敗，張步決定自己親征耿弇，奪回臨淄，於是就把自己的二十萬大軍都調來打仗。耿弇不是有「戰神」之稱嗎？那麼我就從軍隊氣勢上壓過你。更何況耿弇的兵力明顯少於自己，反撲耿弇應該是穩操勝算。

這時候，耿弇得知張步要來和自己拼命的消息，便不慌不忙地給劉秀寫了封信，闡述了自己的戰術，大致是說自己要據守在臨淄，挖溝築壘，等到張步率軍大老遠攻過來時，敵疲我打，敵退我追。到時候士氣大振，加上有營壘可以依靠，應該十天半個月，就能砍下張步的腦袋，收降張步的軍隊。

耿弇的計畫制定得周密，他在實際戰鬥中對計畫的遵守也十分嚴格。如此作戰，幾乎是萬無一失。可是張步此時還氣勢洶洶地想著大敗耿弇，奪回臨淄城。而耿弇在面對張步來勢洶湧的二十萬大軍時並沒有慌張，因此當他指揮著部下在淄水河畔附近佈陣時，看到張步的將領重異叫陣，耿弇表現得也十分淡定。

可是面對耿弇的無視，他的部下卻不淡定，於是提議發動進攻，滅一滅重異的氣焰。對此，耿弇認為假如現在出兵擊敗重異，有可能因此嚇得張步撤兵。這樣雖然獲勝了，但殲滅張步的計畫就要泡湯，日後張步還會東山再

起，到時候可能更麻煩了。

　　想到這裡，耿弇突然下令前線部隊後退，並且一邊後退一邊要假裝不敵張步的樣子，誘使張步深入耿弇的守城。

　　果然，當張步看到耿弇的部隊竟然悄悄地撤退，反而更加囂張。這時候，張步幾乎認定耿弇抵不過自己的攻擊，自己必然會大勝而歸，因此下令全體士兵全線追擊。

　　張步率軍開戰，耿弇這邊則派出劉歆、陳俊兩支部隊阻擊張步，而自己則率領精銳部隊突擊過去，直接將張步的大軍一分為二。張步的軍隊還沒開打就被攪亂了陣型，這下士兵們都混亂了，不知該往哪兒衝殺，耿弇趁亂直接將張步的大旗砍倒。耿弇的士兵們看到張步大旗已倒，士氣變得更加高漲。這場戰爭一直打到了天黑，而這期間耿弇大腿被飛箭刺中，他也沒有停下攻擊張步的步伐。

　　在耿弇對戰張步的時候，劉秀也在趕往戰場的路上，他擔憂耿弇不敵張步大軍，所以想親自率軍支援。這時耿弇已經勝了大半，聽聞劉秀要來，好強的耿弇立即下令繼續攻打張步，雖然人數不敵張步大軍，可是耿弇的軍隊勝在訓練有素，再次大破張步軍隊。

建威大將軍好畤侯耿弇

【耿弇畫像】

經歷了兩次失敗的張步再也不敢妄想戰勝耿弇，決定趁亂逃回劇縣。可是在半路上，張步卻遇上了耿弇事前派出的埋伏軍隊，於是耿弇的軍隊一舉將張步大軍瓦解。

　　幾天之後，當劉秀抵達臨淄時，看到的已經是在慶祝勝利的耿弇大軍了。對於這次與張步的戰爭，劉秀對此評價極高，並慰勞耿弇的軍隊，甚至將耿弇與西漢名將韓信相提並論。劉秀曾經是一位極擅長作戰的將軍，而現在耿弇的戰功連劉秀都要誇口稱讚，可見耿弇的「戰神」之名所言非虛。

小知識

　　耿弇率軍攻打張步，最後將張步打得落敗而逃。劉秀得知後，高興地對耿弇說：「你真是『有志者事竟成』啊！」此後，「有志者事竟成」這個典故也被人們用來形容一個人做任何事情，只要能抱著百折不撓、堅定的意志去做，一定能獲得最後的勝利。

預言裡的富貴
——李通輔江山

　　窮人做官，七品芝麻，仍然心滿意足。可是李通不喜歡，於是就辭了官，這就是富二代的生活。

　　要說李通是富二代可能並不準確，畢竟李通家族世代經商，並因此聞名於鄉野。不過不喜歡工作的富家公子李通也不是不學無術的敗家子，他做官的時候，還是很能幹的。不過，最後李通還是走向了政壇，這和李通的父親李守有著非常大的關係。

　　李守這個人既會經商又能當官，還喜歡天文歷數和預言凶吉的圖讖之學。李守沒事就研究圖讖裡的預言，沒想到竟然看到「劉氏復興，李氏為輔」這八個大字。當時的李守看到這句話還算淡定，可是這事被李通知道後，李通就變得不淡定了。

　　時值新莽末年，眼看王莽政權已經搖搖欲墜，天下即將再次陷入混亂。李通總是想著圖讖裡講的預言，深信這是自己的機會。

　　於是，富二代李通找來了堂弟李鐵商量形勢。兩人關著門一聊就是大半天，在說到南陽騷亂時，沒想到堂兄弟倆意見出奇的一致，都認為南陽的劉秀兩兄弟有胸懷，可以輔佐他們恢復漢室。

　　李通雖然已經認定了劉秀，卻還少了個機會見到劉秀。恰好劉秀到宛城避難，此事被李通知道後，他二話不說就讓李鐵去迎接劉秀。劉秀本來是逃竄到此，想來十分落魄，此時天下間根本沒有可以容納劉秀的地方。而這個素未謀面的李通也是熱情過了頭，雖然李通假稱是因士君子的相慕之情邀請

劉秀，一頭霧水的劉秀思量了一番，還是硬著頭皮答應去見李通。

李通和劉秀算是一見如故，聊到性情高漲之時李通覺得時機已經成熟，便將讖文的事講給了劉秀聽。劉秀對這種預言半信半疑，可是李通卻繼續講自己的計畫，他準備趁著立秋長安城都試騎士的時候，將前隊大夫甄阜以及屬正樑丘賜劫持下來，舉起起義大旗，而劉秀與李鐵則回春陵做呼應。可是這個計畫還有一個漏洞，就是身在長安的李守。於是，李通派李鐵的兒子李季前往長安報信。

誰知李季沒到長安城半路就病死了，不過好在李守最後得知了李通的計畫，這下可嚇壞了李守。自己的兒子要在長安城謀反，李守得盡快從長安逃走，可是當時因為動亂進出長安城十分困難，加上李守相貌很容易被認出來，進退兩難的李守只好找老鄉黃顯幫忙。黃顯知道來龍去脈以後，提議李守說：「事情還沒有發生，你不如去朝廷請求自歸，只要能脫身就沒事了。」可是李守並沒能如願，在他寫好了自歸書準備上交朝廷時，李通的事情卻意外的敗露了。

王莽得知此事後，直接將李守抓進了大牢。而李通在家鄉聽到父親被抓，心知事情敗露，趕忙逃跑了。

李通雖脫身了，可是李守就沒那麼幸運。王莽下令處死李守，起初黃顯還為李守求情說：「李守聽說兒子犯了大罪，不敢逃亡回去，遵信守義，歸命於你。我黃顯情願帶著李守到東邊去，曉諭他的兒子。如果他的兒子真的要造反，我就命令李守面向北方自刎，以謝大恩。」王莽同意了黃顯的建議。可是這時前隊大夫甄阜非要火上澆油，上書奏明李通起兵的前後情況，這下王莽怒了，說什麼也要殺了李守。而執意為李守爭辯的黃顯也被遷怒進來，兩人一併被王莽殺害了。李守死後，王莽仍然無法息怒，又下命令讓南陽郡的官員將李通家族共六十四人，統統處死，然後在宛市街口焚屍。

李通起義沒成反而慘被滅門，這件事對李通的打擊很大，可是也更堅定了李通扶持劉秀推倒王莽政權的決心。

西元二三年，李通和劉秀、李鐵會和，商議之後決定在沘水起兵斬殺前隊大夫甄阜為父親報仇。李通和劉秀終於舉事了，到了西元三一年，此時的劉秀已經建立了東漢王朝，復興了漢室江山。

建武七年（西元三一年），當時天下大體平定，李通想避開榮譽寵信，以生病為由上書請求辭官引退。光武帝下詔命公卿群臣討論，大司徒侯霸等說：「王莽篡漢，把天下搞亂。李通身懷伊尹、呂尚、蕭何、曹參的謀略，建立宏圖大業，扶助神靈，輔佐以成聖德。破家為國，忘身奉主，有扶危存亡的大義。功德最高，海內都有所聞知。李通以天下平定，謙讓辭位。安定不能忘記危險，應令李通帶職療疾。想返回諸侯國，不可聽從。」光武帝於是下詔讓李通治療疾病，按時工作。同年五月，光武帝任命李通為大司空。

李通幫助劉秀成就帝業，又因為娶了光武帝的妹妹甯平長公主劉伯姬的緣故，自然很受劉秀喜歡。可是李通在完成了輔佐江山的使命任務後，卻懷念起自己無拘無束的富二代生活，就向劉秀上書，稱自己有病，不想做官。可是劉秀偏不放李通回家過閒人生活，還是任命李通為大司馬，並允許李通以公費治病。

而劉秀顧念李通當年為了支援自己的事業連累全家被斬，因此劉秀每次回到南陽的時候，都會派人以太牢的禮儀去拜祭李守。西元四二年，李通去世，在他的葬禮上，劉秀和其皇后陰麗華親自趕來弔唁、送葬，也算是對李通的恩寵了。

西元二四年二月，劉玄遷都長安，任命李通為大將軍，封西平王，又派李通持節返回鎮守荊州，李通因此機遇娶了劉秀的妹妹劉伯姬為妻。當劉秀登基稱帝，建立東漢政權時，李通被封為固始侯，被任命為大司農，而他的妻子劉伯姬則被封為甯平長公主。

無顏守印綬
——馬成平夷無功

　　在亂世少不了才華洋溢的人，更少不了能征善戰的人，但脫穎而出的卻只有極少數押對寶的人。不過，也並不是每個做了正確選擇的人都能夠過一帆風順的人生，馬成就是很好的例子。

　　細數馬成在劉秀身邊的戰爭史，也恰好是馬成在亂世打滾的升遷史。

　　馬成剛剛成年時，就因為文武雙全被任為縣吏一職，也算是少年得志。不過，在劉秀伐穎川時，馬成做了一個人生抉擇，就是歸順劉秀。

　　起初，馬成在劉秀身邊，並沒有引起劉秀的重視，只是將他安頓在郟縣命他當此地的縣令。馬成從一個縣衙換到了另一個縣衙，前後都是縣衙，這不是換湯不換藥嗎？馬成知道，自己需要主動爭取機會，於是便趁著劉秀討伐河北時，直接騎馬追趕劉秀的軍隊。劉秀去河北時正是他人生低谷，而且路上隨時有一大票人會突然出現暗殺自己。此時劉秀看到馬成有官不做反而跟隨自己，對他的如此看重十分感激，就封馬成為期門，此後馬成開始跟隨劉秀南征北伐。

　　到了西元二五年，劉秀終於登基稱帝，而馬成也被升任為護軍都尉。

　　在東漢建國初期，馬成跟在劉秀身邊還是很得意很知足的，到了平定劉永一戰時，馬成被封為揚武將軍，並帶領劉隆、宋登、王賞徵調會稽、丹陽、九江、六安四郡的軍隊前去攻打割據江淮一帶的李憲。此時馬成儼然被予以重任，更重要的是連劉秀都親自趕過來為馬成舉辦了一場授權儀式。馬成領了軍權，立即調動四郡兵馬前去平亂。

在平定江淮一戰中，馬成充分顯示出了自己的智謀和膽識，在一年多的交戰中，馬成果然不辱使命將割據在江淮的李憲斬首示眾，為劉秀江山開拓了更大的地盤。

馬成凱旋而歸，劉秀自然要加賞馬成，因此，馬成被封為平舒侯。

被封了侯的馬成似乎迎接了人生的巔峰時期。次年，劉秀決定派兵征討割據隴西的隗囂，而馬成自然又是劉秀心中的首選人才之一。不久後，由馬成、征西大將軍馮異、建威大將軍耿弇、虎牙大將軍蓋延、武威將軍劉尚聯合組成的討伐軍隊浩浩蕩蕩地開始攻打隗囂，以及前來支援隗囂的公孫述。

隗囂的勢力倒了，又到了論功封賞的時候，馬成這次在保留了原來的軍隊統帥的基礎上又被封為天水太守。這次對於馬成來說，頗有些失寵的意味，一下子從中央調到地方，不過同年冬天，劉秀再次想到了馬成便又將其徵召回到京師。

馬成這次回京，意外地被劉秀任命為代理大司空。不喜歡做官的駙馬爺李通辭去了大司空一職反而給了馬成一個機會，馬成雖然名義上代理，不過他的實際權力還是和大司空一樣。在馬成優良的政績下，幾個月之後，馬成再次被拜為揚武將軍。

後來，又碰上驃騎大將軍杜茂指使自己手下殺人被免職，於是馬成又成了代理驃騎大將軍。這次馬成可沒什麼大事要做，只是到地方建築工事，自西河至渭橋，自河上至安邑，自太原至井陘，自中山至鄴，都建築堡壘，起烽火，十里建一個瞭望哨所。馬成在地方當「工匠」一做就是五六年。就在馬成以為劉秀已經遺忘了自己的時候，卻趕上了邊疆人士上書回漢一事，於是，馬成得以被召回。因為他又有了新的事情要做，正是去北方邊疆保衛平安。馬成以將軍身分帶兵出去，等到穩定了北方順利歸來後，卻再次被劉秀剝奪了將軍的印綬，又被調到地方做太守。

其實馬成在劉秀每次給他下達任務時都做得很好，不但任勞任怨，而且

出色完成，無奈始終沒有一個真正被重用的機會。

　　西元二三年，武陵蠻夷相單程作亂，而武陵地區地形險要，進攻十分困難。朝廷派謁者李嵩、中山太守馬成攻打相單程，沒有取得成功。

　　從武陵歸來，已經在官場沉浮大半輩子的馬成終於看破虛名，主動呈上了太守印綬。

　　不過，馬成跟隨劉秀從人生低谷到巔峰，劉秀對馬成還是有一定的感情，西元五一年，劉秀封馬成為全椒侯。

小知識

　　馬成原本是王莽當政時的一名縣吏，後追隨劉秀，幫助劉秀建立東漢，在東漢「雲台二十八將」中排名第二十二。劉秀當政時期，馬成先後任揚武將軍，封平舒侯，之後改封全椒侯。

渠成水不流
——王梁開渠失敗

　　能得到才德兼備、文武雙全的劉秀讚賞，此人一定有其非凡的本領，而王梁恰是這樣一個人。王梁是個會用腦子打仗的人，這對於武將而言是很難得的。畢竟自古文武難兩全，能帶兵的少不了有點匹夫之勇，而能夠冷靜思考作戰對策的人又難免書生氣過重。不過王梁卻綜合了文人和武將這兩者間的優點，這也是劉秀對王梁如此看重的一個原因。

　　劉秀登基後，想要提拔王梁做自己的大司空，可是礙於人情和軍功擔憂破格提拔王梁會引起其他將領的不滿。畢竟王梁跟隨劉秀的時間比較短，一下子將王梁放到高位，那些從最初就和劉秀出生入死的將領難免會心理失衡。

　　這時，劉秀看著自己的妹夫李通，想到了解決提拔王梁的辦法。

　　李通當初不是有圖讖指示「劉氏復興，李氏為輔」嗎？那麼劉秀就找出讖緯書中的「王梁主衛作玄武」，以此為依據來提拔王梁，這是天命的指引，這樣就不怕有人不服了。

　　不相信這種占卜預言的劉秀卻以這種理由破格提拔了王梁擔任大司空，又加封武強侯，實在是因為劉秀太愛惜王梁這個人才了。

　　不過，王梁這個人雖然有文武之才，在情緒智商（EQ）上卻差了那麼一點。劉秀登基第二年，以大司馬吳漢、大司空王梁為首共同率兵進攻檀鄉農民起義軍，本來事前在行軍的路上，王梁和其他隨軍的將領共同約定此次任務由吳漢擔任總指揮，其他人都要聽從吳漢的調遣，可是等到要作戰的時候，王梁反而先違背吳漢的軍令了。王梁和吳漢同屬三公，官職屬於同級，他不

聽吳漢的話，非要擅自跑到野王縣區徵兵誰也攔不住他，更治不了他。但所有的軍事行動都是劉秀在幕後做總指揮的，王梁不聽吳漢的命令還說得過去，可是當劉秀下旨命令王梁駐紮在野王縣个許亂走時，王梁卻認為已經到了天時地利人和，便公然違背了劉秀的命令直接領兵進攻了。

自古的皇帝最忌諱臣子做兩件事：一是擅自徵兵，二是不聽命令。皇帝的兩大忌諱，王梁一下子都做齊了，也不知道他有沒有考慮過後果。遠在洛陽的劉秀得知王梁所作所為之後自然非常生氣，當即派尚書宗廣持節到野王縣把王梁斬首。好在宗廣也是愛惜人才之人，當他到了野王，發現王梁其實做得不錯。因此，這個皇帝特派的大臣也違背了劉秀的命令。雖然宗廣認為王梁這個人才不應該殺掉，可是王梁畢竟也犯了錯，於是，宗廣就將王梁打入木籠囚車帶回了洛陽。

被關在囚車裡的王梁一路顛簸回到洛陽，此時劉秀的火也消了，這才給了王梁解釋的機會。

原來，王梁認為檀鄉農民起義軍原本是一群走投無路的農民，都是形勢所迫為了生計才起義的，並沒有經過軍事訓練，因此很容易戰勝。可是問題在於如何得到人心，即使打敗了農民，他們的生活無法改變，早晚還是要造反，於是王梁才想到親自訓練野王軍，然後再以野王軍來幫助農民軍解決戰後的生活問題。

好在劉秀是個明白人，肯聽王梁解釋，又相信王梁是一心為了扶持自己的江山，這才令王梁逃過一劫。如果在別的朝代王梁膽敢如此行事，即使帝王贊同他的做法，恐怕也要殺了他。

這件事過沒多久，王梁又想要修一條溝渠，方便引水給百姓們使用。王梁本來計畫開渠將谷水引進洛陽，形成一條護城河。不過王梁在兩年多的時間裡，徵調了大量人力，資金也耗費了不少，等到溝渠挖好了，護城河都開張剪綵了，卻發現水流不過來。

王梁開渠失敗後，平時看到王梁受寵感覺嫉妒的人找到了打壓王梁的機會，於是上書彈劾王梁。而王梁也覺得自己這件事辦得很糟感到羞愧，因此也上書請求辭職。不過，劉秀並沒有責備王梁，反而下詔書替王梁辯解：「王梁以前率兵征伐，眾人稱他為賢，所以將他擢升到京師。他建議開渠，是為人興利，眾力已過，而功不成。百姓埋怨誹謗，言談者喧嘩吵嚷。雖蒙皇帝寬宥，他本人還是執意謙退，『君子成人之美』，特以王梁為濟南太守。」

　　後來，王梁雖然擔任濟南太守，不過卻再也沒有積極做過什麼大事了，可能是被開渠失敗徹底打擊了自信心。

小知識

　　王梁死後，他的兒子王禹繼承王梁的爵位。等到王禹去世，又將爵位傳給了自己的兒子王堅石。不過，王堅石並沒有守住王梁受封的世襲爵位，最後王堅石因父親王禹及弟弟王平參與了楚王劉英謀反的罪案而被追究，當街斬首，封位也被廢除了。

搏命無大功
——不遠征的賈複

故事 30

　　賈複打仗有個很顯著的特徵，就是不要命。有一次，劉秀派賈複攻打農民軍，賈複竟然一路衝在士兵前方殺敵，他如此拼命，雖然鼓舞了士氣，可是拼命也得付出代價，就是賈複的肚子上被射中了一支冷箭。古代的箭基本上都帶著倒刺，要想把箭頭拔出來，免不了會帶出血肉。賈複這個拼命三郎中了箭還要繼續搏鬥，他自己拔出箭頭的時候差點把腸子都帶了出來，受傷以後的賈複戰鬥力大打折扣，猝不及防間又被敵軍趁機刺了好幾次。一場戰鬥，竟然令賈複身負重傷。等到賈複被士兵從前線抬下來時，人已經快不行了。這件事傳到劉秀耳裡後，劉秀十分惋惜自己的將領如此戰死，就趕過來探望賈複。這時大家都覺得賈複已經要跌進鬼門關了，劉秀於是安撫賈複說：「聽說你的妻子懷孕了，我向你保證，將來生下了男孩，就是我的女婿；如果生下了女孩，那也是我的兒媳婦。」劉秀給了賈複十足的承諾，這也是對賈複一生戰功的認可。也不知最後是劉秀這番話起了作用，還是拼命三郎賈複自己比較頑強，反正最後賈複從鬼門關轉了一圈又活蹦亂跳地回來了。

　　因為太拼命差點死掉的賈複經歷了這次生死邊緣應該長記性了吧？事實正好相反。在有了劉秀的承諾後，他更加不要命地替劉秀賣命。又是一次戰爭，劉秀到射犬地方攻打青犢農民軍，賈複也是隨軍作戰的一員將領。太陽剛出來兩軍就開始交戰，一直到了正午，仍然沒有擊敗青犢軍。劉秀想先讓士兵們回營休息，先把午飯吃了，等肚子飽了再繼續作戰。可是劉秀的軍令傳到前方作戰的賈複那裡時，賈複卻不肯服從，說什麼也要打贏了再吃。賈複不吃飯不休息又拼在最前方，這可唬住了敵軍將領。此時兩軍都是又餓又

【〈雲台二十八將〉版畫】

累，只有賈複殺得兩眼發亮。面對這樣的狠角色，青犢軍士氣一落千丈，最後讓賈複打了個勝仗回去請功吃飯。

賈複屢戰屢勝，雖然他作戰不講究兵法策略，也不屑於使用陰謀詭計，可是他也靠著自己的不要命獲得極高的勝率。在雲台二十八將中是很難有人超過他的作戰勝率的。不過，礙於賈複這種拼勁，劉秀也有所顧慮，怕他因為作戰過於剛硬遭到暗算或者出現其他不測。所謂過剛易折，並不是沒有道理。賈複勇猛、能打，這在雲台二十八將裡的確無人能比，可是凡事都有利弊兩面，他勇猛的代價也讓他成為雲台二十八將中受傷最多的人。劉秀知道賈複敢於深入敵陣，可是劉秀更知道在戰爭中深入敵陣的危險性，因此，對於這個一味逞匹夫之勇的賈複，劉秀只好盡可能將他留在自己身邊，很少讓他親自帶兵出征。

沒有遠征機會的賈複也意味著他將無法建立大的功勳。因此，當劉秀封賞各位將領時，缺少戰功的賈複只好看著其他人封侯封相，而自己雖然有力氣卻無處發揮，只能被劉秀封一個「執金吾」的官銜。

賈複少了功勳，沒了官爵，整天待在劉秀身邊過著為人臣下的安逸日子。

遇到眾將領討論戰功的時候，就令賈複很尷尬了，他基本上沒什麼話可說。雖然他也打過很多仗，也因此受過很多的傷，可是在功勳上，卻始終難以啟齒。

　　不過，劉秀對賈複也是很寵愛的，每當看到自己的將領們吹捧自己的功勳，而賈複默不作聲時，劉秀都會笑呵呵地感歎說：「賈君之功，我自知之。」這正是劉秀在向眾將領表示他和賈複心意互通，不需要別人明白。可見劉秀對賈複的恩寵了。

小知識

　　古代素有指腹為婚的嫁娶習俗，在《後漢書·賈複傳》中記載，有一次，賈複在作戰中身負重傷，劉秀當眾宣布：「聞其婦有孕，生女耶我子娶之，生男耶我女嫁之，不令其憂妻子也。」這是歷史上關於指腹為婚最早的記載。

反被聰明誤仕途

——陳俊懷才不遇

　　要想在皇帝身邊做事，得有一定的才智，這樣才能幫助皇帝排憂解難。可是也不能聰明過頭，不然給皇帝一種難以駕馭的感覺，就很不好了。凡是都要有分寸，可是為臣的分寸卻要取決於皇帝的品行和個性，稍微把握不住皇帝的心思，倒楣的就是自己。而陳俊在劉秀身邊，就是屬於沒分寸的那一類，雖然陳俊文能策劃謀略，武能上陣殺敵，可是他太聰明了，而且又有野心。這樣的人對於劉秀來說就不得不防了。

　　不過，劉秀還是得接納陳俊，畢竟當時劉秀出巡河北，可謂如履薄冰。當時，陳俊得以跟隨劉秀，還是他的舊上司劉嘉推薦的。劉嘉為人寬厚，沒那麼多野心，卻有一雙慧眼。他看出陳俊能擔得起大事，便將其推薦給他認為同樣能做大事的劉秀。

　　陳俊剛到劉秀身邊的時候，並不被看好，只擔任了一個安集掾，每天也就是管理一下軍隊的後勤工作。但俗話說「是金子到哪兒都能發光」，很快地在與銅馬農民起義軍作戰時，陳俊的才能就發揮出來了。這也讓陳俊一下子躍升為強弩將軍。後來，陳俊又在五校農民起義軍突襲的情形下，下馬迎敵，短兵相接，竟然反敗為勝，追擊二十餘里，還把對方首領的首級拎了回來。這次戰役後，陳俊對劉秀可是有救命之恩的，當時劉秀遭到突擊，直接從馬上掉了下來，若不是陳俊英勇殺敵，恐怕就沒有日後的東漢帝國了。面對自己的救命恩人，劉秀不禁概歎道：「戰將盡如是，豈有憂哉！」

　　在劉秀對陳俊大加讚賞之時，陳俊卻沒有見好就收，反而更急於藉此機

會立功爭名，穩固自己的地位。於是，當陳俊看到五校農民起義軍進入漁陽地界，便對劉秀說：「宜令輕騎出賊前，使百姓各自堅壁，以絕其食，可不戰而殄也。」只不過短短幾句話，陳俊就切中要害地道出了當時的形勢。劉秀聽了陳俊的計畫，雖然也應允了陳俊的建議，不過在心裡卻對陳俊多了點防備。陳俊看似簡單的計謀，實際上完全展現出他的聰明才智，能想出如此對策必然是那種對野戰非常擅長的人才能夠做到。陳俊心思之深，劉秀折服讚歎的同時，也開始擔心這個人會取代自己。

最後，劉秀採納了陳俊的計策，並命他親自帶隊繞到農民起義軍前面。若看到百姓堅壁清野就命令他們堅守抵抗，若看到百姓放鬆警惕就直接搶走他們的糧食。等到五校農民起義軍打到漁陽的時候，發現根本無法從百姓這裡拿到所需的補給品，沒了物資供應，劉秀不費兵卒，就看到五校農民軍自己解散了。

這次因為陳俊獻計，劉秀才大獲成功，他當眾誇獎陳俊說：「困此虜者，將軍策也。」劉秀作為領軍將領，卻承認自己不如手下，但更令劉秀不放心的是，在兩次戰爭中，雖然陳俊都立了大功，可是他對陳俊好像越來越無法看透。

陳俊為劉秀做事，可是他卻給劉秀一種無法控制的感覺。這對陳俊來說非常致命，劉秀想要維持自己的統治，寧願身邊的人愚鈍一點也不願意身邊有個自己無法揣測的人。

後來，當劉秀建國以後，雖然陳俊也升官封侯一樣沒少，可是劉秀卻再也沒給他單獨領兵的機會。等到陳俊大敗張步後，陳俊的威名更是名揚全國。到了陳俊被封為琅邪太守去琅邪平亂時，琅邪的盜賊們一聽到陳俊的名字，就自動解散了。不過，陳俊還是被留在琅邪擔任太守，軍職也不過是強弩大將軍。雖然陳俊上書劉秀希望能外出作戰，可是劉秀始終沒有給他遠征的機會。

西元二三年，陳俊去世，可惜有大司馬之才的陳俊一生都沒被重用，也算是被自己的聰明所誤了。

據說，劉秀在白水村起兵後，遇上胡陽城守將韓滔拼命抵抗，這時陳俊向劉秀獻了一條計謀：他先讓漢軍輪流攻城，將韓滔打得疲憊不堪，而這時陳俊趁亂混進城中，等到韓滔體力透支，困乏入睡之時，就可殺了韓滔。劉秀接受了陳俊的計謀，果然攻下了胡陽城，從此陳俊便跟隨劉秀征戰四方了。

選擇的代價
——傅俊回鄉殮親屬

故事 32

劉秀讓傅俊在自己身邊充任近臣多年，可見對傅俊的信任非同一般。不過，傅俊也付出了對劉秀忠誠的代價。

昔日傅俊只不過是王莽政權的一個小亭長，當他見到劉秀以後，忽然發現劉秀才是真正值得跟隨的人，於是，傅俊毅然脫離了王莽政權來到了劉秀身邊。古時候辭官可不是自己能夠做主的，況且王莽又是一個十足的暴君，傅俊改投漢室劉秀的事情被他知道後，直接下達命令將傅俊的母親、弟弟等全部親人都殺掉了。

傅俊選擇了自己的未來，卻付出了失去親人的代價，這時候尚無大作為的劉秀自然對傅俊更加看重。一來是對自己的知遇之情，二來是為自己所做的犧牲。

昆陽一戰，傅俊也算是為自己的家人報了仇。當時劉秀率軍對抗王莽的四十二萬大軍，因王莽暴行，招致他的軍隊人心散亂，不好掌控，這給了劉秀擊敗王莽的機會。傅俊跟著劉秀取得了昆陽之戰的勝利後，被提升為偏將軍。他有了自己的軍隊，就有了獨自領兵出征的機會，這次傅俊乘勝率兵進攻京、密地區，並一舉拿下。當傅俊打了很多勝仗凱旋歸來後，劉秀對傅俊更加看重了。

更重要的一點是，劉秀從來沒有忘記傅俊一開始選擇自己時他那些因此付出性命的家人，雖然傅俊從不提及，可是對於很有親情觀念的劉秀而言是能夠感受到傅俊心裡的痛苦。於是，劉秀趁著安排傅俊去關中作戰的機會，

讓傅俊帶著軍功和榮譽回到自己的故鄉潁川安葬祭拜那些遇害的家人。時隔多年，傅俊戎馬歸鄉，想必心情必然複雜，當初他為了追求正義，為了建立功業，竟然犧牲了自己全家的性命，於他而言心裡始終是一道無法復原的傷痕。等到他終於證明自己的選擇是正確的時候，回鄉面對的卻只有家人的屍骨。

沒有家人牽絆的傅俊重新啟程回到劉秀身邊時，更加堅定要至死追隨劉秀。不過此時劉秀卻遇到了自己的政治危機。昆陽一戰，劉縯、劉秀兄弟功高震主，致使劉縯被更始皇帝劉玄殺害，劉秀也只好示弱將自己的軍隊遣散表示對劉玄的忠心。剛剛從家鄉回來的傅俊得知此事後，立刻表示自己會等著劉秀東山再起。

有了傅俊的支持和承諾，劉秀也更加明白自己肩上所擔的重任。後來，劉秀為自己爭取到出巡河北的機會，而傅俊在得知消息後，也在第一時間帶著自己招募的門客趕過來和劉秀會合。終於，傅俊又回到了劉秀的身邊。

後來，劉秀登基即位，對傅俊仍然是毫無保留地信任。就連去接劉秀結髮妻子陰麗華也要派傅俊前去，又將傅俊封為昆陽侯。要知道昆陽可是象徵著劉秀榮譽之始的重要地方，可見劉秀對傅俊的重視了。

小知識

傅俊死後，由其子傅昌繼承昆陽侯位，不久傅昌徙封為蕪湖侯。可是傅昌卻認為蕪湖貧窮，就趁著母親去世的機會向皇帝上書表示自己希望去關內，並要求賞賜五十萬。皇帝一怒之下，將傅昌貶為關內侯，而且分毫未賞。

比不過的智商
——寇恂智取高平

　　一般人都知道，少了軍紀嚴明、訓練有素的士兵必然無法作戰，不過想要獲得成功，有時候也要結合一下腦力，這就體現了軍師的必要性。兩軍交戰之時，將士要拼個你死我活，而軍師也要鬥智鬥勇，這時候就要看誰的智商能夠壓倒對方了。

【寇恂畫像】

　　西元三四年，各地方還有很多割據勢力，劉秀做了十足的準備想要親自征討高峻。當時，寇恂就是隨行的軍師。不過，寇恂這個軍師起初的作用並不是很明顯，畢竟有皇上做主帥，而且劉秀本身也是智勇雙全的人，寇恂的建議自然也不容易被劉秀採納。

　　起初，在劉秀準備攻打高峻時，寇恂勸諫劉秀說：「長安城處在洛陽和高平之間，前後接應支援都很方便，也能使安定、隴西都感到畏懼，這正是安逸於一處可以制服四方的辦法。我們現在兵馬疲倦，剛剛從苦難艱險中走出來，這不是陛下安國的良策，前年潁川發生的事件，還是要以此為戒。」對高峻割

據一事，劉秀心裡自然有了打算，因此對於寇恂的計策也沒放在心上。可是當劉秀率軍攻打高平後，卻出現了久攻不下的情況。持久戰對於劉秀而言可不是他想看到的局面，在日復一日的拉鋸戰裡，劉秀終於無法忍受，他找來寇恂說：「你以前制止我這次行動，我沒有聽從你的建議，現在你為我走一趟，去勸服高峻投降。如果高峻不立即投降，我將率領耿弇等五營發動最後的攻擊。」

寇恂領了劉秀的命令，立即帶著璽書來到高平地區的第一座城池。高峻知道劉秀派了說客，就將自己的軍師皇甫文派去接見寇恂。其實高峻的想法很簡單，他相信皇甫文，因此希望皇甫文在見到寇恂以後能回覆他是繼續作戰還是投降。可是皇甫文卻不苟同投降一事，對寇恂也表現得十分無理，甚至出言不遜。寇恂看到皇甫文如此傲慢，心知已經中計，便假裝大怒說無論如何都要斬了皇甫文。隨行的諸將一聽，趕忙勸寇恂說：「高峻精兵萬人，連年難以攻下。現在要他投降反而殺其來使，這恐怕不好吧？」寇恂一點都不聽人勸，直說皇甫文惹怒了自己，一定要殺了皇甫文。殺了皇甫文以後還不夠，寇恂又讓皇甫文的副使回去告訴高峻說：「軍師無禮，已被殺了。要投降，請趕快；不想投降，就固守好了。」

寇恂這件事做的其實很野蠻，可是誰知劉秀始終攻打不下來的高峻竟然被寇恂嚇得第二天就打開了城門投降。諸將雖然不明白其中的道理，但是都認為寇恂立了大功，於是紛紛趕來道賀。這時候，寇恂才向諸將說明斬殺皇甫文的原因。原來，寇恂知道皇甫文是高峻的心腹，而高峻的計謀基本上全部都是聽從皇甫文的，因此，高平投不投降實際上的決定權在於皇甫文。而皇甫文一見到寇恂就大放厥詞，說明他根本不打算投降。這時候將皇甫文殺掉，高峻失去了支柱，自然沒有膽量再與朝廷作對，只好選擇投降了。

諸將瞭解到寇恂的想法都表示嘆服，而高峻也終於因為自己的軍師不敵寇恂而被抓回了洛陽。

寇恂曾將賈複手下的一個部將處死，這令賈複十分生氣，認為寇恂是故意找自己麻煩，於是表示：要與寇恂勢不兩立。寇恂得知後，為了不使矛盾激化，處處避開賈複。後來，劉秀親自出面調解，這才化解了賈複的心結。而寇恂、賈複二人得以握手言和，也被稱為「將相和」。

失聯沒什麼大不了
——堅鐔孤軍守南陽

堅鐔在劉秀身邊，一直到了征伐河北的時候，才被劉秀發現他的才能，因此被封為偏將軍。

【堅鐔全身像】

後來，劉秀發動洛陽之戰，堅鐔也是被派往洛陽戰場的將領之一。攻打洛陽對於將領們是很大的挑戰，其中很重要的原因是劉秀想要把洛陽定為日後的都城，因此諸將不能採用強攻的戰略，怕洛陽的損壞太大。可是如果不強攻洛陽，面對著洛陽堅固的防守，想要攻進去又十分困難，這可令將領們左右為難。

這時，堅鐔想出了一個計策，也許是同為偏將比較有共同話題，反正堅鐔先買通洛陽的一名偏將。在洛陽城裡有了內應大開方便之門，劉秀的將領們就如魚得水。眾將領計畫好了時間，選定了某天的黎明時分進攻。這天，堅鐔

以及建義大將軍朱祐等人從洛陽偏將打開的城門處進入洛陽城內，直接突襲洛陽守兵。眼見洛陽城無法守住，守城的將領朱鮪終於向劉秀投降。可以說，在拿下洛陽的戰鬥中，堅鐔發揮相當重要的作用。不過，這次戰鬥並沒有引起劉秀對堅鐔的重視，等到堅鐔再次發揮自己的才幹引起劉秀的重視是一直等到西元二六年的南陽之戰。

當時，堅鐔被任命跟隨右將軍萬脩率兵進攻南陽。可是就在半途中，堅鐔等人遇上了堵鄉人董訢在宛城造反，得知此事後，萬脩便派堅鐔領兵平定宛城。來到宛城後，堅鐔先觀察了一下局勢，在對叛亂形勢有一定瞭解後，就派出了一支敢死隊，直接突襲攻城。董訢被打得措手不及，直接棄城而逃。堅鐔在宛城之戰本來十分順利，可是這時，萬脩又聽到劉秀的部將鄧奉在新野造反的消息。這件事對於萬脩的軍隊來說是很有危機感的，畢竟新野就緊鄰宛城，現在堅鐔等人身處於南陽和新野之間，可謂腹背受敵。然而就在這危急關頭，萬脩卻意外地病逝了。

領軍的萬脩病逝，堅鐔就成了軍隊臨時的負責人。可是有個問題，堅鐔從來沒有獨立領兵作戰過，此時情況危急，又沒了主帥，平時都是偏師脅從的堅鐔只能硬著頭皮挺近南陽戰場。南陽一戰對於堅鐔來說並不容易，當時新野已經叛亂，後方的糧草供應被切斷不說，援兵也無法趕來，更重要的是堅鐔完全和朝廷失去了聯繫。

這種情形，不管是誰都會感到絕望，可是陷於絕境的堅鐔卻沒有放棄。他堅定地認為自己可以化險為夷。堅鐔在極為困苦的情形下率軍作戰，沒了糧食，就吃蔬菜水果填飽肚子。這時候，在堅鐔的帶領下，將士們上下一心，共同奮戰。而堅鐔更是身先士卒，衝在隊伍最前面殺敵。一年多的孤軍拼殺，失聯的堅鐔從沒有放棄，更沒有對朝廷失去信心，他前後負傷三次都以超乎常人的忍耐力和信念將軍隊保全下來。

這時，劉秀已經得知堅鐔在南陽戰場的情況，想到堅鐔竟然在沒有糧草

的供應下前後迎敵維持一年之久，劉秀決定親自出征南陽，支援堅鐔的軍隊。南陽之戰過後，堅鐔被劉秀提拔為左曹，並讓他跟在自己身邊。此後直到堅鐔去世，也沒有離開過劉秀身邊，可見南陽之戰，劉秀對堅鐔的肯定和認可。

故事 35

和胡人較上了勁
——王霸越界打強盜

　　劉秀的雲台二十八將，除了能征善戰這一個共同特點以外，每個人也都有自己與眾不同的優勢，而王霸這個人出色之處便在於策劃能力。

　　王霸出身於世代刀筆小史之家，他的父親是郡守的判案秘書，王霸自然也進入地方政府做了獄吏。不過，當個獄吏只是王霸的事業起點。當時王霸每天在衙門做事，少不了會聽到一些國家人事，這時候王霸開始分析當前的形勢，又結合了歷史教訓，然後做出人生的第一個計畫。王霸不甘心接替父親的刀筆吏度過一生，於是，他找到他的父親，一番慷慨陳詞後終於說服父親同意他到長安求學。

　　來到長安以後，王霸嚴格履行自己的計畫認真學習。而在王霸求學過程中，他感覺到王莽政權已經到了日落西山不可挽回的地步，所以，王霸在學成之後並沒有選擇留在長安做官，反而回到了家鄉。

【王霸全身像】

回到家的王霸也不是沒有事做，他的計畫還沒有結束，王霸還在等待機會。這時，適逢劉秀路過潁陽，王霸一眼看出劉秀可以成就大事，就直接帶著自己家的門客來到劉秀面前，說道：「將軍興義兵，竊不自知量，貪慕威德，願充行伍。」王霸直接表明自己是衝著劉秀這個人來的，得到認可的劉秀自然也高興，就這樣，王霸跟隨了劉秀，算是完成了他的第一份計畫。

　　不過王霸跟隨劉秀也有一波三折的時候，昆陽之戰後，王霸跟著劉秀雖然以兩萬之眾大敗王莽四十二萬大軍，可是王霸並沒有急著邀功，他清楚劉氏兄弟功高震主的後果。利弊衡量後，王霸直接請假回家休息了。等到劉秀率兵前往河北的時候，他才從家鄉出來再次跟隨劉秀。

　　王霸在大難臨頭之前選擇了個人平安，這種行為在劉秀看來自然算不上忠誠。後來，劉秀建立東漢，雖然王霸依然被派出去作戰，可是劉秀卻總是要找個自己信任的將領帶著王霸。王霸身居人下，一肚子謀略都沒有發揮的機會，這令他很鬱悶。

　　王霸缺少發揮才能的機會，於是他就自己創造機會。對於王霸來說，刻意策劃一個讓兩國交兵的外交事件也不是不可能，畢竟過去在邊境長大的他瞭解胡人的性格。終於，邊界胡人越境鬧事了，劉秀想來想去，發現只有王霸對胡人有一定的瞭解，只好派他去邊界與胡人作戰。

　　王霸領了作戰命令後，以上谷太守的身分在邊界與胡人交戰。可是胡人卻很狡猾，總是在邊界線來回穿越，當時朝廷有明確規定不可以越界，這反而成了胡人的優勢。不過王霸可不管那麼多，他知道自己需要的是軍功，所謂成大事不拘小節，想要打敗胡人，就一定要解決邊界線的問題。最後，王霸決定不顧邊界線的約束，直接採用自由作戰，又在北邊修建了一條長約三百里的作戰長城，經歷了百餘次的交戰，王霸一次次抵抗和進攻，終於取得了勝利。

　　不過，王霸也知道與胡人長期打下去並不是真正的解決辦法，當他有了

優勢以後，就上書朝廷主張與匈奴和平共處。就這樣，在王霸的軍事力量和朝廷安撫政策的相互配合下，南匈奴和烏桓相繼投降了朝廷，邊疆自此也變得安寧了。

小知識

　　王霸由於和匈奴作戰次數多、時間長，因此很熟悉匈奴環境，所以上書建議與匈奴結親講和，又建議漕運運輸，省去陸路運輸辛勞。王霸的建議都被劉秀採用實行，這也促進了匈奴和東漢間的安定。

抄文書不是我的志向

──班超西域修好

故事 36

班超的父親班彪是東漢著名的史學家，而他的哥哥班固也是子承父業，妹妹班昭更是了不得的女中諸葛。

至於班超，他雖出身於史學世家，但是他年輕時比起他的哥哥和妹妹居然差了一大截。

【班超像】

西元五四年，班彪這個一家之主因病去世。雖然哥哥班固被召到洛陽去當校書郎，可是這對班超一家的經濟狀況仍然沒有太大幫助。家貧潦倒的班超為了維持生計便到官府去幫忙抄寫文書。每天工作辛苦不說，而且薪水也不高，可是年過三十的班超除了抄文書以外也找不到其他的辦法維持生計。

班超抄文書抄得十分鬱悶，可是這一抄還是抄了十幾年。當班超年過四十時，看到身邊的朋友都已經有了事業，而自己竟然還在抄文書。終於，他再也不能忍受自己一事無成的人生，決定透過哥哥班固

主動向漢明帝請求官職。

漢明帝聽班固一說，才想到原來史學家班彪還有一個兒子。想到虎父無犬子，漢明帝決定給班超一個機會，派他隨耿秉、竇固等人屯駐涼州，準備與北匈奴作戰。

這個機會雖然給了班超，可是他畢竟是書香門第出身，現在要他脫下布衣改換戎裝出征打仗對他來說也是一種挑戰。但是班超卻想都沒想就答應了，要知道，西域可是他心馳神往的地方。

班超沾了父親和哥哥的光爭取了此次機會，雖然當時沒人拿這個抄文書的四十歲失業大叔當一回事，但是很快地所有人都對他刮目相看了。在與匈奴人的戰鬥中，班超身先士卒，基本上是戰無不勝，而班超在戰場上的英勇表現也為他爭取了更好的機會。

擊敗匈奴以後，重新樹立了威信的東漢要做的第一件事就是和西域重修舊好。過去因王莽執政令西域脫離漢王朝的統治轉投匈奴人的懷抱，這次東漢大敗匈奴，目的就是想要再次經營西域。

那麼既然想要和西域拉好關係，就需要派使者前往西域。要知道，在當時交通、通訊都極為不發達的情況下，前往西域不僅僅艱苦，往往還要做好賠上性命的準備。可是班超面對這項更為艱難的任務時，依然是慷慨接受。

班超這次前往西域，還有一個危險就是必經匈奴人的地盤。匈奴人豈會讓漢人輕易過去接觸西域，可是班超只帶了三十八個人，三十八匹戰馬，拜別之後便揚長而去。班超出訪西域，這一別竟是三十年之久。

班超的出訪團隊先到達了鄯善國。

起初，鄯善王對班超等人還很客氣，可是後來中途突然變得冷淡。班超思量過後就把鄯善侍者找來，問道：「我知道北匈奴的使者來了好些天了，他們現在住在哪裡？」班超的直覺之準，令侍者大吃一驚，倉促間竟難以回

答，只好實話實說。班超得知情況後，為防止消息洩露，就把侍者關起來。接著，班超又假裝召集部下飲酒作樂。酒過三巡，班超假借醉意對大家說：「我們現在身處異域，都是想透過這次機會建立功業，但是現在匈奴使者一來，鄯善王就對我們翻臉，這難道是我們想要的結果嗎？」大家聞言紛紛表示願意聽從班超的指揮。於是，班超繼續說：「不入虎穴，焉得虎子。現在的唯一辦法，只有乘夜用火進攻北匈奴使者了，他們不知道我們究竟有多少人，一定會感到很害怕，我們正好可以趁機消滅他們。只要消滅了他們，鄯善王就會嚇破肝膽，我們就大功告成了。」

制定好了計畫，班超等人就等到天黑。這天天剛入夜，班超就率領著部下直擊匈奴使者的駐地，親手將匈奴使者殲滅。

第二天，班超請來了鄯善王，把匈奴使者的首級拿給他看，鄯善王嚇得臉色都變了。班超又施以好言撫慰，最後，鄯善王表示願意歸附朝廷，並將自己的兒子送到東漢朝廷做人質。

至此，班超第一次出使西域取得了完美的勝利。而他的人生也從一個默默無聞的抄文書人員變成了東漢使臣。

小知識

班超少年時期家境貧寒，只能依靠替官府抄寫文書來維持生計。有一次，他去找面相師看相，面相師說：「你的祖先和長輩雖是平民百姓，但是你日後定當在萬里之外封侯。」班超追問原因，面相師說：「你額頭如燕，頸脖如虎，飛翔食肉，這是萬里封侯的相貌啊！」

 故事 37

不要母親和老婆
——李忠公而忘私

　　說到李忠，人如其名，歸附劉秀之後，就忠心耿耿地為劉秀效命。當然，對劉秀衷心的將領不止李忠一人，可是像李忠這樣為了幫劉秀取得勝利竟然連自己親娘和老婆的性命都不在乎的還真是難得一見。

　　李忠追隨劉秀的時候，正是劉秀在人生低谷跨向高峰的轉折期。

　　當時，劉秀的處境十分尷尬，剛從更始政權中逃出來，到了河北又被王郎懸賞追殺。一路南逃的劉秀已經到了命懸一線的地步，除了四處奔逃哪裡顧得了招募人才。可是李忠卻堅信劉秀可以化險為夷，不僅如此，他還每天派人四處打探劉秀的下落，等確定劉秀到了信都後，就高高興興地出城迎接劉秀。

　　信都本來就是李忠的地盤，劉秀很自然地把信都接手到自己的名下。劉秀成了信都的老大之後，就將李忠封為右大將軍、武固侯。為了報答李忠的恩情，劉秀還當眾將自己所佩帶的綬帶解下親自替李忠帶上。

　　李忠的歸順使劉秀的力量得以瞬間壯大，於是，劉秀開始率領眾將對河北地區展開全面的討伐。可是當劉秀與眾將領在苦陘縣會合時，發現這些將領每到一處打了勝仗都會搶奪一些錢財據為己有。劉秀剛知道有將領縱兵掠奪時還想要懲罰，可是再一追問，發現這根本不是個別現象，反而沒有搶奪的李忠顯得很不合群。劉秀感慨之餘，對眾將說：「我只想特別賞賜李忠，你們不會有什麼不滿吧？」於是，劉秀將自己所乘的大驪馬及繡被衣物全都賜給李忠。

劉秀在河北初步站穩腳後，接下來的目標自然是王郎。很快地，劉秀就率領軍隊去討伐王郎，身為早期河北勢力的李忠自然成為主力軍的一員。劉秀的軍隊一路攻打到鉅鹿，遇到王郎的全力抵抗。可是出乎意料的，王郎竟然還派了一支軍隊偷襲進攻許都，將劉秀包圍起來。

劉秀傾注兵力過來打王郎，此時信都根本沒留下值得信賴的將領鎮守。而原本是許都的豪強馬寵見到王郎的部隊後，竟然直接將大門打開迎接王郎。王郎一到信都，立即將信都太守宗廣，以及李忠的母親和老婆都抓了起來。王郎知道劉秀在河北的勢力絕大部分是得益於李忠的幫助，只要李忠向自己投降，劉秀就等於被人砍掉一隻胳膊。當時馬寵的弟弟是李忠的校尉，因此派其作為說客來和李忠交涉。誰知李忠非但沒有聽前來勸降的舊部下說話，反而直接斥責舊部下忘恩負義直接將其砍殺。

李忠殺了王郎派來招降的說客後，他本人還比較平靜，可是其他的將領反倒都驚慌了，紛紛詢問李忠：「你母親和老婆都在人家手中，現在你殺了他的弟弟，這有點不妥吧？」

李忠面不改色地動：「我若放縱賊人不殺，豈不是對主公不忠。」

眾將領見無法勸說李忠去營救自己的家人，只好將這件事報告給劉秀。劉秀知道後，對李忠如此大義的行為十分讚賞，於是勸李忠說：「我們的軍隊現在已經作好了部署，將軍可以放心地回信都去救你的母親和妻子，你也可以自行懸賞招募信都城中的吏民，假如有人能夠營救你的家屬，賞金從我這裡領就好了。」

劉秀已經把話說到這個份上，可是李忠卻堅持幫劉秀打完這場仗。劉秀念及李忠對自己忠心耿耿，就派任光率兵去信都營救。誰知一路上，任光的士兵不是逃就是降，最後任光不僅沒救回人，還損失了很多士兵。

不過，李忠的家人也算是吉人自有天相。不久，更始帝派人攻打信都，恰好救回了李忠的家屬，李忠的母親和親人才得以保全性命。

小知識

　　李忠在治理丹陽地區時，因丹陽地區多是越族人，生產和生活上都落後於中原地區。李忠瞭解到當地風俗後，積極替越族人興辦學校，練習禮儀，熟悉法度。李忠還規定，每年春秋兩季舉行鄉飲酒禮，選用明經的士子，使郡中人們嚮往、羨慕他們，大力提高讀書人的地位。

來去也瀟灑
——朱祐功成身退

劉秀是個重感情的人，在十幾年的征戰生涯中他也結交過不少將領，可是唯獨朱祐在劉秀心裡有著與眾不同的意義。

可以說，朱祐是劉秀最初也是最後信任的人，這還得從兩人年少時說起。

當初，年少喪父的朱祐跟隨母親回到外祖父家中居住，因此和劉秀、劉縯兩兄弟相識。大概是都有喪父的經歷，三個孩子聚在一起感情宛如親兄弟一樣。

後來，朱祐到長安求學，過沒多久劉縯、劉秀兩兄弟也一同前往長安求學，因此，三人又得以在長安相聚。自幼的成長經歷打下的感情基礎，也成為日後朱祐無怨無悔跟隨劉秀的根本原因。

隨著三兄弟慢慢長大，天下的形勢也變得越來越複雜，這時同為漢室子孫的劉縯和劉秀開始有了自己的人生規劃，而朱祐得知劉縯、劉秀兩兄弟準備會合綠林軍、赤眉軍於舂陵起兵反抗王莽政權時，二話不說就

【〈雲台二十八將〉版畫】

答應跟隨劉氏兩兄弟參加舂陵起兵的行動。

現在想來，不管王莽政權多麼不得人心，畢竟有四十萬大軍在那裡震懾著各地農民起義軍，而朱祐只因為劉秀的一句話便答應跟隨起義軍作戰，也算是肝膽相照了。

舂陵起兵勝利後，劉縯作為主帥自然而然被更始帝劉玄任命為大司徒。劉縯從落魄皇族轉而成了大司徒，自然需要有個親信在身邊幫助自己，這時候劉縯想到了朱祐，而朱祐也沒有辜負劉縯的期望。從此以後，直到劉縯遇害，朱祐始終跟隨在劉縯身邊擔任他的護軍，從未離開。

當更始帝殺害劉縯之後，朱祐知道劉秀很可能是更始帝下一個剷除的對象，在危急的情形下，朱祐想都沒想就一個人跑出去給劉秀報信。彼時劉秀和朱祐再見面，已是物是人非，再也不是年少無憂無慮一起玩耍的天真少年。

哥哥遇害，劉秀在更始帝的壓力下也是如履薄冰，此後朱祐便是劉秀身邊最親近的人。這兩個年幼就相識的朋友開始聚集在一起計畫將來的事業。後來，當劉秀帶著朱祐一同前往河北平亂時，兩人不僅並肩作戰，還經常同吃同住，可見這對兄弟在患難之時相依為伴的感情。

不過，朱祐有一個缺點十分不好，就是說話太直接。

當時，劉秀剛剛得以離開更始帝身邊前往河北，正當眾人坐在路邊休息時，朱祐卻發起了牢騷，不但大罵更始政權，還直接表達了希望劉秀自立為帝的想法。此時身邊耳目眾多，朱祐卻說出如此大逆不道之話，劉秀對朱祐這種沒有分寸的行為感到很生氣，可是又怕人多耳雜，就拿起劍來假裝要殺了朱祐。

這次事情之後，劉秀將朱祐單獨叫進自己的屋裡，告誡朱祐不可太過直言。可是過沒多久，在劉秀對戰王郎時，朱祐竟然再次當眾提議要劉秀自立。同樣是人多耳雜，同樣是為避事端，劉秀只好假裝命人將朱祐收押關了起來。

雖然朱祐說話不分時間場合，並且遭到劉秀訓斥，可是兩人的關係卻從

未因此疏遠，反而越來越親密。劉秀真正將朱祐當成自己的兄弟，因此在朱祐做錯事時會嚴屬訓斥，而對於朱祐的錯事又能極盡包容。

後來，劉秀建立東漢政權，而這個最早隨他出生入死的朱祐自然要被劉秀加封高官。

西元三七年，劉秀將朱祐的封邑增加到七千三百戶，封朱祐為鬲侯。

追隨劉秀征戰了大半生的朱祐並不留戀政治場上的生活，到了西元三九年，時任大將軍的朱祐覺得自己能幫劉秀做的都已經做到了，也到了功成身退的時候，因此主動上交大將軍的印綬，請求辭官。

劉秀知道朱祐對政治並不在意，多年來只是為了幫助自己才一直隨軍作戰，此時也不為難朱祐，同意了他的辭職申請。而朱祐辭官前還向劉秀上書了幾條建議：自古以來，大臣受封賞都沒有加王的稱號，可以把諸王的王爵改為公爵。應該把三公（大司馬、大司徒、大司空）的官職都去掉「大」字，以合法理。劉秀知道朱祐是替自己考慮，因此將這些建議都採納實施了。

辭了官的朱祐，過了十年的閒人生活，最後在家中去世。

小知識

雖然劉秀和朱祐君臣親厚，可是有件事卻讓劉秀一直「耿耿於懷」。原來，朱祐剛到長安求學時，有一次劉秀前來找他，誰知等了很久才見到朱祐。原來，朱祐第一時間並沒有接待劉秀，反而是在上課。直到多年以後，已經做了皇帝的劉秀到朱祐家裡拜訪時，看到站在門前迎駕的朱祐，還打趣道：「主人不會再丟下我去上課了吧？」

回到故鄉去炫耀
——景丹封地波折

故事 39

劉秀在邯鄲鉅鹿討伐王郎時，景丹的任務是率領突騎預備隊隱藏在樹林裡做埋伏。

當時，位在景丹前方的漢軍步兵吃了敗仗，在王郎軍隊的進攻下，基本上快到了無力招架的地步。正當危急關頭，景丹突然率領兩千精騎彷彿猛虎般突襲而來，直接將敵人的側翼部隊衝散。

王郎軍隊被景丹這麼一突擊，竟然半天沒緩過來，景丹趁著敵軍內部大亂之際，再次發動進攻。這一次王郎的軍隊被景丹斬首數千人，嚇得連連潰敗，被景丹追在後面退了十餘里地。

景丹率兵回去後，劉秀連連稱讚：「吾聞突騎天下精兵，今日一見，名不虛傳。」

景丹這次迎戰王郎，直接奠定了劉秀討伐邯鄲的優勢地位。不久，劉秀準備乘勝追擊，就率軍繼續圍攻邯鄲，而景丹則繼續跟在劉秀身邊與王郎作戰。終於在西元二四年，徹底將王郎的割據勢力剿滅，王郎被斬殺後，劉秀平定河北的任務也算是告一段落。

不過，王郎雖死，河北仍然有許多農民起義軍不肯歸順更始政權。劉秀想要在河北建立自己的基業，仍然有很大的障礙。同年，劉秀開始領兵征討其餘的農民軍勢力。這時候，景丹正是劉秀身邊最得力的將領。在一番征戰後，河北地區終於安定。

可以說，在河北戰場，景丹為劉秀日後的江山打下了很好的基礎。

西元二五年六月，劉秀稱帝。此時，在讖語的指引下劉秀將平狄將軍孫咸任命為大司馬。可是在河北作戰期間，孫咸並沒有突出的表現，至少與景丹以及其他將軍相比，孫咸顯得平庸。很快地，劉秀的任命引起了群臣的不滿。既然劉秀的決定大家不滿意，劉秀就想舉行一次民主選舉，由群臣共同推選大司馬的人選，這樣最後被選出來的人應該可以讓大家都心服口服了。誰知，群臣討論來討論去最後確定了景丹和吳漢這兩個人選。

景丹和吳漢一下子成了大司馬的熱門候選人。一時間群臣也都在爭論誰更合適，反而越來越難以確定由誰來做大司馬了。這時候，劉秀開口了：「景丹是北方名將，確實是擔任大司馬的合適人選，但吳漢將軍有建策之功，又誅殺了苗曾、謝躬，奪得他們的部隊，所以吳漢的功勞更大。按照舊制，驃騎大將軍的職位與大司馬的職位是相等的，由景將軍擔任驃騎將軍，再合適不過了。」於是，吳漢成了大司馬，而景丹與三公之位失之交臂，被封為驃騎大將軍。

景丹既然被封為驃騎大將軍，那自然要代表朝廷率軍出征。

西元二五年七月，景丹、建威大將軍耿弇以及強弩將軍陳俊被劉秀派出去討伐「厭新將軍」劉茂。有景丹、耿弇和陳俊的配合，劉茂哪裡抵抗得了，過沒多久就率軍投降了。

於是，景丹再次帶著軍功回朝了。

西元二六年，東漢政權初步穩定，劉秀定都洛陽，對開國功臣進行了第二次大加封，景丹被封櫟陽侯。

不過在封地名單公布之後，雖然大家對劉秀的加封都很滿意，可是景丹卻不開心。加上之前沒當上大司馬，景丹一怒之下竟然表示不想接受加封。劉秀看出了景丹的不滿，就對景丹說：「經歷長期戰亂，關東這一帶好幾個

縣加在一起，也不如櫟陽一個地方啊，而且櫟陽是你的家鄉，一個人富貴之後如果不回到故鄉見見鄉鄰，就如同夜裡穿著華麗的衣服走路，是沒有人知道的。正因為如此，我才把你的故鄉櫟陽封給你。」景丹聽了劉秀的解釋後，這才釋然接受。

小知識

西元二六年，景丹因病休養，此時發生弘農蘇況作亂。於是，劉秀連夜召見景丹，並任命他為弘農太守，景丹起初認為自己沒有精力鎮壓平亂，可是劉秀卻對他說：「亂賊迫近京師，急需大將鎮壓，憑將軍的威信，睡在床上鎮守就夠了。」景丹接受了任命，帶病出征，可是不久之後便病死在軍中。

最後倒下的旗幟
——李固亡，精神亡

　　位列三公的李固在一夜之間被逮捕殺害，沒有罪證，沒有審判，可見當時梁冀在東漢朝廷有多麼野蠻專橫。

　　在天下人眼裡，李固是正義的化身，是朝廷的希望，像這樣的棟樑之臣勢必會成為梁冀專權的絆腳石。正當梁冀想方設法想要除掉李固時，卻從清河國傳來劉蒜謀反的消息，這下梁冀開心了。要知道，當初李固可是力主劉蒜當皇帝的，現在劉蒜被無辜牽扯進謀反一事，只要罪名坐實，趁機拉李固下臺就不怕沒有藉口了。

　　一樁荒唐的「謀反案」，不僅除掉了民心所向的清河王劉蒜，還能將李固罷官免職，可謂一舉兩得。梁冀自然要好好把握這個機會，在還沒有任何證據之下，當天就將李固抓到大牢裡去了。

　　李固被抓以後，讓梁冀意想不到的是竟然激起士人的公憤，引得李固門下的學生全都把自己銬在枷鎖裡，一群人圍在皇宮大門外向朝廷請願還

【李固畫像】

李固公道。不僅如此，連平日畏懼梁冀權威的官員和百姓此刻也都趕過來為李固伸冤。

就在這時，梁太后迫於壓力下令無罪釋放李固。當李固從監獄裡平安走出來時，所有人都相當振奮。

梁冀此時更加明白李固的影響力，深知李固對自己而言是個巨大的威脅，僅僅罷官還不足以消滅李固的精神力量，必須要將李固處死才能穩固自己的霸權地位。於是，梁冀又急忙跑到宮裡找梁太后告狀，說李固結黨營私，收買人心。欲加之罪何患無辭，既然梁冀下定決心要置李固於死地，便不會在乎給李固捏造多少罪名了。梁太后雖然知道李固沒有謀反之心，可是此時李固聲望如此之高，對梁冀來說已經構成了威脅，畢竟梁太后和梁冀是同父同母的親兄妹，梁冀若是倒臺，對梁太后來說也是有害無利。但是就在梁太后遲疑間，梁冀卻等不及了，仗著自己是太后的親哥哥，竟然直接下令再次逮捕李固。

城中百姓的歡慶還沒有結束，卻又把李固重新關回大牢裡。

此時李固已經十分清楚，梁冀勢必要將自己置於死地。於是，李固寫了封信給自己的好友胡廣、趙戒，希望在將來能有人繼續堅持正義：「我李固深受國家大恩，所以竭盡心力，不顧個人安危，只希望能夠匡扶王室，再創文帝、宣帝時的盛世。沒想到朝廷被梁氏小人把持，而你們卻曲意逢迎，本來可成的大事，最後反而失敗了。漢朝衰亡，從此開始了。你們身受君王的厚祿，眼見政權顛覆卻不扶持，後代的史冊，難道會包容你們的私心嗎？我今天在劫難逃，但問心無愧，已經沒什麼好說的了。」

胡廣、趙戒看到李固的信，雖然慚愧惋惜，可是此時連李固都被梁冀不講道理地抓了起來，他們還能再做什麼呢？除了暗自感懷李固的忠貞，再也沒有別的辦法。

李固被抓進大牢之後，梁冀深知李固的威信尚在，萬一梁太后反悔再次

下令釋放李固，只會引起世人對自己更大的反抗。梁冀再也不能等了，只有李固從這個世界上消失，他才能安穩入睡。

當天夜裡，身在獄中的李固就被秘密處死了。

李固死後，梁冀命人將他的屍體扔在街口，下令說：「誰敢來哭泣弔喪，一同加以懲治。」這時，李固有個叫郭亮的學生，年紀還不到二十歲，竟然不懼梁冀的淫威，左手拿著奏章和斧頭，右手抱著鐵砧，直接來到宮門上書，乞求為李固收屍。郭亮無功而返後，又集合了一群同學前去為李固弔喪，一群人守著李固的屍體，無論怎樣威嚇都撼不走他們。梁太后得知此事後，也知道愧對李固，便下令赦免郭亮等人的罪責，並同意讓李固的學生董班用布將屍體包起來送回家鄉入土為安。

郭亮和董班因此事被看作是李固精神的延續，可是董班在送李固屍體回鄉之後，就歸隱起來，再也沒有了下落，而郭亮後來官至尚書。

小知識

範曄在《後漢書》中曾說：「李、杜司職，朋心合力。致主文、宣，抗情伊、稷。道亡時晦，終離罔極。」可見李固在當時的影響力，而李固無辜遇害，也暴露了漢室政權被外戚把持後的無道統治。

生錯了年代
故事 41 ——李膺的黨錮之禍

先來說說黨錮之禍產生的根源。

自東漢光武皇帝劉秀開國以來，就提倡學習儒學，此後歷經幾代皇帝，雖然都是宦官與外戚交替掌權，可是無論哪一位皇帝，對儒學的宣導都是一樣的。久而久之，知識分子在儒家的教育下，形成了一種特有的匡扶正義的使命感。這群以國家大義為使命，以世間正氣為己任的儒學生逐漸形成了清流派，也稱為黨人，其精神領袖是李膺和陳蕃。

這兩人聲望之高，從當時廣為流傳的「天下楷模李元禮，不畏強禦陳仲舉」就能看出。既然稱李膺為天下楷模，那麼他自然有自己的傳奇之處。

其實，單從李膺能被教育程度極高的儒學群體視為核心人物就能知道他的才華非同一般。不過到底有多與眾不同，就要說到李膺本人的修養了。

李膺有良好的品行，不僅嫉惡如仇，還經常懲治貪官汙吏。僅僅這些還

【李膺畫像】

不夠，除了能文，李膺還能武。在領兵作戰上，由李膺率領的軍隊在抵抗反擊北方鮮卑人的戰鬥中大勝而歸，實屬全能型楷模。正因李膺樣樣精通，才令士人學子都以他為榜樣。當時儒生均以能得到李膺的接見為榮，更將此稱為「登龍門」。可見李膺對儒生的影響力有多大了。

雖然李膺風光一時，可是此時的朝廷卻是宦官「五侯」的天下，這五個因誅殺梁冀有功被封侯的宦官比起梁冀做的壞事簡直是有過之而無不及。可是李膺卻看不透李固當年的下場，反而希望能憑藉自己的力量將宦官集團這個毒瘤清除乾淨。

因此，李膺向朝廷彈劾宦官，理由是宦官參與受賄。要知道，桓帝得以從梁冀手中奪回權力，都是依靠著五個宦官才成事的。此時桓帝依靠宦官制衡朝廷的勢力，如果宦官因此失勢，桓帝自己的權力可能也難以保住。於是，桓帝縱容宦官。

但是桓帝也知道，即使這次對彈劾宦官的奏摺視而不見，以李膺等人的執著，早晚還是會遞上第二份、第三份奏摺，只要一天不懲治宦官，李膺就一定會沒完沒了。於是，桓帝乾脆找個罪名直接將李膺等人抓起來判了刑。

李膺告狀不成，反倒被桓帝懲治，在服苦役期間，他雖然時而感歎朝綱不振，可是對於東漢的形勢卻始終沒能認清。到了陳蕃當上太尉時，李膺才被營救出來。

重新回到朝廷的李膺並沒有放棄自己的堅持，即使已經被貶官，他的威懾力還在。這下子可讓宦官們產生了危機感。不過宦官們還沒來得及整治李膺，就已經被李膺在宦官一黨的縣令張朔家裡搜出貪汙的證據了。隨著張朔被處死，李膺的聲望再次提升，士人們彷彿有了可倚仗的人，再次對宦官一黨展開鬥爭。

此時，宦官們已經到了如履薄冰的地步。他們唯一感到寬慰的是，桓帝始終站在自己這一邊。眼見宦官們終日提心吊膽，桓帝開始為宦官們撐腰，

默許他們對士人學者展開反攻。

終於，宦官和士人之間的矛盾到了一觸即發的地步。可是宦官勝就勝在有桓帝做幕後老大，這令士人集團的鬥爭接二連三地遭遇滑鐵盧，直到有士人被逮捕處死，而發生了「黨錮之禍」。李膺不顧命令強行處死張成父子一事，也被宦官們趁機抓到了把柄，在其中大做文章，最後將李膺抓入獄中。

「黨錮之禍」發生後，不斷有士人被抓，每天都有士人因此遭到嚴刑拷打，宦官們只有一個目的：逼迫士人供出結黨營私的證詞。

在很短的時間裡，前後兩百餘人因此入獄，而此時連陳蕃都被免職了，士人集團的兩位精神領袖，一個被抓，一個被罷。此時再也沒有人敢站出來說自己是「黨人」了，更沒有人敢為李膺求情。

李膺就這樣被時代所吞沒，其實以李膺的才學，本應該有大作為的，奈何李膺生錯了時代。

小知識

郭泰在洛陽遊學期間與李膺一見如故，後來，郭泰要返鄉歸家，眾多士大夫送郭泰到河邊。可是在幾千輛馬車中，郭泰卻只與李膺同船過河。眾人望著他們二人，就好像看著神仙一樣。後來，便將「李郭同舟」比喻為知己相處，不分貴賤，親密無間。

難以爭辯的命運
——楊秉辯護無果

出身於書香世家的楊秉在良好的學習環境下，自幼就養成了愛讀書的好習慣。到了桓帝時期，楊秉就因自己博學多聞而被召入宮中為皇帝講學。按理說，楊秉當了皇帝的老師，應該很風光，但不巧的是，楊秉沒有趕上開明盛世，朝廷亂七八糟，就連皇帝自己也昏頭昏腦。

桓帝在位期間，雖有楊秉這個通曉《尚書》的大文學家在，可是楊秉很明顯只是個毫無作用的擺設。別說桓帝很少會聽楊秉講學，就是聽了也是左耳進右耳出。

楊秉雖然明曉朝廷的現狀，可是在他擔任尚書期間，對桓帝、對朝廷還是有一定的期望。桓帝好玩，有一次偷偷跑到河南尹梁胤的府邸飲酒取樂。恰好這天，狂風大作，將大樹連根拔起，前一刻還天朗氣清，轉眼間就變得一片昏暗。突如其來的變天在科學尚不發達的古代自然無法得到解釋。楊秉雖然書讀得多，但他畢竟不是氣象學家，對於天氣變化，楊秉還是擺起老師的架子，主動上書指責桓帝身為國君不在宮中好好學習，處理朝政，反而私自外出遊玩，這次是上天對桓帝過失的指責。倘若日後因此發生謀反事件，後果就不堪設想了。

桓帝本來對朝政就沒有興趣，加上朝中又有外戚梁冀掌控，完全沒有自由，被楊秉這麼一說好像連娛樂的自主權都沒有了。桓帝對此很不開心，此後更加無視楊秉的講學。

楊秉原本對桓帝還有期望，希望能透過自己的講學對桓帝統治國家有所

幫助，此時他發覺桓帝如此冥頑不靈，便稱病想離開朝廷。

　　楊秉自己說病了想離開，桓帝自然高興，就封楊秉當個地方官員打發他離開，省得楊秉在自己身邊嘮嘮叨叨。可是太尉黃瓊卻對此感到十分惋惜，在他看來，如果楊秉離開朝廷，那麼桓帝身邊又少了一個正直的人，只會令梁冀這類小人更加猖獗。於是，黃瓊向桓帝上書表示應該把楊秉留在中央，不應當調到地方任職。桓帝畢竟年輕，見到太尉黃瓊如此堅決，便將楊秉任命為光祿大夫繼續留在中央政府。

　　雖然楊秉得以留在桓帝身邊，可是此時還有更人的隱患，就是大將軍梁冀。隨著李固、杜喬這些朝廷的忠臣相繼被梁冀迫害致死，楊秉認識到只要梁冀在朝廷一天，這個朝廷就不會有希望。在認清形勢以後，楊秉再次以生病為由離開了朝廷。

　　楊秉離開朝廷，一去就是六年。當楊秉再度被召入朝廷任命為太僕的時候，此時梁冀已經被桓帝聯合宦官一舉誅殺了。梁冀一死，楊秉彷彿重新看到了朝廷的希望。可是就在楊秉興致勃勃剛回到朝廷這年，白馬縣令李雲卻被桓帝關起來了。本來一個地方縣令與楊秉沒有太大關係，可是李雲被抓的原因卻令楊秉十分在意。原來，沒有貪污、沒有受賄的李雲是因為直言進諫把桓帝給得罪了。楊秉知道這件事以後，認為桓帝不聽別人的意見是不對的。於是，在桓帝給李雲定罪之後，楊秉還是不顧死活地在桓帝面前爭辯李雲沒犯錯。

　　試想飽讀詩書的楊秉義正辭嚴地為李雲辯解，免不了就要指出這件事是桓帝自己判斷失誤，是桓帝不聽從意見，是桓帝有過錯。而楊秉在桓帝面前為李雲爭辯時，又免不了舉出古人事例，搞不好還鏗鏘有力地引用詩詞，或者抑揚頓挫的組合出排比句來反駁桓帝的判決。

　　桓帝是九五之尊，雖然沒有好好讀過書，但畢竟習慣別人對自己唯命是從，可是此時在楊秉一番陳訴下竟然無力回擊，這讓他的面子往哪裡擺？楊

秉不顧場合地當面指責桓帝，還安排了一場「李雲無罪辯論賽」，這次桓帝徹底被激怒了，直接下詔罷免楊秉的官職，讓他離開朝廷回老家種田。

　　楊秉被貶這件事，看似桓帝不講理，但也可以說是楊秉自討苦吃。在明知桓帝不是明君的情況下，非要和他講道理，這實在是不明智。可以說，楊秉這場爭辯從一開始就註定會失敗。

小知識

　　楊秉以清白廉潔著稱，且生性不喜歡飲酒，他早年喪妻，此後卻表示不再婚娶。對此楊秉曾從容的評價自己說：「我不受三種東西的迷惑：『酒、女色、財貨。』」

大丈夫當掃除天下
——陳蕃收拾殘局

桓帝去世後，當初因得到陳蕃支持的竇氏自然而然從皇后升為太后。竇太后執掌朝政，對陳蕃格外看重。此時以竇太后為領導核心，在陳蕃以及竇太后的父親竇武的文武配合下，天下百姓彷彿看到了重振朝綱的希望。

陳蕃自然是忠臣，他扶持著竇太后執管國家政權，任用賢能的人為官，可謂是鞠躬盡瘁。但問題就出在桓帝在世時寵信的太監身上。桓帝雖死，但以曹節、王甫為首的太監黨勢力仍然存在，加上又有桓帝的奶媽趙嬈混在竇太后身邊，這就構成了危害朝廷的一大禍患。太監相互勾結，平時私下結黨營私，剷除異己，可是住在深宮裡的竇太后卻不知情，反而因桓帝的關係對曹節、王甫這些太監有一定的好感。即使桓帝死了，曹節、王甫依然沒有失寵，他們靠著討好竇太后，仍然有加官晉爵的機會。

朝廷裡的大臣們對太監敢怒不敢言，不過其他人不敢懲治太監不

【陳蕃像】

代表陳蕃不敢。

　　陳蕃與大將軍竇武說起此事，發現竇武對太監也有怨言，便一起制定了一個剷除太監的計畫。

　　其實，以陳蕃在朝廷的影響力和竇武的兵權，想要剷除太監黨簡直是易如反掌，可是錯就錯在陳蕃太相信竇太后會站在自己這邊，於是上書給太后，說：「臣以為說話不正直，行為不端正，就是欺騙上天，辜負世人。太過直接地表達自己的意見，就會遭到那群兇惡壞人的仇視，因此為自己招致大禍。可是衡量再三，我寧願選擇招禍也不想要欺騙上天。現在京師人人都在議論，說侯覽、曹節、公乘昕、王甫、鄭颯等人與趙嬈夫人等各位宮中女官一起為禍天下，而追隨他們的人能夠順利升官，反對他們的人卻要因此受罰。此時朝廷裡的大臣們，就像河中的浮木，東漂西浮，貪圖祿位，時常擔心自己被害。您不久前開始攝政的時候，順從天意，蘇康、管霸都被治罪處死。當時天地清明，人、鬼都高興，為什麼剛過幾個月您就開始放縱身邊的侍從呢？論奸惡程度，再也沒有人能比他們更厲害的。如果現在不馬上處決他們，後果不堪設想。這群人危害國家，必然會釀成大禍。希望把臣的奏章給您身邊的太監們看看，要讓這些壞傢伙知道我痛恨他們。」陳蕃這一番話對竇太后而言實在有些過於剛硬，畢竟為人臣子上書應該委婉，可是陳蕃卻像是在訓學生一樣的對竇太后說話。即使陳蕃早年對竇太后有恩，可是此時竇太后早已不是當初的普通小貴人，陳蕃如此，自然要引起竇太后的不滿。加上竇太后和太監們也有一定的感情，所以最後竇太后不予採納陳蕃的建議。當陳蕃向竇太后請示剷除太監黨時，朝廷裡的官員們都把希望寄託在陳蕃身上。可是沒想到竇太后連陳蕃的意見都沒有採納，這件事情被朝中大臣們知道後都開始對朝政失去了信心。

　　陳蕃接連幾次上書都被竇太后駁回，可是他並沒有因此作罷，考慮到竇武是竇太后的父親，於是陳蕃繼續找竇武商量誅滅宦官一事。

陳蕃對曹節等人不滿，還沒行動，已經鬧得滿城風雨，這讓曹節等人一下子充滿了危機感。既然知道陳蕃非要致自己於死地，曹節這群太監自然不能坐以待斃。可是竇武畢竟是竇太后的父親，想要對付陳蕃難免要面對竇武。曹節想來想去，反正橫豎都是死，不如先發制人。於是，曹節等人偽造了一份太后的命令直接殺了竇武。當時陳蕃都已經是七十歲的高齡了，得知竇武被殺，立即率領官員和學生衝進承明門，結果陳蕃沒能為竇武報仇，反而被曹節以結黨徇私的罪名給抓起來了。

被抓進獄中的陳蕃被太監又打又罵，七十多歲的老人哪裡經得住拳打腳踢，陳蕃當天晚上就被活活打死了。陳蕃死後，他的朋友朱震得知此事，偷偷將陳蕃的屍體掩埋，又把陳蕃的兒子陳逸藏在甘陵境內。

後來，太監們為了誅殺陳蕃一家，發現陳逸逃走了，就將朱震全家關起來嚴刑拷打。

朱震寧死也沒說出陳逸的下落，這才使陳蕃後人得以保存。

小知識

陳蕃十五歲的時候，曾經自己獨住一處，當他的父親以及他的朋友薛勤來探望時，發現他的屋子裡十分雜亂，父親便問他：「你明知有客人要來，為何也不打掃一下？」陳蕃卻說：「大丈夫處世，當以掃除天下為己任，怎麼能局限於整理一間房呢？」這正是陳蕃「願掃除天下」的典故由來。

慧眼識木頭
——蔡邕救琴

故事 44

碰上漢靈帝這麼昏庸的皇帝，蔡邕這種正直大臣的日子很不好過。直言上書得不到皇帝的重視反而還要被埋怨，苟同奸臣自己的良心又過意不去。兩難的蔡邕知道靈帝不喜歡自己，而且靈帝身邊得寵的宦官們又經常在靈帝面前造謠生事，於是就選擇了歸隱。

不過，想要從靈帝和那些宦官眼皮子底下堂堂正正地辭官可不容易，搞不好來個欲加之罪，不但蔡邕無法脫身，反而容易因此遇害。想來想去，蔡邕決定將行李收拾好趁夜從水路逃離京城這個是非之地。

【東漢大文學家蔡邕】

離開京城的蔡邕過起了自由自在的閒散生活，不用整天操勞朝政，也有時間投入自己的興趣愛好。

蔡邕喜愛音樂，而且到了如癡如狂的地步。對於音樂的靈敏度，哪怕是彈奏出一點小小的錯誤都會被他發現。既然蔡邕如此喜歡彈琴，少不了要研究各種琴，從選材到製作，從上弦到調音，每一個細節蔡邕都經過仔細鑽研。蔡邕愛琴愛到什麼地步？他從京城逃命出來時，寧願捨棄衣物錢財，也一定要背著他心愛的琴。

不過，蔡邕與琴的真正機緣還是發生在他歸隱的日子。當時，蔡邕租了一戶寡婦家的小屋。這天，蔡邕的女房東搬來一堆木柴準備燒火做飯，而蔡邕則獨自在自己的屋子裡撫琴感懷，一會兒想到自己抑鬱不得志，一會兒想到自己慘遭小人迫害。正當蔡邕沈浸在自己前途未卜的迷惘中時，忽然聽到隔壁傳來一陣清脆的爆裂聲。憑著音樂人獨有的敏感，蔡邕閉氣靜聽了幾秒，待確定自己心中的判斷，便趕忙衝到廚房將女房東剛剛塞進爐灶裡的木頭拖了出來。原來，女房東將上好的桐木誤當成普通木柴用來燒火做飯，幸好被蔡邕聽出來。蔡邕不顧一切地去救那塊桐木，把自己的手都燒傷了，他撫摸著桐木，連連感歎這是稀世好木，恰好適合做一把好琴。

蔡邕救下了桐木以後，便付給女房東一些銀子將這塊木頭買了回去。雖然桐木一側已經被火燒焦，可是經過蔡邕的精雕細琢，這塊桐木最後被做成了一把絕世好琴。每當彈奏起這把琴，不僅音色精妙，而且餘音繞梁三月不絕。

在不知情的人眼裡只是普通木頭的桐木卻被蔡邕化腐朽為神奇，製作成了一把傳世好琴。因為這把琴的琴尾被燒焦了，所以被稱為「焦尾琴」。

雖然靈帝不識蔡邕之才，以至於蔡邕有才無處發揮，被迫流落異鄉。相比之下，焦尾琴卻是幸運的，遇到了蔡邕這樣懂音樂、重音樂的人，並且成了流傳千古的名琴。

小知識

蔡邕曾想在會稽的竹林裡選出一根竹子製作笛子，可是尋找很久也沒有遇到合適的。當時恰好在竹林中新建了竹亭，蔡邕到竹亭裡發現第十六根竹子絲紋細密、又圓又直、不粗不細，恰好是他所想要尋找的竹子，就請求主人將竹子拆下來送給他。後來，蔡邕用這支竹子製成了一把笛子，由於竹亭名叫「柯亭」，而竹笛又是從柯亭取材，因此將笛子取名為「柯亭笛」。

乞丐進化論
——曹嵩位列三公

當年無權無勢的桓帝能夠繼位，靠的正是宦官曹騰的幫助，曹騰也因此被封為費亭侯，官拜大長秋，俸祿僅次於丞相、太尉。作為一個宦官能夠有如此高的待遇，曹騰也算是很不簡單。不過曹騰雖然身居高位，卻並不以有功自居，在宮中多年也都是舉薦賢人，幫助桓帝處理朝政，十分清廉。

曹騰死後，原本的侯位由他的養子曹嵩繼承。曹嵩原本是無依無靠的街頭流浪乞丐，曹騰看他長得機靈乖巧，就將他收為義子，也算是自己有了後人。

有了養父曹騰在朝廷中的關係和聲譽，可想而知，曹嵩剛進官場時自然不會遇到太大的困難。

所謂虎父無犬子，曹騰的人品無論是在宦官中，還是在士儒學者間，都算得上數一數二的，而對養子曹嵩的教育自然也沒少花費心思。

原本不懂規矩的乞丐曹嵩在曹騰精心的教育下也很爭氣地養成了一種得體的處世方法。他一言一行都是經過曹騰親自示範教導的，這對於他在官場上可算是先天性的培養。也因此，曹嵩剛一入朝就能迅速晉升，這除了是桓帝看著曹騰的面子，極大原因也和曹嵩自己的努力有關。

桓帝末年時，年輕的曹嵩已經官至司隸校尉一職，等到靈帝即位，曹嵩又先後從大司農升任為大鴻臚，直接掌管著國家財政和禮儀。此時的曹嵩已經位列九卿之內，在仕途上早已超過了他的父親曹騰。

不過，曹嵩能夠位列九卿，除了他本人的努力之外，主要還是靈帝在位時的形勢所致。靈帝在位期間，基本上沒做什麼正經事，大部分時間都是在滿足自己的好色和當富翁的欲望。靈帝想要發財，想到最便捷的方法就是賣官。皇帝公然出價賣官，這無論在什麼時期看來都是很荒唐的，可是曹嵩卻趕上了。當時曹家有上一輩曹騰的資產，加上曹嵩為官後收入囊中的錢財，可以說是富甲一方。於是，不滿足於大鴻臚一職的曹嵩拿出巨資給自己買了個太尉。成為太尉的曹嵩，這時候的官職僅次於大將軍了，而曹嵩也因此達到了自己政治生涯的最高峰。

　　不過，有名有利的曹嵩還是有煩惱的事情，就是沒兒子。已經邁入中年門檻的曹嵩眼巴巴望著自己偌人的家業無人繼承，這對曹嵩來說簡直是巨大的打擊。曹嵩千盼萬盼，終於在中年盼來了自己的第一個兒子——曹操。

　　曹嵩生了曹操以後，隨著兒子一天天長大，反而感到失望。曹嵩沒有想到自己的兒子對功名竟然毫無興趣，反而整日舞槍弄劍。不過，曹嵩並沒有放棄培養兒子接替自己的想法，於是，請來朋友為曹操安排官職，又幫助他出兵作戰。

　　可以說，曹操早年的政治事業，大多是依靠父親曹嵩的推動才得以成功的。不過，曹嵩的好日子卻因董卓的到來而告終。當董卓掌控著整個朝廷，原本曹嵩一類的權臣自然成為被打擊的對象。無奈的曹嵩只好帶著家人跑到泰山華縣躲避禍事。

　　當時在山東領兵的曹操與徐州的陶謙發生矛盾，一下子把華縣變成了主要戰場。曹操得知父親以及家人仍然居住在華縣，就寫信給曹嵩讓他來自己的行營避難。沒想到這件事情在中途洩露給了陶謙，本來打算躲避禍事的曹嵩反倒在半路上被陶謙的士兵圍住。此時，曹操派出接應的軍隊還在路上。就這樣，曹嵩以及次子曹德，還有夫人、小妾都成了陶謙的刀下亡魂。

　　因曹嵩本為街頭乞丐，故身世不明。在《三國志》曾記載「莫能審其生出本末」，實際上是引用三國吳人所注的《曹瞞傳》，這裡面提到曹嵩本姓夏侯，是夏侯惇的叔叔。後經學者研究，否定了曹嵩本姓夏侯的說法。

赤壁之戰的幕後操盤手
——魯肅坐觀成敗

在赤壁之戰中，周瑜和諸葛亮的聯手被看作是成敗關鍵，可是還有一個人，雖不及周瑜、諸葛亮二人那般衝在赤壁戰場最前方，實際上卻是赤壁之戰的幕後操盤手——魯肅。

魯肅並不是從士族家庭裡走出來的，不過魯肅也算是出身名門。在魯肅的家族中，雖然沒有人當過官，可是在地方卻是數一數二的富豪。富家公子魯肅不愁吃穿，這就給了周瑜借糧的機會。

周瑜當時缺少糧草，於是想到了富家公子魯肅。而魯肅又為人慷慨，得知周瑜有困難，二話不說就將自己家裡的儲糧撥出一半給周瑜應急。魯肅不求任何回報地給予周瑜幫助，周瑜自然感動不已。因此機緣，魯肅和周瑜二人結成了莫逆之交。

周瑜借糧以後，發現魯肅不僅有錢，而且還很有才華，對當今天下形勢很有見地。於是，他又開始遊說魯肅跟隨自己去江東投奔孫策。魯肅聽周瑜把孫策誇得天花亂墜，索性直接和周瑜來到了江東。

不過，周瑜看重魯肅不代表孫策也看

【魯肅畫像】

重魯肅，因此，魯肅在江東很長一段時間裡都沒有受到重視。魯肅雖然鬱悶，卻也並沒有怪周瑜，反而蓄勢待發等著屬於自己的機遇。

過沒多久，孫策遭到暗殺，江東政權轉移到孫權手裡。而周瑜第一件事就是將魯肅引見給孫權。兩人剛剛交流了幾句，魯肅就得到了孫權的認可。於是，孫權將所有人都辭退下去，只留下魯肅一人，然後不顧主僕之別坐在一張榻上一邊喝酒，一邊談論天下形勢。正是這番長談，魯肅提出了「割據江東，攻占荊州」的對策。歸根究柢，魯肅正是想要利用曹操無暇南下的機會，勸諫孫權積極發展自己的勢力，而魯肅的榻上決策實際上有很多觀點和諸葛亮當時的隆中對是吻合的。

魯肅為孫權提出建議，很快得以施行。不過，當魯肅趕到荊州想要攻打劉表之時，發現劉表已經去世了，而內部分裂的荊州政權也已經投降了曹操。魯肅得知消息後，決定要盡快與劉備聯合，因為曹操取得了荊州，下一個目標一定是江東。於是，魯肅轉而去見了劉備。

魯肅與劉備這次的會面可以說對孫、劉聯手發揮了決定性的作用。在對抗曹操這一個問題上，孫權本來是沒有信心了，可是耐不住曹操挑釁，加上魯肅和周瑜的堅持，就這樣在曹操的壓力之下，孫權正式決定和劉備聯盟，共同在赤壁抵抗曹操軍隊。

於是，在魯肅的前期準備下，奠定日後三國鼎立的赤壁大火終於燒了起來。

魯肅雖然被孫權看重，可是周瑜始終比魯肅技高一籌，而赤壁之戰的作戰計畫，也是周瑜想出來的。這令魯肅仍然無法成為孫權江東政權的核心力量。

直到西元二一〇年，周瑜病逝，魯肅這時候才被提拔做大都督。

小知識

　　劉備攻占益州後拒絕歸還荊州，於是，孫權一邊命呂蒙與劉備作戰，一邊派魯肅去巴丘阻止關羽接應救援。當關羽趕到巴丘一帶時，恰好被魯肅截下。魯肅為了勸關羽顧全大局，保持聯盟，就請關羽到約定地點會談。而這次會談，魯肅只帶了一把單刀，其他的兵馬都安排在百步之外，這就是歷史上著名的「單刀赴會」。而單刀赴會真正的主角並不是關羽，其實是魯肅本人。

區區寒舍有高人
——諸葛亮躬耕自娛

東漢末年，軍閥割據，天下將亂，出身於名門世家的諸葛亮反而跑到南陽過起了安居樂業的躬耕生活。說是歸隱，諸葛亮對天下的形勢判斷卻比任何人都準確，只因他在等待一個屬於自己的機會。

時值劉備和司馬徽會面，司馬徽不禁感歎：「現在的儒生見識如此淺薄，

【明宣宗朱瞻基繪畫作品——〈武侯高臥圖〉。此圖描繪的諸葛亮敞胸露懷，頭枕書匣，仰面躺在竹叢下，舉止疏狂。應是諸葛亮出茅廬輔助劉備之前，隱居南陽躬耕自樂的形象。】

對當今時事根本不能透徹瞭解。可是亂世在即，能夠識時務者才是真正的俊傑，恐怕只有諸葛臥龍才是名副其實的高人。」面對司馬徽的這番肺腑之言，劉備雖從未與諸葛亮謀面，可是對諸葛亮本人已經有了一定的嚮往。

此事之後，劉備繼續投入征戰當中，而這時的諸葛亮在做什麼呢？他在種田。諸葛亮每天日出而作，日落而息，過著極為規律的生活。不過除了種田諸葛亮也沒閒著，他不僅觀察星象，平日無事還會和當時的名士司馬徽、徐庶等人相聚談論天下大事。雖然在這群好友裡，只有諸葛亮的日子過得最寒酸，也只有諸葛亮仍然賦閒在家，可諸葛亮並不羨慕他們，在清貧的日子裡，諸葛亮始終在蟄伏，他知道自己有朝一日會一飛衝天。

果然，在官渡大戰後，諸葛亮等到了他的伯樂 ──劉備。官渡一戰，曹操大敗依附於袁紹的劉備，而曹操首先想得到劉備的軍師徐庶，於是派人和徐庶說他的母親生了重病，務必要徐庶趕往許都。徐庶心知自己很有可能有去無回，就在臨行前對劉備說在南陽有個難得的人才叫諸葛亮，請求劉備一定要去見一面。

劉備聽徐庶一說，又想起了之前司馬徽也提過這位諸葛先生，就對徐庶說：「那麻煩你傳信讓他來見我吧！」徐庶聽後卻只是搖頭，說：「您想讓他跟隨您，就一定要親自屈尊去見他，方可有機會請他出山。」

此時劉備尚不知這個在南陽種田的諸葛亮到底有多大本事還需要自己親自去拜見他，可考慮到司馬徽和徐庶兩大名士都對諸葛亮讚不絕口，還是帶著關羽、張飛親自來到諸葛亮所居住的臥龍崗拜見。誰知劉備帶了誠意也帶了厚禮，可是第一次去的時候卻趕上了諸葛亮在外出遊，只有一個書童在家又說不清楚諸葛亮何時能夠回來。

過沒幾天，劉備又帶著關羽和張飛來拜見諸葛亮，這次天降大雪，一路走得十分艱難，等到了諸葛亮家，正好看見一個年輕人在讀書。劉備激動得趕忙過去行禮，誰知這個年輕人卻是諸葛亮的弟弟。至於諸葛亮，早在幾個

【〈三顧茅廬〉年畫】

時辰前被朋友邀走了。再次失望而歸的劉備這次留下了一封信，信中表達了對諸葛亮的仰慕之情，同時表示還會再來拜會諸葛亮。

　　轉眼新年之後，劉備選定了日子，再次拜訪諸葛亮。這次諸葛亮雖然在家，可是卻在午休。劉備知道諸葛亮在休息，就命關羽、張飛到門外等候，而自己則站在臺階下靜靜等著諸葛亮醒來。

　　終於，兩人得以見面。劉備見到諸葛亮以後，便讓身邊的人都退下去，然後問道：「漢室已經衰敗，如今奸臣當道，掌握朝綱，我想要伸張天下正義，可是自己的德行和能力遠遠不夠，以致遭受今天的挫敗。不過，我的雄心壯志並沒有減退，請問先生有什麼計策能夠幫助我？」

　　諸葛亮說：「如今曹操以百萬大軍壓陣，挾天子以令天下，想與曹操爭鋒的確不太可能。而江東有孫權三代割據，且地勢險要，民心順服，這樣以德治民的人可以嘗試與他結盟。荊州地區位置重要，不過劉表卻無能力據守，正是上天賜予您的機會。再說益州，這裡土地肥沃，物資充足，百姓富裕，可是張魯在此地卻從不珍惜，此地的賢才將士都希望能有個英明的領導人來

這裡。而將軍您是漢室子孫，信義聞名天下，如果可以奪得益州和荊州，並與孫權結盟，內修外治，復興漢室基業指日可待。」

劉備聽到諸葛亮建議後，感歎諸葛亮果然是個高人，因此請求諸葛亮出山幫助自己。這年，諸葛亮只不過二十七歲。

小知識

　　諸葛亮與襄陽名士司馬徽、龐德公、黃承彥等交情深厚。有一次，黃承彥對諸葛亮說：「聽說你要選妻，我家中有一女月英，尚未婚嫁，只不過小女頭髮黃、皮膚黑，但論才華卻能與你相配。」諸葛亮聽後便應許了這門親事，轉天就選定良辰吉日迎娶黃承彥之女。諸葛亮娶了醜女黃月英，鄉裡間因此編了句諺語：「莫作孔明擇婦，止得阿承醜女」，不過也有一種說法是黃月英本人極美，因此遭到其他女性的嫉妒刻意詆毀她的容貌。

故事 48

聰明反被聰明誤
——楊修之死

　　既然說到楊修，就不得不說說他的家世。

　　楊氏名門出英傑，歷經四代均在朝廷身居高位，到了楊修這代，自然對楊修的期望很大。不僅是楊修的家人，就連曹操父子也十分看重，楊修年紀輕輕就已經在曹操身邊身居要職。

　　楊修有良好的基因，又有顯赫的家世，年少氣盛的他自然也有與眾不同的傲氣。時值曹操已經控制了朝廷政權，稱帝改制已經是遲早的事，雖然只是丞相之名，卻有皇帝之實。可是楊修對曹操卻沒那麼多顧忌，仗著自己家世顯赫，在曹操身邊說話做事向來都是隨性而為，絲毫不知收斂。

　　有一次，曹操收到了一盒從塞北送來的酥餅。曹操拿著精美的盒子，突然想要考驗一下大臣們的才智。於是，曹操提筆在盒子上寫了「一合酥」三個字，又派侍從將盒子傳遞給大臣們。大臣們眼巴巴地看著這個盒子，卻不知曹操用意何在。正當文武眾臣一籌莫展之際，楊修突然走出來讓宮人取來餐具將酥餅分給眾人品嘗。大臣們端著分到自己手裡的酥餅，你看看我，我看看你，沒聽到曹操發話，誰也不敢動口。可是楊修卻說：「這盒子上魏王不是寫了讓我們一人吃一口酥餅？」這下子群臣才恍然大悟。

　　這件事以後，曹操雖然當面稱讚楊修的機智，但內心卻開始疏離楊修。曹操乃是當世梟雄，可是他的一舉一動卻被楊修看破，這顯然令曹操很不開心，因此也開始厭惡楊修。

　　後來發生一件事令曹操真正對楊修動了殺機。

152

　　曹操南征北戰，雖然打了無數勝仗，可是也結下了無數仇怨，這令生性多疑的曹操擔憂自己會遭人暗算。於是，曹操對自己的侍從們說：「我有個毛病，會在夢中殺人，所以在我睡覺的時候你們不要靠近我。」曹操交代完之後，就想試驗一次。一天夜裡，曹操假裝在帳中睡覺，故意將被子踢落，侍從們見到想要上前幫曹操蓋好被子，卻又害怕曹操夢中殺人。有個曹操十分寵愛的僮僕，看到了曹操沒蓋被子，便想幫曹操蓋好。可是當僮僕剛走到曹操面前，忽然見到曹操跳起來拔劍將僮僕殺了，然後繼續回到床上睡覺。

　　第二天，當曹操睡醒發現僮僕的屍體就在自己床邊，便假裝驚訝地問其他人：「誰將我的近侍殺了？」眾人如實相告後，曹操痛哭不止，派人厚葬僮僕。

　　曹操這場秀本來是做給眾人看，以防自己將來在夢中被害，可是到了出殯時，楊修卻很不知趣地撫著棺材歎息道：「丞相非在夢中，君乃在夢中耳！」這話無疑挑明曹操是在演戲，故意殺了僮僕。主子的意圖被看穿也就算了，偏偏楊修又當眾說出來。因此，曹操對楊修十分惱怒，但礙於楊修的政治背景始終沒有處置他。

　　可是楊修反而更加恃才傲物。當曹操出兵攻打劉備時，遇到馬超據守久攻不下，可是想退兵又怕被蜀兵恥笑，正當曹操進退兩難之時，夏侯惇前來詢問夜間口號，曹操看著碗中雞湯裡的雞肋，有感而發，就對夏侯惇說：「雞肋。」

　　夏侯惇領了命令後回軍傳達，這時候楊修又跑來搗亂，竟然要士兵們準備撤兵。夏侯惇不解，楊修解釋道：「魏王不是說雞肋嗎？由此可以看出，如今進攻蜀地就如雞肋一樣，吃起來沒肉，丟了又可惜。在這裡顯然沒有益處，魏王當然要盡早班師回朝。」夏侯惇恍然大悟，於是也跑去收拾行李了。

　　而曹操這時還在想著怎麼攻打劉備，突然聽到士兵們都興高采烈地嚷著回去了。曹操問明原因，知道是楊修以雞肋分析作答，這次他再也不能忍受

楊修了，他憤怒地說：「楊修動搖軍心，造謠生事，其罪當誅！」說罷，就令人將楊修拉出去斬首了。

被砍了頭的楊修，至死也不明白自己把聰明用錯了地方，這也是楊修年輕氣盛、不諳政治、隨便說話的後果。

小知識

楊修的祖先楊喜在漢高祖時期建功，被封為赤泉侯。其後，楊修高祖楊震、曾祖楊秉、祖楊賜、父楊彪可謂一門四傑，歷任司空、司徒、太尉，均為三公之位。可以說，楊家是兩漢時期歷史最古老的名門世家，而楊修正是在這樣聲名顯赫的環境中長大成人的。

第三章

不是外戚掌權，
就是宦官亂朝

政治暴發戶
——竇憲絕處逢生

故事 49

　　漢章帝去世了，留下年僅十歲的幼帝和竇太后面對朝中一眾文武。幼帝無法自理朝政，只好讓竇太后臨朝稱制。可是管理心思各異的文武百官，竇太后能夠依靠的只有他的哥哥竇憲。

　　可是竇憲真靠得住嗎？畢竟竇憲在過去曾倚靠妹妹的關係為非作歹，如今竇太后執掌朝廷，竇憲豈不是要變本加厲？可是竇太后除了能想到讓竇憲幫助自己，再也找不到其他合適人選。即使竇憲為人不可靠，再怎麼說也是自己的哥哥，總不至於傷害親妹妹和外甥。

　　於是，竇憲終於有機會再次崛起，並以侍中的身分入宮主持機要。竇憲升官之後，又將其他的竇氏兄弟也提拔了起來。一時間，朝廷裡的重要部門都是由姓竇的在把持。

　　權勢熏天的竇憲又迷失了自己，開始為非作歹。

　　竇憲在竇太后眼皮底下明目張膽地殺人放火，竇太后久居深宮，而身邊人又都被竇憲控制，自然不知道竇憲的行徑。

　　竇太后不管竇憲，就更沒人管他了，竇憲在這段時間可以說是風光無限，無人能比。

　　不過竇憲的得意日子並沒有長久，在章帝的葬禮上出現的劉暢徹底搶了竇憲的風頭。劉暢這個人八面玲瓏，為人又風流，很討竇太后喜歡。竇太后常常召劉暢入宮，久而久之，竇憲就被竇太后冷落了。

年輕守寡的竇太后沒事找劉暢解解悶本是無可厚非，可是竇憲這個做哥哥的卻吃起醋了。畢竟竇憲平日都是仗著竇太后的權勢才敢橫行霸道，假使劉暢成為竇太后的心腹，自己的地位很有可能會受到劉暢的威脅。

　　面對劉暢這個絆腳石，竇憲下定決心要踢開他。而解決劉暢對竇憲來說並不是什麼難事，畢竟竇憲做別的事不行，培養刺客還是很在行的。

　　於是，一天夜裡，竇憲派刺客潛入劉暢的家中將其殺害。

　　劉暢死了，竇太后大怒，當即下令讓竇憲徹查此事，追查兇手。

　　竇憲從竇太后這裡領了命令，雖說自己就是幕後指使人，但總不能跟竇太后說實話。怎麼辦呢？竇憲只好演一場作賊喊捉賊的戲給竇太后看。等到竇憲累了，就把劉暢那個遠在臨淄的弟弟劉剛抓來當替死鬼，說劉暢、劉剛兩兄弟不和，劉剛因此殺了劉暢。劉剛被竇憲搞得一頭霧水，大喊冤枉說劉暢出事時自己沒在洛陽。

　　劉剛伸冤其實是白費心力，竇憲擺明要把罪名嫁禍到劉剛頭上。你說自己沒在洛陽，但是你可以找刺客行兇。現在又抓不到刺客來對質，誰能證明刺客不是你派來的呢？

　　竇憲這種指鹿為馬的行為，雖然朝中眾臣心知肚明，可是竇太后卻相信了，於是判決劉剛死罪。

　　在劉暢的案子定案時，有一個人自告奮勇申請重審此案。這個人名叫何傲，是太尉府的一名普通官員。何傲官職雖小，可是膽大如斗。當何傲前往青州重審此案時，竇憲急了，又是阻撓又是刺殺。竇憲欲蓋彌彰的行徑終於令自己自露馬腳，劉暢之死的謎團也終於真相大白。

　　竇憲在證據面前啞口無言，竇太后這時也終於知道竇憲長期以來的所作所為。這次竇太后徹底對竇憲死心，不再包容他的胡作非為，下令將竇憲軟禁在家中。竇憲這下子算是完蛋了，可是就在竇太后不忍殺竇憲期間發生了

匈奴入侵的事情。而竇憲彷彿抓住了救命稻草，主動申請對抗匈奴。

　　說到底竇憲畢竟是竇太后的親哥哥，竇太后看到有機會能給竇憲將功贖罪便也應允了。

　　就這樣，本來已經陷入絕境的竇憲再次絕處逢生了。

小知識

　　當初，竇憲曾倚仗自己的妹妹是皇后便以低價強買了沁水公主的田園。漢章帝知道這件事以後勃然大怒，罵道：「公主的田園你也敢搶，還像趙高那樣指鹿為馬，這是欺上瞞下，其心可誅！」竇憲意識到自己大禍臨頭，慌忙請妹妹竇皇后出面調解。竇皇后自己脫下了皇后的裝束，改穿妃子的衣服，去找漢章帝求饒認錯，這才免了竇憲的罪。

 故事 50 # 皇帝年幼誰當家
——鄧氏的權力之路

先說說鄧綏的出身：她的爺爺是開國元勳鄧禹，父親是死後被尊為神的鄧訓。而當時像鄧綏這種出身高貴又和政治沾邊的女子十之八九都要被送進宮給皇帝做老婆。

然而，鄧綏雖然出身名門，當時卻有一個女人的家族比鄧綏更為顯赫，而且這個女人又比鄧綏早入宮很多年，她就是漢和帝的陰皇后。因此，已經有了皇后的漢和帝無論日後多麼寵愛鄧綏，她也只能當一個貴人。

可是在後宮中，人人都想得到皇帝的寵愛，也都想擁有至高無上的權力。鄧綏的存在，儼然成了後宮女人嫉妒的對象，畢竟自從鄧綏進了宮，皇帝的心思便都花在她的身上。而看鄧綏最不順眼的則要數陰皇后了。

雖然，鄧綏入宮當了貴人平日對皇后十分恭敬，可是陰皇后還是擔心早晚鄧綏會因為漢和帝的寵愛把自己從皇后的位置擠下去。當然，陰皇后這種擔心也並不是沒有道理，畢竟在光武帝劉秀時期就因獨寵陰麗華而罷免了郭皇后。

陰皇后擔心鄧綏會奪走自己的后位，更擔心鄧綏會奪走漢和帝對自己的寵愛。然而越是擔心的事情往往越容易發生，不僅如此，就連在後宮中自己身為皇后的聲望也沒有鄧綏來得高，這令陰皇后更加惱火。

不過，鄧綏雖然得到了和帝的寵愛，卻要時常為自己的日後做打算，因為和帝的身體狀況一直都很糟糕，一次大病，幾乎要了他的性命。而在這次和帝病重時，鄧綏心知假如和帝一死，權柄必然要落入陰皇后手中，到時候

陰皇后貴為太后，自己又失去和帝的庇護，搞不好下場會像當年的戚夫人那般淒慘。想到這裡，鄧綏不禁打了一個冷顫，於是準備了毒藥，預備在和帝駕崩後，自己也跟隨和帝服毒自盡。

可是老天這次卻很眷顧和帝與鄧綏。病重的和帝竟然在生死一線間掙扎過來了，鄧綏也算暫時鬆了一口氣。

但是陰皇后這時候再也等不及了，她只要一天看到鄧綏待在和帝身邊就感到不痛快。於是，陰皇后計畫聯合自己的外婆搞巫蠱弄死鄧綏，這樣一來自己就再無妨礙了。

現在想來陰皇后實在愚昧，整人竟然要依靠鬼神，可是在當時科技不發達，皇帝又是統治核心的古代，巫蠱這種事情簡直比謀反還要罪不可赦。也不知道陰皇后是一時情急還是自己胸有成竹，竟然給了鄧綏當皇后的機會。

陰皇后搞巫蠱一事被揭發後，陰氏滿門都因此遭殃。而這期間，鄧綏也沒閒著，每天跑到和帝那裡請求網開一面。其實誰都知道，陰皇后搞巫蠱和帝不處死她已經是很大的寬恕了，放過陰皇后根本是不可能的事情。可是鄧綏偏要情深意切地求和帝顧念夫妻之情。鄧綏的這種做法雖然對陰皇后沒有幫助，但是卻幫助了自己在和帝心中樹立更好的形象。

陰皇后的事情告一段落後，鄧綏自然被立為皇后。過沒多久，和帝去世，鄧綏直接從皇后身分過渡成為太后。

可是有一件事情鄧綏要面對，就是她和陰皇后都沒有生過孩子，而和帝的皇子裡面健在的只有一個年長的劉勝和一個不足百天的劉隆。因此，鄧綏必須從這兩個皇子裡選出一個立為皇帝。

按道理講，應該由年長的劉勝即位。可是鄧綏明白，如果讓劉勝當皇帝，他自然會把感情傾注於自己的生母，而且劉勝有他的想法，一定不受自己的控制，所以便選了年幼的劉隆登基。

小皇帝劉隆登基，按照慣例，鄧太后要臨朝了，這也開啟了鄧太后的權力之路。而鄧太后憑藉自己的才能竟然足足統治東漢王朝長達十五年之久，也算是東漢有史以來最高權力的女人了。

小知識

　　雖然鄧太后臨朝聽政，不過值得稱讚的一點是，漢和帝生前打擊外戚，在其死後雖然也有很多鄧氏族人希望打著鄧太后旗號作威作福，可是都被鄧太后壓制下去了。在她統治期間，並沒有出現外戚掌權的現象。

當個皇帝不容易
——劉懿與閻氏戚族的交易

故事 51

　　閻姬當上皇后靠的不是才幹，也不是運氣，更不是寵愛，而是因為特殊的關係。說到閻姬的後臺可輕視不得，那個人在當時可是最高權力者——鄧太后。按理說鄧太后姓鄧，閻姬姓閻，兩人應該沒什麼關係，可是偏偏閻姬的母親是鄧太后的弟媳，這麼一論在後宮中兩個女人自然要親近很多了。

　　有了鄧太后這個靠山，閻姬的皇后生涯簡直順利極了，根本不用擔心哪天皇帝不寵愛自己會使她位置不保。但是閻姬在後宮生活還是有她的期盼，她盼著自己的老公早點死掉。

　　雖然閻姬這種想法大逆不道，可是在東漢時期看來也不是沒有她的道理。畢竟東漢的皇帝一個比一個死得早，哪個要是長命反而顯得不正常，而皇帝死後基本上都要太后出來掌管朝廷。所以，閻姬也盼著自己早日成為太后，或許她可以像陰太后、竇太后、鄧太后那樣威風八面。

　　西元一二五年三月，漢安帝終於死掉了，閻姬也如願以償地當上了太后。既然已經有太后執政的先例，加上前任鄧太后獨自掌控朝廷十五年，閻姬此時對權力的渴望已經無法抑制了。

　　閻姬從閻皇后變成閻太后，她穿上太后鳳袍後第一件事就是成立屬於自己的閻氏集團，繼而把持朝政。

　　可是，閻姬沒有孩子，這就要苦惱立誰當自己的傀儡皇帝了。畢竟別人家的孩子既不跟自己一條心又不受自己控制，搞不好養大了還反過來咬自己一口。而這時，朝廷裡在立儲君這件事上輿論明顯傾向於濟陰王劉保。這可

嚇壞了閻姬，畢竟自己身上還背負著殺害劉保母親的血債，倘若劉保繼位，那豈止是和自己不親近，簡直會要了自己的命。

當初，宮女李氏因為曾得到安帝的臨幸，生下一子，取名劉保。閻姬因此妒性大發，將李氏毒殺。元初七年（西元一二○年），李氏所生的皇子劉保，在皇太后鄧綏的支援下被立為皇太子。閻姬一直未能生養，即便她對太子劉保心懷不滿，此時此刻也無可奈何。鄧太后病死之後，安帝親政，閻姬頓時精神都來了，在對付鄧氏外戚的同時，將閻氏一族加官晉爵。隨後，閻姬又誣告太子劉保謀反，慫恿安帝廢黜太子劉保，貶為濟陰王。

閻姬想來想去，覺得必須要盡快選定皇帝接班人，將局勢穩定下來。於是，便找來自己的兄弟閻顯詢問意見。閻顯想了想，既然閻氏家族要掌控朝廷的權力，那麼就應該選一個好控制的皇帝，並且這個皇帝要年紀小，這樣才萬無一失。按照這個標準，閻顯想到了濟北王劉壽的兒子劉懿。

定下了皇帝人選後，閻顯便以大將軍之威，迎接少帝劉懿登基了。當時的劉懿尚不通人事，劉壽將自己的兒子劉懿送到皇帝的位置，雖然有無奈的成分，可是無疑也是和閻氏集團做交易。而這個過程中，最重要也是最無辜的劉懿反而處於風暴中心，自己成為權力過渡的籌碼，可是他卻渾然不知。

劉懿在位不到半個月，閻太后就將朝廷變了一個樣，凡是管事的官員一律撤掉，全由自己閻氏家族人頂替，而閻顯兄弟在閻太后的支持下更是把持了朝政。

可是閻氏家族的好夢並沒有做太久就被現實的冷水潑醒了：劉懿去世了！

雖然當時大家對皇帝不長命早就習以為常，可是閻氏家族怎麼也沒想到竟然不到兩百天劉懿就得病去世了。劉懿死後，沒了皇帝做招牌的閻氏家族再也沒辦法囂張下去，但是他們一時間又找不到第二個合適人選接替皇帝位置。就在這段政治空窗期，原本擁護濟陰王劉保的人再次籌畫立劉保為帝。

而劉保想要登基，首先要將閻氏勢力剷除才行。於是，在一場精密的策劃下，宦官孫程等人將閻顯兄弟誅殺，而劉保自然被擁立為新任皇帝，是為漢順帝。對於這個皇帝寶座，劉保也算是失而復得了。

太監推來個漢順帝
——宦官粉墨登場

　　劉保當上皇帝也是幾經波折，可是他此時卻比其他的皇帝更能感覺到「高處不勝寒」。這年劉保不過十一歲，卻經歷了幾番大起大落，小小年紀就有了一顆老成的心。在詭異的政治氣氛下，劉保覺得每個人都可能會陷害自己，不知道自己可以相信誰。

　　當然這也不能怪年幼的劉保內心陰暗，畢竟他過去所經歷的事情的確是常人無法想像：小時候他的生母因閻皇后的妒忌被陷害殺死了，就連他的奶媽也不能倖免，沒了母愛庇護的劉保竟然到後來連他的父親也不喜歡他，因為漢安帝聽信了讒言把劉保當成了妖怪。生在帝王家的劉保本來就不像平常人家的孩子那樣感情豐富，在這一系列的刺激下，他的性格變得越加孤僻。

　　可是，劉保身邊也並不是沒人對他好，那就是以孫程為首的一些宦官。

　　孫程從漢安帝時就被任命為中黃門，職務主要是看守宮門，相當於皇宮的保全人員或門衛。鄧太后執政時，並沒有極力排擠宦官勢力，還比較信賴孫程，封他為中常侍。

　　西元一二六年，漢安帝在南巡途中病死，閻氏家族與宦官江京陰謀勾結，將濟北王劉壽的幾個月大的兒子劉懿立為新君。不過這個嬰兒沒活過幾個月就夭折了，閻皇后打算另找一個小孩來替代。但是這時朝中力量已經開始有所轉變了，許多大臣都把皇位繼承人的目標定為前太子，也就是如今在外的濟陰王劉保。

　　這時宦官集團內部也鬧分裂，一派以江京，李閏為首，另一派就是以孫

程為首。江京依附於外戚勢力，孫程屬於鄧太后的陣營，一直與江京不和，鄧太后死後他就被孤立起來。不過他現在身為中常侍，好歹也是高級宦官，有一定的實力，所以一心尋找發跡的機會。

江京憑藉外戚勢力，權力暫時比孫程大，孫程總覺得這個冤家一天不除，自己就難有出頭之日。正好，這次立新君的行動為孫程提供了難得的機遇。

孫程先與濟陰王的使者暗中通信，表示認可濟陰王的嫡系血統，保證擁立他為皇帝，乘機除掉奸臣江京等宦官勢力和閻氏家族。使者答應並向濟陰王報告，孫程被秘密囑咐全權負責，妥善安排計畫好這次機密任務，事成之後將會受到重賞。

於是，孫程聯絡自己集團裡的王康、王國等十八個宦官，在德陽殿西鐘下集合，密謀策劃。為了團結力量，這些太監舉行了斷衣起誓的儀式，開始進行政治「投機」行動。行動安排在兩天後的晚上，孫程知道這天是江京一夥人值班，正是下手的好機會。孫程這十九名宦官操起兵器，集體闖入章台門，將值班的江京、劉安、陳達等這些死對頭殺死，只有李閏被留下活口。因為李閏在內宮裡有些威望，孫程想讓他降服其他宦官黨羽。

事情進行得非常順利，很快地他們又來到德陽殿西鐘下，共同宣布詔令擁立濟陰王為新任皇帝，即漢順帝，同時召集各位大臣迎接皇帝御駕。

孫程還命令禁衛軍封鎖各個宮門，逮捕閻氏黨羽，並及時處死。

第二天，劉保從閻太后手中奪回玉璽，正式登基，將閻氏家族流放到邊關之地。宦官孫程是這次事變的策劃者，也是其中的積極參與者，功勞最大，被封為浮陽侯，其他的十八人也全部被封侯。

從此，他們在朝中聲望日隆，甚至被稱讚其功績堪比漢朝開國功臣韓信、彭越等人。

隨著劉保長大成年，對於孫程的依賴也慢慢減弱，可是孫程卻仍然習慣

對劉保指手畫腳，久而久之，劉保開始疏遠了孫程。

　　沒了孫程的劉保，自然要尋找第二個可以信任排憂的人。而劉保似乎已經養成了一種依賴宦官的性格，離開孫程後劉保又和宦官張防親近起來。可是張防並沒有孫程的骨氣，他對劉保只是趨炎附勢地討好，更沒有經歷過宮中的變動。因而張防這個角色，完全是教唆劉保的反面教材。

　　張防恃寵驕縱，收受賄賂，屢次被正直的司隸校尉虞詡彈劾，漢順帝沒有理睬，虞詡就來一個狠招，讓人把自己捆綁起來，自投監獄中，說不懲治張防就不出來。這有點威脅皇帝的意思，張防乘機親自審訊虞詡，想置他於死地。

　　宦官孫程還算有點正義感，很敬佩虞詡的剛直忠誠，進宮向皇帝上奏，為虞詡辯解求情，希望把他釋放，應該將張防送進監獄才對。《後漢書》裡記載，孫程給皇帝說這一番話的時候，張防就站在漢順帝的身後，孫程義正辭嚴地指罵他：「奸臣張防，還不下殿去！」張防自知理虧，難以抗辯，不得已退出了東廂房，這時他又聽見孫程向皇帝說：「陛下應該儘快將張防關入大牢，不要讓他向您的乳母求情。」張防聽後也無可奈何。

　　事後，孫程又上表陳述虞詡的功勞，皇帝把他釋放出獄，並且提拔他為尚書僕射。由此可見，並不是所有得寵的宦官都在作惡，孫程還是做了這件好事，值得後人表揚。不過由於孫程這次做事過於激烈，致使皇帝對他有所不滿，不久將他免官，後來漢順帝經過反思，又把孫程加封為宜城侯。

　　鑒於孫程在其分封地的表現良好，皇帝也對這位昔日功臣非常想念，兩年後，把他調回京城，官封騎都尉，掌管羽林軍，與宰相的地位不相上下。

　　西元一三二年，這位大宦官在職病逝，皇帝親自封他諡號為「剛侯」，並讓他的弟弟繼承其封地，他的養子程壽繼承其爵位浮陽侯，以及一半食邑。

　　一個小小的太監最後能掌管皇宮禁衛軍及京城軍事權，只有受到皇帝的萬分寵信才會被委以這樣的職務，而且他死後還受到如此格外隆重的待遇，

可謂生榮死哀。

　　沒有這些宦官，就不會有漢順帝的繼位，皇帝為了再次回報他們當初的功勞，在孫程的提議下，西元一二九年，漢順帝專門頒布一道詔書，特許宦官可以無限制收養兒子，並且養子可以世襲其爵位。

　　這個特權顯示了皇帝對宦官的恩寵，卻無限制地增長了他們的權勢，從而造成長期宦官專權與外戚專權同樣惡劣的局面。

不顧身分的結盟
——梁商明哲保身

故事 53

回顧一下外戚的統治史，其實有很大的相似性，都是開頭很風光，結局很悲慘。可是在權力洗腦下，能看清這一點的人並不多，相反地，有更多的人都願意相信自己可以創造美好的結局。

不過，頭腦清醒的人還是有的，那就是梁商。

說到梁商可能瞭解他的人很少，但說到他的兒子梁冀想必大家都知道。不過，梁冀的劣根性卻不能用「有其父必有其子」來表述，關於梁冀的無法無天，只能說是他自己後天發展出現了問題，完全脫離了父親的教育體制。

西元一三五年，梁商從執金吾一躍升為大將軍，此時這位皇帝岳父已經站上了人生最高點。可是在他接受任命過程中，卻是幾經波折，而拖延他升任大將軍的原因卻是他自己。

原來，梁商在一年前就已經收到了皇帝的任命，可是自幼熟讀經史子集的梁商並沒有因此高興。他的第一個反應是要推掉任命，於是，梁商開始在家裝病。可是梁商在床上躺了一年還是沒能改變皇帝的決定。當時皇帝正寵愛皇后梁妠，對梁商這個謙虛謹慎的岳父也是非常滿意，自然認定大將軍人選非梁商不可。推了一年都沒推掉大將軍一職的梁商只好接受任命。就這樣，梁商很不情願地成了皇帝一人之下最有權力的人。

當了大將軍的梁商不僅沒有因此得意，反而待人處事更加低調。在他看來，自己能獲得高位並不是因為自己真的有實力，而是因為皇帝寵愛自己的女兒，給這位岳父面子才加封他的。除了梁商這種謙虛想法外，還有更重要

的一個原因是梁商看破了外戚得勢的因果。回顧外戚史的發展，盛極一時的竇戚集團何在？無法無天的閻戚集團何在？梁商自然是聰明人，他知道盛極必衰的道理，所以在盛寵面前，不但沒有因此得意，反而越來越謙卑。

謙卑的梁商在朝廷內外獲得一致好評，加上他有軍功在身，稍不留神便又吸引了一群粉絲。梁商此時雖被皇帝器重，可是他更明白功高震主的道理。此一時彼一時，即使梁氏有一定勢力，但宮裡的太監也不是好惹的，畢竟皇帝對曹節、曹騰這些太監還是十分倚重。

懂得官場相處之道的梁商這時做了一個決定：結盟太監。這看似很不顧身分地位的決定，卻是真正捍衛了梁商在朝廷的根基。當有了太監們不時在皇帝身邊替梁商說好話之後，重權在握的梁商徹底得到了皇帝的信任，而對於皇帝的動態梁商又能在第一時間從太監那裡得到消息。這樣一來，梁商不僅保證了自己的人身安全，還穩固了自己的權力地位。

不得不說，梁商左右逢源的本事是一流的，在他謙卑謹慎的性格配合下，雖然在他任期的六年裡並沒有做過什麼豐功偉業，可是他卻和身邊的同事手下都相處得很好，可以說人緣好極了。即使在習慣性分幫分派的政治中梁商也能從容應對，贏得各方勢力對自己的支持和尊重。

西元一四一年，梁商病逝。這位真正擁有大智慧的大將軍完全用人格魅力征服了認識他的人。梁商死後，即使他生前囑咐過多次要將葬禮辦得簡單點，皇帝還是沒有聽這位岳父的遺言。為了表示對梁商的追念和尊敬，也為了不給皇后丟臉，皇帝為梁商辦了一場世紀葬禮，其隆重場面不亞於帝王。

小知識

　　梁商經常舉薦賢能，京城人對梁商的評價很高。而梁商在饑荒時，又將自家的稻穀運到城門口，賑濟那些沒有糧食吃的災民，並將此歸功於國家。然而，在梁商掌權期間，梁氏一族的崛起，也造成其子梁冀日後的專權。

東漢的十年黑暗

故事 54

——梁冀的跋扈統治

　　九歲的質帝因為一句「此跋扈將軍也」，被梁冀明目張膽的毒死了。在梁冀的流氓政治統治下，就連他手下的一個普通小官都不可一世。

　　這時候東漢的政權已經牢牢被梁冀掌握在手中，不僅朝廷內外都遍布他的勢力，就連皇帝身邊也都是他的眼線。在梁冀未倒臺的前十年裡，東漢王朝可以說完全進入了最黑暗的十年時期。雖然過去還有像李固這樣正直的官員，可是當梁冀不論罪證地將李固強行處死之後，原本就為數不多的正直官員也陸續向梁冀屈服。

　　其實，用「跋扈」來形容梁冀，完全是含蓄的說法，梁冀的橫行霸道，已經到了殘忍的地步。

　　當時，梁冀為了自己狩獵方便，就在洛陽城西邊建了個「兔苑」。都城周圍數十里的地方，全都圈起來養兔子。可是兔子難免有亂跑的時候，百姓在山上打獵碰到了難免會誤殺，畢竟兔子身上沒寫著梁冀的名字，可是梁冀卻不能容忍這種事情發生。一旦抓到誰獵殺了他的兔子，立即就處以極刑。有梁冀這麼殘暴的行為，洛陽附近的百姓即使在山上碰到了野兔都不敢獵殺，生怕被梁冀找碴喪命。

　　可是，雖然洛陽人都知道不能隨便抓兔子，但是外地人不知道。有一次，有個從西域過來的人恰好獵殺了梁冀的兔子，結果梁冀出動官府挨家挨戶的抓人搜索，只是因為一隻普通的兔子，活活草菅幾十條人命。

　　梁冀養個兔子就要圈十幾里地，他的宅邸又建得宛如一個皇宮，如此窮

奢極欲的生活，以梁冀的俸祿和非法所得恐怕也難以維持。面對入不敷出的財政狀況，梁冀想了兩個辦法解決資金問題。

第一個辦法就是收「進門費」。當時每天都有很多官員要到梁冀家拜訪，如果想進入府裡，就乖乖地把錢交上來。久而久之，梁冀府上看門的人都腰纏萬貫。

如果說梁冀的第一個辦法很缺德，那麼梁冀的第二個辦法簡直就是過分。當時有個首富叫士孫奮，梁冀就派人給他送了匹馬。送馬幹什麼？換錢！換多少錢？五千萬！一匹馬五千萬，這種事不論落到誰身上都不好受，可是士孫奮偏偏吝嗇，憋了半天只拿出三千萬給梁冀。

梁冀拿著錢，心裡很不高興：我要五千萬你卻只給我三千萬，這顯然是不把我當一回事啊！

梁冀敲詐不痛快，後果很嚴重。士孫奮的母親直接被抓進大牢，罪名是什麼？偷梁冀家的東西。

梁冀這個謊話編得離譜，可是百姓們面對梁冀的暴行除了視而不見又能怎樣？抓了士孫奮的母親後，梁冀又想把士孫奮家的財產據為己有。於是，士孫奮一家老小都被抓了進去，每天嚴刑拷打，家產全部沒收。不用說，士孫家幾代累積下來的財產就都成了梁冀的私有財產了。

有了梁冀這個混世魔王在中央做壞榜樣，這時候國家已經完全失去了秩序，官員們相互勾結中飽私囊，地方惡霸也開始肆無忌憚地燒殺搶奪，無惡不作。而在這最適合惡棍流氓生活的黑暗十年裡，無權無勢的百姓們簡直是民不聊生，苦不堪言的百姓在各方的權勢壓迫下，徹底對生活失去了信心，幾乎每天都有幾百人死於非命或無奈自殺。

可是梁冀施行淫威的日子仍然繼續下去，沒有人可以阻止他，就連皇帝也要生活在他的施捨之下。即使收到貢品，也是梁冀先挑，而皇帝只能撈點梁冀不屑一顧的剩餘貢品。而對於不給梁冀送禮的人，只好等著被梁冀送去

腰斬了。

當初，梁冀得知洛陽縣令呂放曾向自己的父親梁商說了自己很多壞話，就派人將呂放刺殺了。可是梁冀又怕梁商知道，便將刺殺呂放的嫌疑嫁禍給呂放的仇家，又跑去請求將呂放的弟弟呂禹任命為洛陽令。等到呂禹有了權力後，第一件事就是捉拿呂放的仇家，將其整個宗族及一百多個賓客全都殺掉。

故事 55

容不得外戚再放肆
——漢桓帝封侯宦官

　　西元一五九年六月的一天，桓帝第一次笑了，因為梁太后死了。要知道梁太后在世時，桓帝除了每天要看梁冀的臉色，還得忍受梁太后這個老女人的更年期，日子過得實在不痛快，別說沒有皇帝尊嚴了，就是連基本的男人尊嚴都無法維持。

　　等到梁太后一死，無論梁冀再怎麼跋扈囂張，也還是得倒吸一口氣，畢竟他有今天，是靠著梁太后的關係。如今重要棋子不見了，這對於梁冀的地位還是有所動搖的。於是，梁冀把一個叫鄧猛的女人送進宮中給桓帝當老婆。

　　鄧猛是梁冀的養女，當時朝中有一位叫鄧香的大臣剛死不久，梁冀就霸占了他的妻子宣氏，還把宣氏所生的女兒鄧猛送進宮裡給皇帝做嬪妃。

　　美貌的鄧猛果真受到漢桓帝的寵幸，被封為貴人。

　　梁冀這一招其實是透過「賄賂」皇帝，來掩飾自己醜惡的非法行徑。

　　可是看到鄧猛得到皇帝的寵幸，梁冀便居心不良了，想讓鄧猛改姓做他的女兒，卻又擔心她的姐夫邴尊不答應。為了預防邴尊從中作梗，梁冀狠心痛下毒手，派人刺殺了邴尊，接著又想殺宣氏來滅口。

　　宣氏把這個消息告訴自己的女兒鄧猛，希望皇帝幫忙解救。

　　桓帝早就因外戚不把自己放在眼裡而怨憤不滿，現在聽說大將軍梁冀目無王法，竟然要殺害自己的丈母娘，便藉此機會決心除掉這個「毒瘤」。

　　由於朝中上下大多都是梁冀的爪牙，皇帝首先得找到得力親信和幫手才

能有成功的機會。

在一次上廁所時，漢桓帝暗中問身邊的宦官唐衡有哪些人跟梁冀不和，唐衡知道內情，說出四個人：中常侍單超、小黃門史左悺、中常侍徐璜、具瑗，加上自己，他們就是日後被封為「五侯」的太監。

桓帝立即把單超等五人秘密召進宮裡，同他們商量怎樣才能誅殺大將軍梁冀，並讓他們暗中策劃這場行動。

單超拍胸脯回答說這事好辦，不過卻附加一句：「如果皇帝心中狐疑，說不定就會壞了大事。」其實單超是希望皇帝能夠完全信任自己，全權讓他們處理。漢桓帝給了他們保證，同時要他們必須忠於王室，單超伸出手臂，讓皇帝在自己的手臂上狠狠咬一口，於是君臣六人歃血為盟。結盟之後，漢桓帝就把事情全權託付給這五人，讓他們回去好好密謀策劃一番，最後再給一點壓力：只許成功，不許失敗。

單超雖然口頭上對皇帝說事情不難，但要解決掉梁冀其實並不簡單。單超盤算之後又把另外三位宦官拉攏進來，壯大實力。不過很快地這些人的行蹤就被梁冀懷疑，梁冀派了自己的親信張惲嚴密監視。

不過這並不礙事，這個間諜不久就被單超秘密逮捕，然後趁勢在桓帝的命令下，單超這幾位太監連夜帶領羽林軍包圍梁冀的將軍府邸，第一時間就收繳其將軍印，解除了他的兵權。

梁冀無奈自殺，梁氏家族其他成員第二天統統被逮捕，無論男女老少都被處以死刑，與梁氏家族有關係的官員也被罷官降職。

這次掃蕩之後，幾乎讓中央部門為之一空，可見梁家勢力之大。梁家被搜查後，其財產總數竟然達三十多億，數額驚人。

徹底除掉了一大批外戚勢力，桓帝心裡踏實許多，從此算是高枕無憂，真正掌握了皇權。

這次政治行動中，無疑是這五個宦官立了大功，桓帝曾允諾要厚賞他們，並沒有食言，第二天就同時加封他們五人為王侯爵位，賦予他們朝政大權。

　　這五人可謂是一次行動就贏得榮華富貴，錢、權、地位、身分都有了。如果把這看作是一筆生意，他們算是大賺了，按理說也應該知足。然而人的欲望就像是無底洞，沒有止境，尤其是權力越大，野心就越大，這是官場的規律。這五個權宦開始利用職權，逐漸把持朝政，漢桓帝皇權再度旁落，朝廷再次陷入黑暗混亂的局面，比起外戚專權時更是有過之而無不及。

　　當然，宦官專權是源自於得到漢桓帝的寵幸和信任，所以他們的違法犯罪行為幾乎都受到皇帝的默許。尤其在新豐侯單超得病後，皇帝還特意派使臣加封他為車騎將軍，表示真切慰問。第二年單超病逝，皇帝為他隆重厚葬，賜予他皇家金棺，以及陪葬的各種金銀珠寶，並贈他侯將軍印。發喪那天，皇帝派出五營的騎士形成規模浩大的護棺隊伍，其墓地建造裝修得非常豪華氣派。

　　老大單超死後，其餘的四位王侯卻無法無天，專橫跋扈，毫不收斂，更加肆無忌憚地魚肉百姓，民間於是給他們取了外號：「左回天，具獨坐，徐臥虎，唐兩墮。」意思就是指左悺權勢之大如同有回天之力；具瑗嬌貴無人匹敵；徐璜就像躺臥的老虎外表看似沒有危險，卻隨時顯露兇猛的面目；唐衡則隨心所欲，無人可以抵擋。

　　這四人之間競相建造高級別墅和宮邸，連私人座駕以及寵物都是披金戴銀，隨意揮霍，四處炫耀。這些太監因自己的生理缺陷而終身遺憾，為了挽回面子，故意娶了一群美女作姬妾，把她們打扮得如同宮女一般。此外，他們的家奴受到的待遇也非比尋常，每人被分配一輛「自用車」——牛車作為坐騎。為了傳承他們的封地和爵位，四侯在其親屬家族裡，甚至平民百姓家中大肆收養子。在其管轄區裡，他們的親戚朋友被隨意委任為地方要職。在這群不法之徒的管理下，當地百姓不得不受剝削之苦。這群閹黨的醜惡行徑

幾乎就跟強盜沒有兩樣，因而被公眾輿論紛紛評為國中「蠹害」。

徐璜的侄子徐宣為下邳令，向來暴虐異常，有一次在光天化日之下明目張膽地強搶太守之女，強姦之後並把她射死，埋在寺院裡。東海相黃浮剛正不阿，將涉案之人全部逮捕歸案，處以死刑，事後徐璜向桓帝告狀哭訴，桓帝不問是非，竟然將黃浮貶官，並施以剃髮之刑。此後，群臣中再也沒人敢過問五侯家族的犯罪事件了，致使宦官權勢由此膨脹，達到無以復加的地步。

這五侯的宗族，甚至連同其賓客常年在百姓頭上作威作福，人們再也難以忍受他們的剝削和欺凌，被逼上梁山，紛紛變成賊寇，社會秩序一片混亂。

東漢王朝從此搖搖欲墜，朝不保夕了。

小知識

單超，桓帝初期擔任中常侍。之後幫助桓帝誅滅外戚梁冀集團。單超作為策劃和行動首領，功勞最大，被封為新豐侯，食邑兩萬戶，其他四人食邑均為一萬戶，此外，他們還都受到賞錢百萬。

故事 56　外戚與宦官的鶴蚌相爭
——袁紹漁人得利

　　東漢兩百多年的宮廷史，大多數時間都很單調，不是外戚掌權就是宦官掌權，雖然也有外戚和宦官一同掌權的時候，但兩者能攜手共存禍害朝政的情況並不多見，多半是一方占據優勢。

　　東漢皇帝多短命，又自開國武皇帝起留下了獨寵陰麗華的先例，以致外戚這一群體作威作福。當短命皇帝歸天後，年幼的繼承者尚不能自理，更不用說執掌朝政了，這時候就需要太后站出來為皇帝撐腰。在太后執政的情況下，能倚重信任的人只有自己的父親兄弟，權利自然落到了外戚手中。但是到了靈帝劉宏這一代，宦官在宮內幾經起落，也已經成為一方勢力，此時擔任上軍校尉的宦官蹇碩儼然大權在握。

　　西元一八九年四月，漢靈帝病重，能夠接下皇位接力棒的候選人只有何皇后所生的劉辯與王美人所生的劉協。按照慣例，立何皇后所生的的兒子為太子是很正常的，可是劉辯因舉止輕佻淺薄，不受靈帝喜愛，但廢嫡立庶又不合法度，這使靈帝十分為難。

　　皇帝苦惱，有宦官分憂。這群全天候伺候皇帝吃喝拉撒睡的人，自然明白靈帝的心思，他們也不希望由劉辯繼承皇位。假使劉辯登基，按照舊例，何皇后就要以太后的名義臨朝，政權自然旁落到外戚何進手中。這樣一來，以蹇碩為首的宦官集團就要被打回卑躬屈膝的位置了。但如果是劉協登基，情況可就大不相同，劉協的母親地位低微，要臨朝基本上沒有靠山，以何進為首的外戚集團已被踢出局外，權力自然還不是牢牢掌握在宦官手中嗎？

於是，蹇碩就想到一個把何進這個絆腳石踢開的辦法：既然何進是大將軍，那就調他出征好了。沒多久，蹇碩就以韓遂作亂為由，把何進調到前線平叛去了。沒有何進在京城礙手礙腳，宦官們就可以為所欲為了。

可是在這生死攸關的節骨眼上，何進自然也要多留心，不然在這殘酷的宮廷鬥爭中，都不知道怎麼死的。因此何進使出了拖延計，他對靈帝進行了一番慷慨激昂的演說，大致意思也就是：國家在危急關頭需要我，我定當盡忠職守，但奈何此時兵力不足，所以要先派人去徐州徵集軍隊，這樣就能旗開得勝，為國效力了。

靈帝心想，既然何進已經答應離開京城，那隨他多待幾日也無妨，因此也就欣然應允了。

何進這一拖，沒多久就趕上靈帝病死了，到最後，太子也沒立成。

靈帝一死，代表著兩位皇子的兩方勢力：外戚集團和宦官集團便形同水火。論心狠手辣，何進自然不是蹇碩的對手，自古以來，有政變發生時，宦官總是行動先鋒，這群殘疾的閹人，在殘酷的宮廷裡孤注一擲地搏鬥廝殺以求美好的未來，對於這種沒有後顧之憂的人，何進是怎麼也比不了的。

靈帝屍骨未寒，蹇碩就企圖搞政變，藉此殺掉何進，擁立劉協為帝。於是，蹇碩設局請何進入宮商討大事。但百密一疏，蹇碩手下有一個名叫潘隱的司馬，此人和何進私交甚好，就偷偷向何進告了密。何進得知蹇碩計畫以後，轉而直奔兵營。

蹇碩沒有殺成何進，而何進又兵權在握，至此，這場博弈的勝負顯而易見了。

不久，劉辯登上了帝位，而何皇后順理成章地以皇太后身分臨朝稱制，此時何進無疑成為了權力最高者。正好這個時候，袁紹出場了。而這場兵不血刃的較量看似結束了，實際上到袁紹出場才是真正的高潮。

袁紹何人？前面說到何進為了拖延離開京城的時間派人去徐州調兵，被派出去的這個人正是袁紹。

　　此時袁紹回來，朝廷情勢已經是一派明朗。但何進尚未來得及策劃下一步的計畫，還要靠袁紹出謀劃策。而袁紹的計畫正是勸何進乘勝追擊，將蹇碩等人一網打盡。

　　何進當然也清楚此時的蹇碩如同餓虎，仍然對劉辯政權有一定的威脅，但他又不夠狠毒，在誅殺宦官一事上始終猶豫不定，傾向於將宦官們趕走了事。

　　無奈袁紹一逼再逼，於是，何進找到了何太后來商量此事。

　　誰知，隔牆有耳。

　　何進與何太后的談話哪裡能瞞過這些在深宮中無孔不入的宦官？蹇碩等人一聽，原來何進不是想將我們趕回家，而是要血洗內宮。俗話說狗急跳牆，何況是這些站在懸崖邊上的宦官。

　　就這樣，一時心軟的何進殺宦官不成反而成了犧牲品。

　　何進一死，舉朝官員都嚇呆了。

　　可是袁紹並不手軟，立即派他的弟弟袁術遣兵進京，一路殺進內宮，只要碰上宦官，無論老少，一律格殺勿論。

　　可是宦官的額頭上也沒貼著字，想準確辨認出來也不是那麼容易，最後大

【袁紹畫像】

家想出了一個辦法：只要是沒長鬍子的男人，一見到就殺掉。這次血洗皇宮，殺了兩千多人，連一些沒留鬍子的內宮官員，也被當成太監殺了。

經此血洗，外戚集團和宦官集團基本上都被瓦解了，何進死後，何太后所能依靠的也只有袁紹了。

經此一事，也直接奠定了袁紹日後的地位，可以說他是坐收漁利了。

小知識

魏書云「紹，逢之庶子，出後伯父成」。而關於他的身世則要從他的弟弟袁術傳中得知了：「袁紹從弟也，同父而異母。」由此可見，袁逢是袁紹的父親已經是鐵一般的事實，至於為何沒有關於袁紹生母的記載，以及為何又成了伯父袁成的兒子，只能說明袁紹是袁逢的私生子了。

「和平期」的到來
——漢靈帝的荒唐劇

故事 57

諸葛亮在《出師表》中有這樣一段話：「親賢臣，遠小人，此先漢所以興隆也；親小人，遠賢臣，此後漢所以傾頹也。先帝在時，每與臣論及此事，未嘗不歎息痛恨桓、靈也。」

那麼問題來了，究竟桓、靈二帝做了什麼事讓劉備生前如此歎息痛恨？

桓帝時期，梁冀把握朝政，橫行霸道。而到了靈帝執政，卻直接把權力丟給宦官享用，自己則沈溺玩樂，這也引發了日後的「黨錮之禍」。

不過，在靈帝看來，他是不需要為朝政操心的，因為在他統治時期，朝廷內外竟然出現一派和睦的情景。

朝廷之所以出現「和平期」，當然不是靈帝統治有方，更不是無人作亂。這段時期的出現，要「歸功」於宦官集團。

靈帝喜歡錢，於是公開賣官；靈帝喜歡女人，便建立裸遊館；靈帝喜歡玩扮家家酒，就在皇宮當小販。可是無論靈帝的行為多荒唐，宦官們都積極的支持他回應他，這就博得了靈帝的好感。

宦官有了靈帝撐腰，在朝廷裡就可以為所欲為了。

以王甫為首的宦官們做的第一件缺德事是策劃了一場「謀反案」，而在這場鬧劇中倒楣的是渤海王劉悝。不過王甫也不是沒事找事，他和劉悝還是有過節的。

至於王甫和劉悝的過節，要從劉悝被桓帝撤掉「渤海王」的封位說起。

劉悝應該是犯了什麼錯，惹得自己封位不保。這時，劉悝想到了一個人可以幫助自己，正是王甫。時值王甫在桓帝身邊正得寵，有了王甫在桓帝身邊替自己說好話，劉悝很快就恢復了「渤海王」的封號。可是，王甫和劉悝非親非故，既然幫了劉悝一定要有好處。這就得說到劉悝事前承諾的五千萬錢。劉悝做回了「渤海王」，卻拿不出說好的酬金，以王甫的小心眼當然不能忍下這口氣，就想辦法報復劉悝。

結果王甫的報復過了頭，竟然以劉悝與中常侍鄭颯勾結造反為由直接將兩人都滅了。可憐的鄭颯被無辜牽連，到死也不明白自己是哪裡得罪了王甫。

劉悝事件之後，王甫因舉報有功加官晉爵，變得更加囂張，本來不敢說話的朝廷官員也變得更加沈默。而那些被視為「黨人」的士人學子在「黨錮」的殘暴統治下別說大氣不敢出，連屁都不敢隨便放了。等到靈帝終於想起來還得上早朝時，發現官員的秩序竟然前所未有的平和。不僅規規矩矩沒人議論說話，在他提出荒唐意見時，還能聽到一致贊同的聲音。可是靈帝哪裡知道，這一切的「和平」是來自宦官們對「黨人」們無時無刻的監視。

難得的「和平時代」既然到了，靈帝更可以放心地玩。此時，靈帝已經無可救藥，王甫也越來越壞，壞到肆無忌憚無法無天的地步。

怎麼個壞法？殺人！

王甫可能是日子過得太安寧了覺得不痛快，就開始找各種理由殺人。據統計，在他任沛相的五年期間，一共殺了一萬多人，等於每年殺兩千人，每月殺兩百人，每天殺個七八人。很顯然，王甫已經是以殺人取樂了。

王甫殺人還不夠，還想著如何殘酷地將人凌虐致死。人死了也還不夠，還得大卸八塊扔到車上遊街。就這樣，在王甫任期的五年裡，百姓們夏天再也沒有聞過清新的空氣，只要一出門就是屍體腐爛的味道，簡直是人間地獄。

可是，靈帝已經荒淫到沒有底線的地步，誰還能管束王甫的行為，只有繼續維持著這種「和平期」，繼續忍受下去，直到靈帝和王甫完全從政治舞

臺退去。

小知識

　　據說，在漢靈帝統治時期，曾發生過三件怪事：其一是，寺廟裡的公雞變成了母雞；其二是，在溫德殿東院有一道黑氣從天而降，彷彿是黑龍；其三是，南宮玉庭後殿，曾出現過一道青色的霓虹。

故事 58　最差勁的計策
——何進死，天下亂

　　一人得道，雞犬升天。這句話彷彿註定要用來形容東漢的外戚家族。到了漢靈帝這一代，何皇后成了何氏家族的希望。

　　何皇后有一個同父異母的哥哥，名為何進。在何皇后受寵時期，這個何進也因此獲得不少好處，而對他來說最直接的利益便是被封為大將軍。

　　對照何進的升職史，正是一部何皇后的受寵史。

　　何皇后從貴人升為皇后，何進也被漢靈帝從郎中升為虎賁中郎將，再升為任穎川太守，接著拜為侍中、河南尹。

　　西元一八四年黃巾之亂爆發，何進從地方官員一躍成為兵權在握的大將軍。雖然何進一路高升是靠著妹妹何皇后的後臺關係，但領兵鎮壓暴亂這種事卻不能靠關係，他得真槍實彈和黃巾暴民血拼到底。在這次保衛京師鎮壓暴動的任務中，何進不負厚望地拿了滿分。

　　此後，何進的事業也進入了巔峰期，連同何氏一族都隨著進入黃金期。

　　西元一八七年，滎陽出現暴動，數千暴民不但把官署燒了，還把政府派去的地方官員給殺了。這不是公然反抗朝廷嗎？漢靈帝得知此事後，立刻派何進的弟弟何苗鎮壓匪賊。試想，數千個暴民沒有充分的物資，沒有優良的裝備，除了能夠在地方造個反，還能有多大的威力。這群人在正規軍面前簡直是以卵擊石。所以說，何苗領了這個任務，無疑是捧了寶箱只等著拿到匪賊首級這把鑰匙，就可以開啟寶箱過富足幸福的生活了。

當何苗帶著勝利回到京師時，漢靈帝親自幫何苗從寶箱裡拿出寶物：將他封為車騎將軍與濟陽候。

何進、何苗此時都已經羽翼豐滿，何皇后的位置也很穩定，何氏一族現在過得稱心如意。

然而，這時漢靈帝去世了。

漢靈帝一死，就要考慮立皇帝的問題。可是這裡並不是只有他們何氏有發言權。同樣有勢力的還包括漢靈帝生前寵愛的宦官集團。

不過，何進還是占了優勢，畢竟兵權在他手裡，自己的妹妹又是太后，所以最後還是外戚勢力暫時獲勝。

此時已經要改口叫何皇后為何太后了，但是宦官們對於結果仍然不滿意，這就成為何進可能倒臺的一大隱憂。於是，何進就想將宦官徹底打敗，只有這樣自己才能高枕無憂。

可是，不只是何進有這樣的想法，宦官們也同樣容忍不了何進的存在。而更可悲的是，何進沒想到自己竟然被妹妹何太后間接害死了。

何進死前，為了對付宦官，想了一個計策，就是命董卓進入首都。

這是個最差勁的計策，等於是為了驅趕豺狼引來了虎豹。

董卓這個人原來在西北當一個邊防軍司令，漢靈帝死後，他帶著重兵進入洛陽。

董卓腦袋不笨，可惜眼光短淺了點，自以為大權在握，便飛揚跋扈起來，面對皇帝連個做人臣的樣子都不裝，看小皇帝不順眼，一聲令下就給廢了，重新選拔漢獻帝當皇帝。

獻帝是一個九歲的小孩子，當然做不成什麼事，只能聽任董卓擺布。

董卓出入皇宮，肆意凌辱嬪妃，就連皇帝的龍床他也隨便睡在上面。出

門遊玩，看到老百姓在市集上做買賣，就下令殺死所有的男人，搶奪女人和財物，分發給部下將士。

如此張狂的舉動，引起了天下人的不滿，袁紹、曹操、孫堅、劉備等人，紛紛舉起了討伐董卓的大旗，並建立了由十八路諸侯參與的聯盟軍，由袁紹出任總指揮。

董卓招架不住，就聽信手下的話，把首都從洛陽遷到了長安，臨走的時候，下令一把火燒毀了洛陽的皇宮。

董卓還有一個著名的故事，就是他和貂蟬之間的糾纏。

他脅迫皇帝逃到長安以後，很多人都想除掉他，尤其是大臣王允，決心用美人計來借刀殺人。他先把貂蟬許配給天下第一英雄呂布，接著又將其獻給天下第一高官董卓。呂布是董卓的乾兒子，老子搶兒子的女人，當然說不過去，於是父子二人就打了起來。結局不用說，呂布輕輕鬆鬆就把董卓送上了西天，一個不可一世的梟雄，就這樣栽在了女人的手裡，再一次注解了英雄難過美人關這一千古定律。

董卓的到來，將東漢王朝帶到了動亂當中。這時，東漢離滅亡又進了一步。但董卓死了，無人把持的東漢王朝徹底淪為刀俎上的魚肉，此後各路軍閥都將垂涎皇權的鮮美滋味。

小知識

範曄在《後漢書》中曾評何進：「武生蛇祥，進自屠羊。惟女惟弟，來儀紫房。上惽下嬖，人靈動怨。將糾邪慝，以合人願。道之屈矣，代離凶困。」可見何進之死，在後世人看來也是死得其所了。

第四章

天下亂世，群雄割據

故事 59

兄弟的背叛
——隗囂的致命敗局

　　王莽篡漢以後，各地起義軍並起，隗囂也趁此時在天水揭竿而起。當劉秀建立東漢政權時，隗囂已經割據一方，稱王復漢了。但奈何隗囂畢竟少了劉姓，他的復漢大旗顯得很沒有說服力。而在當時受正統思想的影響，隗囂雖有能力稱王，卻無法籠絡人心。漢朝遺留下來的忠誠，令隗囂的王位名不正言不順，這讓他非常不開心。

　　西元二三年，劉玄被綠林軍立為皇帝，號為更始。不久，隗囂歸附了劉玄，總算在亂世找到了正途依靠。

【篡漢的王莽】

　　然而，隗囂很快便認識到劉玄不過是綠林軍的傀儡皇帝而已，真正的漢政權還沒有光復。此時，另一方的劉秀也自立為帝。於是，隗囂把最後的機會押在劉秀身上，他準備挾持劉玄歸順劉秀所建立的東漢。

　　然而事與願違，這個計畫最後以失敗告終，並且讓隗囂踏上了逃亡之路。

　　隗囂回到天水故里後，重新整飭軍隊，收攏人才。這時候，以隗囂的才華，其實要東山再起很容易。可是這時來了一個人，這個人雖然幫助了隗囂，但是最後

也令隗囂飲恨長逝。

他即是後來為東漢王朝立下赫赫戰功的伏波將軍——馬援。

馬援來投靠，隗囂自是歡喜，畢竟此人是難得之才，於是將馬援封為綏德將軍，此後無論大小事都會找馬援商討對策。

不過，隗囂雖有自己的勢力，但是他並沒有強烈的稱霸野心，仍然考慮在劉秀和公孫述兩個政權間選擇一個依靠。在猶豫不定的時候，隗囂自然想到了馬援，便派馬援去兩個政權考察一下。

其實，在劉秀和公孫述之間，隗囂還是偏向公孫述，畢竟是同鄉，感情上要更為親近。可是當馬援趕到成都時，並沒有受到公孫述熱情接待，反而公孫述擺著皇帝架子，一副我是老大的樣子。

馬援回去以後，對隗囂說：「公孫述妄自尊大，不如再到洛陽劉秀那裡看看。」

要知道，此時的隗囂可是當馬援為自己的親兄弟。馬援如此說，隗囂自然深信不疑。

正因為隗囂對馬援毫無防備的信任，才釀成了他日後的悲劇。

西元二八年，馬援帶著隗囂的信去洛陽見劉秀。可是馬援見到劉秀以後，卻忘記了自己的使命，反而深深折服在劉秀恢宏的氣度下。在幾日的接觸後，馬援已經對劉秀萌生了效命之心。

當馬援回到隗囂處，立即向隗囂讚美劉秀的雄才大略。隗囂也相信馬援的眼光，決定歸附劉秀，還將自己的長子隗恂派去洛陽作人質，並且命馬援帶著親眷隨隗恂一起先到洛陽以示誠意。

本來一切都已經朝著好的方向發展，但是這時跑出來一個叫王元的將領開始挑撥離間。王元先吹捧隗囂如何英勇，接著又勸隗囂自封為王。這次馬援不在隗囂身邊，隗囂也失去了可倚重的人，竟然兩邊觀望。當劉秀派人向

隗囂詢問征討公孫述的意見時，隗囂卻十分冷淡，只希望從中取利。

隗囂的態度漸漸引起了馬援的不滿，當馬援寫信勸諫隗囂時，得到的答案卻再也不像從前那般親厚。

至此，兄弟二人開始走向了決裂的道路。

馬援幾番思量，決心上書劉秀表達自己效力之心。但這種忠誠需要證明，而最好的證明則是馬援與隗囂劃清界限，幫助劉秀消滅隗囂的割據勢力。

兄弟的背叛，往往是最致命，畢竟早已看透彼此的弱點。

劉秀天性仁厚，不想對隗囂趕盡殺絕。可是隗囂卻坐不住了，竟然率著五路大軍進攻洛陽。

這下子劉秀怒了，當即決定親自領兵討伐隗囂。馬援自知劉秀和隗囂的戰爭已經無可避免，而此刻他必須做出決定割捨一方，在個人命運的選擇面前，馬援最後選擇了前途，辜負了隗囂的兄弟情。

當劉秀詢問馬援有什麼計策時，馬援回答：「隗囂的將領早已分崩離析，大可趁機進攻，必然大勝。」果然，隗囂在劉秀猛烈的進攻下不堪抵擋，過沒多久勝敗已定。

而隗囂這一代霸主最後也因疾病和饑餓的折磨，飲恨而死。

小知識

隗囂死後，王元等人將隗囂少子隗純立為王。第二年十月，劉秀攻破隗囂兒子隗純據守的最後一個據點落門聚，勝敗懸殊下，隗純和其部將全部投降。至此，隗囂割據政權被徹底覆滅，天水地區歸漢統治。而對於隗囂的失敗，後人曾寫詩道：「深惜英雄終草莽，千秋事業竟成空。」可見隗囂曾經的英勇。

忍不了的委屈
——彭寵自立為王

　　彭寵和劉秀是南陽郡的同鄉，在劉秀寄人籬下的日子裡，彭寵還曾經幫助過他。但是這些在劉秀稱帝後就大不相同了。

　　劉秀稱帝，鄧禹做了大司徒，王梁當了大司空，而大司馬則由吳漢擔任。三公之職，位高權重，這讓身為皇帝的同鄉，並且在劉秀剛一舉兵時就趕來支援的彭寵心理不平衡了。先不論和劉秀的人情，單是想到王梁和吳漢曾經都只不過是自己的部下，彭寵就已經很不高興。

　　彭寵官場失意，他無論找什麼辦法都補救不回來。畢竟在那個年代，彭寵等人拼死賣命，滿腦子都是建功立業，可是拼了大半輩子，最後論功行賞的時候自己卻沒有撈到什麼油水，這種事不論是誰都很難開心起來。

　　那時候，群雄爭霸，誰也不肯承認自己比別人差，如果出現失衡，能找出的理由只能說是出在劉秀身上。

　　這樣想來想去，彭寵的失落感就再也抑制不住了。於是，他像是深閨怨婦一樣跑去和劉秀抱怨：「王梁和吳漢既然都有資格列為三公，我是不是應該封王才對，難道陛下把我忘記了嗎？」

　　可是劉秀呢？他對彭寵的抱怨充耳不聞，反而將彭寵派去管理北方諸郡，還將朱浮任命為幽州牧。這意味著劉秀不僅不給彭寵封王，還要派一個不喜歡彭寵的上司來管他。彭寵雖然不滿意劉秀的安排，還是領命了，畢竟此時的劉秀已為天子。可是彭寵的委屈並未因天子的威嚴而化解。

其實，劉秀派彭寵管理北方諸郡也是因為欣賞彭寵的才幹。連年的戰亂，北方諸郡都是凋敝不堪，唯有彭寵曾經管理的漁陽郡繁榮昌盛，儼然成為一方樂土。可是彭寵卻不瞭解劉秀的心思，他心裡只有委屈，對於劉秀的安排更是覺得不痛快。當彭寵面對朱浮沒事找事的時候，就更為鬱悶了。

彭寵不甘人下，朱浮好勝心強，兩人完全互不相讓。

朱浮不喜歡彭寵，在對待彭寵的態度上顯得不是那麼磊落。隨著兩人的矛盾日漸白熱化，朱浮開始打小報告，可是彭寵對朝廷忠心耿耿，為人也正派，該拿什麼向劉秀告狀呢？於是，朱浮開始編造彭寵囤積財寶、秘結軍隊的壞話，也就是暗示劉秀彭寵要造反。

不過，劉秀畢竟是和彭寵一路走過來的。對於彭寵造反一事，劉秀心裡自然有數。可是彭寵不是一直對劉秀不提拔自己感到鬱悶和不滿嗎？劉秀便想藉著這件事壓制一下彭寵。

就這樣，朱浮的小報告也就自然而然傳到了彭寵的耳朵裡。

彭寵得知朱浮污蔑自己造反的消息後，心裡當然不好過，而劉秀竟然選擇默不作聲，還讓這消息傳給自己，這不就是一個警告嗎？此時，正好趕上劉秀又要召見自己，滿腹委屈的彭寵便上書劉秀要與朱浮一同進京，兩人當面對質。

劉秀既然已經使出小伎倆，自然不能還彭寵「清白」。這下好了，自己被扣上一個要舉兵謀反的帽子，劉秀又不同意朱浮和他一同進京，彭寵想來想去，在這個節骨眼上劉秀要他進京不會是想殺了自己吧？

彭寵正擔心地想著這個問題，彭寵的妻子得知情況以後，直接帶著老公走上了不歸路。彭寵的妻子勸道：「漁陽郡乃是大郡，我們何必因為一道奏摺就離開呢？何不在此割據，以後再也不受別人的擺布。」

彭寵憋了一肚子的委屈，此時正好有人來幫自己釋放。他聽了妻子的一

席話後，立即召集自己的親信，對大家宣布說：「如今人為刀俎，我為魚肉，不能不反了。」而他的親信們也紛紛應和，就這樣，彭寵最後宣布獨立，自立為王了。

小知識

　　彭寵的夫人十分迷信，有一次她連續做了幾個怪異的夢，於是便找來幾個江湖術士為自己解夢，沒想到這些人全都異口同聲地說這是要發生內亂的徵兆。彭寵得知以後，對此也很避諱，便把一些懷疑的人調往外地。但還是沒能避免，最可悲的是，內亂的策劃者竟然是彭寵的幾個奴僕。而這個在劉秀眼中最危險的敵人最後死在了奴僕之手。

沒了糧食丟了兵
——劉永部將造反

按照西漢皇室親疏遠近來論，劉永是西漢梁孝王劉武的第八代孫，這要比劉秀這個皇室遠支近得多。

劉永的父親劉立生前與外戚衛氏家族相交密切，因此被王莽當作政敵殺死，甚至將劉永繼承爵位的資格剝奪。

但劉永的時代已經不再是西漢，而西漢的皇親國戚也早因王莽的統治變得脆弱不堪。西元二五年，更始帝劉玄敗亡，同年十一月，劉永效仿稱帝。

劉秀和劉永兩個漢室子孫各在一方稱帝，一山不容二虎，一個天下當然也容不下兩個君王。因此，劉秀和劉永開始了長期的交戰，不僅要在戰場上決一勝負，還要在出身上表明自己是漢朝正統。

西元二六年，劉秀對劉永展開了全面進攻。他命虎牙大將軍蓋延擔任主將，駙馬都尉馬武、騎都尉劉隆、護軍都尉馬成、偏將軍王霸四人作為副將，率領數萬大軍向劉永割據的睢陽展開進攻。

劉秀的軍隊分為東西兩路，加上這些武將勇猛善戰，劉永幾乎被打得毫無還手之力。劉永雖然吃了敗仗，可是他還不認輸，帶領殘兵敗將躲到了睢陽城。反正城池堅固，易守難攻，我就躲在裡面不出去，劉秀也拿我沒有辦法。算盤打得雖好，可是劉秀的軍隊也不是好惹的，既然你閉門不出，那麼我就把你的睢陽城緊緊地圍困起來。

圍城之計好不好還不知道，不過此時領兵的蓋延已經沒有時間來考慮這

個問題了。因為隨他出征的討難將軍蘇茂突然舉兵反叛，並迅速將廣樂占為己有，還以此為籌碼向劉永稱臣示好。

劉永已經是困獸之鬥，這個時候沒眾叛親離反而還碰到有人率軍奉城來投誠，他一高興當即封了個人司馬給蘇茂。不僅如此，還封蘇茂為淮陽王。

蘇茂的投誠意外地激發了劉永的士氣，士氣一高，蓋延的圍攻也跟著變得吃力，一連幾個月都沒有攻下睢陽。

無奈之下，蓋延只能按兵不動尋找時機，一直等到八月，劉秀的軍隊才抓到機會趁夜爬上城牆，攻進了城內。

劉永睡得正酣，突然聽到外面殺聲四起，便慌忙從床上爬起來召集部下保護自己和家人從城東門逃跑。

因事發緊急，劉永在睢陽城的軍隊早被他丟下了，等他逃到虞縣避難時，跟隨他的部下和士兵不過數百人。

劉永棄軍出逃，留下的睢陽城對蓋延而言無疑成了探囊取物。沒有了睢陽城的庇護，剩下的彭城、扶陽、杼秋、蕭縣都望風而降。正所謂，良禽只有擇木而棲，既然劉永已經回天乏術，其他城郡自然第一時間向蓋延舉白旗。

而虞縣的人雖然懼怕劉秀大軍，但此時劉永在這裡避難，進也不是退也不是。

最後，虞縣的將領索性一不做二不休決定殺了劉永，然後向劉秀投降，說不定還能因此立功封爵。

劉永部下的叛變就這樣毫無防備地發生了，失去軍隊的劉永不僅連反抗的機會都沒有，甚至連自己的母親和妻兒子女都無法保全。

雖然劉永僥倖逃脫，但命運已定，此時的他早已失去了漢室子孫的尊嚴，儼然成為過街老鼠。當劉永重新回到睢陽城，儘管看到舉城百姓迎接自己，

但劉秀的軍隊越戰越勇，早已將睢陽圍困得斷絕了糧食。

　　沒有了糧食，劉永只好被迫突圍，而這次離開睢陽，他便再也無機會回去了。

　　突圍的路上，劉永的部將再次發生叛亂，劉永也因此喪命在自己的部將慶吾手中。而慶吾因剿滅劉永有功，被劉秀封為列侯。

小知識

　　劉永雖死，但他的兒子劉紆並沒有放棄父親的事業。在劉永舊將蘇茂、周建等人的支持下，劉紆自立為梁王，繼續對抗劉秀。

要不得的野心
——張步東山再起

　　彭寵自立為王的時候，張步可是高興極了。趁著劉秀把兵力集中在北線戰場攻打彭寵之際，張步將自己原來的七個郡擴張到十二個郡，成為名副其實的「齊王」。這可比當初劉永分封給他名義上的齊王更有威懾力。

　　俗話說，人切莫不知足，野心達到難以滿足的地步，結果只會自取滅亡。

　　張步曾經在被劉永分封的地盤上當著他的「地頭王」，但是看到彭寵作亂的良機，他竟然試圖藉此機會東山再起。

　　也許張步當初估計以彭寵的實力足以對抗劉秀一陣子，即使最後輸了，也能夠跟劉秀造成兩敗俱傷，到時候他便可以趁機漁人得利。其實，以彭寵的實力，張步這個設想並不是異想天開，但現實卻令他大跌眼鏡，就連劉秀也大感意外。彭寵竟然被自己的奴僕給殺死了，這簡直是幫了劉秀一個大忙。要知道，當時東漢政權剛剛建立，仍有很多割據政權虎視眈眈地窺視著劉秀的寶座和地盤。

　　野心膨脹的張步，在他剛剛東山再起之際，本來以為找到了彭寵這個「可靠」的盟友，自己守在南邊，北邊結好匈奴，中間又有燕王彭寵坐鎮，這個「反漢聯盟」簡直是抗漢最強鐵三角。

　　當張步坐擁十二個郡當著自己的「齊王」時，美妙心情不言而喻。前方戰場傳來的盡是劉秀與彭寵交戰的消息，但張步相信彭寵的實力，因此他從不懷疑自己的決定是錯的。當看到劉秀調來更多的軍隊應對彭寵，張步的野心也變得越來越膨脹。

可是彭寵死了，張步的美夢碎了一大半。所謂唇亡齒寒，不過如此。

但是在權勢面前，張步一旦嘗到了別人向自己俯首稱臣的甜頭後，便無法容忍自己向劉秀低頭，更不能容忍失去現在的「齊王」稱號和他的十二個郡。

在彭寵死後，劉秀終於能夠抽出兵力來攻打張步。可是張步這位野心家絲毫沒有退卻，他要在劉秀的東漢江山占據自己的一席之地，而這個地方是屬於他「齊王」的天下。

在解決張步的問題上，雖不像彭寵那般棘手，但劉秀也不能掉以輕心，畢竟對於視死如歸的張步，誰也難以預料他會採取什麼樣的激烈行動。

此刻，劉秀也很煩惱，手下雲台二十八大將，派誰出戰最合適呢？這時，建威大將軍耿弇自告奮勇前來請戰。

西元二九年，耿弇領劉秀之命率軍攻打張步。兩軍幾番交戰，張步的主力軍隊受到了重創，士兵死傷無數。當張步聽到劉秀要親自率兵攻打的消息，終於明白自己不是對手，只好連夜撤回劇縣。

耿弇不給張步東山再起的機會，在張步撤退的路上，早已埋伏好軍隊等著他。本來已經落敗而逃的張步此時半路又遇上漢軍的伏兵，只好投降。

被野心所誘惑的張步，並沒能偏安一隅，反而成就了討伐張步的耿弇。耿弇在這場戰役中，留下了赫赫威名。

小知識

西元二九年，劉秀派大將耿弇討伐張步，張步兵敗投降。但是到了西元三二年，在劉秀西征隗囂之時，張步的野心又一次燃起，他重新集結舊部，試圖謀反，但這一次張步沒那麼好運，被琅琊太守陳俊捕殺。

故事 63　占了皇室血統的便宜
——盧芳繼承宗廟

　　說到盧芳的血緣問題，有一段很長的舊事需要瞭解一下，那就是漢武帝時期的「巫蠱之禍」。

　　當時已經年邁的漢武帝身邊有個叫江充的人，恰好得到了武帝的寵信，

【漢武帝】

江充和戾太子劉據有點過節。於是，江充欺騙武帝說：「皇宮中大有蠱氣，不除之，得病會始終無法痊癒。」武帝一聽，趕忙委派江充調查蠱氣來源。而江充早已準備好木人偶，只差一個人證在場名正言順地將蠱氣一事嫁禍給太子。戾太子劉據和他的姐妹連同宮人就這樣不明不白地蒙冤，成了武帝口中的狼狽為奸，在後宮製造巫蠱。皇帝在衰老時面對權力轉移問題最易疑心，何況「巫蠱」一向是宮中禁忌，年老的武帝想到自己權力不保，竟然沒有仔細調查就將自己的親生兒子，也就是準皇位接班人戾太子劉據逮捕下獄。

武帝此時和衛皇后的感情早已不像年輕時那般情深意切，新歡勝舊愛，江充的上書加上武帝此時寵愛的鉤弋夫人吹著枕邊風，武帝的判斷顯然有失水準，甚至連父子之情都沒有顧忌。

面對江充的污蔑，劉據的惱怒可想而知，當然不能忍下這口氣，於是太子發兵誅殺江充。而在太子舉兵之時，江充的黨羽卻逃往甘泉宮報告皇帝，說太子已起兵造反。

這個小報告直接造成武帝和戾太子父子兩人兵戎相見。兩軍在長安混戰五日，死傷數餘萬人，一時間長安城內人心惶惶。最後，兵敗的劉據走投無路只能在長安東邊的湖縣泉鳩里懸樑自盡。而劉據的生母衛子夫皇后在這場動亂裡難以忍受自己的丈夫和兒子自相殘殺，也自盡宮中了。

那麼，漢武帝的故事到此為止，盧芳究竟和這個事件有什麼關係呢？這就要繼續從「巫蠱之禍」後來的傳說開始講起——

安定一帶的百姓傳言，衛皇后有三個兒子，大兒子劉據兵敗自殺以後，二兒子劉次卿逃到了長陵，小兒子劉回卿逃到了左穀。後來霍光大將軍將劉次卿立為皇帝，又跑去迎接劉回卿。可是劉回卿對宮廷政變早已死心，不想離開左穀，就長期居住在這裡，生下了兒子劉孫卿，劉孫卿又生下兒子劉文伯。至此，盧芳的身世終於水落石出了，他正是劉文伯。按照輩分論起來，盧芳可是漢武帝的親曾孫，而且他的曾祖母還是衛皇后。這對於當時仍然思念漢朝恩惠的百姓而言，簡直比當初江充蠱惑漢武帝還要洗腦。

雖然太子劉據死後的事情都是盧芳自己編的，但是當時安定離長安較遠，又沒有網路和電話，消息的傳達自然也很閉塞，何況是皇家之事，即使處於皇城邊上的百姓能夠知道的也不過是十之一二，何況是偏遠的安定呢？所以，盧芳的故事對於安定一帶的百姓來說頗為受用。

盧芳為自己編了一個好故事，這個故事讓他擁有了好血統。等到西元二五年，更始帝劉玄被赤眉軍殺害，沒有漢室子弟坐鎮，安定一帶的政權彷

佛也不成立了，所以當地豪傑們就想到了這位漢武帝的曾孫，也就是盧芳。在一番商議後，盧芳被擁立為西平王，畢竟漢室子弟繼承宗廟是理所當然的事情。

原本只是喜歡在亂世編故事糊弄百姓製造噱頭的盧芳，沒想到竟然撿了大便宜，因為自己的優質「血統」被推上了王位。盧芳繼位以後，想到不能白當這個西平王，就派使者到西羌、匈奴建立和親關係。

沒想到盧芳的身世竟然連匈奴單于也認可，還激動地對使者說：「匈奴本來與漢朝互約為兄弟，現在劉氏宗族前來歸附於我，應當擁立他，讓他尊奉我。」於是乎，盧芳這個假劉氏在隨時可能沒命的亂世找到了匈奴做靠山。當他得知匈奴單于同意繼續讓他當王，盧芳便高興地帶著他的哥哥盧禽、弟弟盧程來到匈奴，而匈奴單于也沒有辜負盧芳的期望，將其立為皇帝。

就這樣，盧芳在一個皇室血統的故事裡完成了鹹魚翻身的人生轉折。

小知識

　　西元四〇年，盧芳派遣使者投降東漢，光武帝劉秀將他立為代王。但是很快地，盧芳便背叛了東漢，數月之後，匈奴派數百騎兵迎接盧芳及其妻兒入匈奴。在東漢無法繼續存留的盧芳最後在匈奴居住了十餘年後因病去世。

故事 64 用全家性命來賭氣
——公孫瓚兵敗自焚

　　東漢時期出現了很多英雄，而公孫瓚在其中算是一個比較特別的人。也許是因為他早年經歷坎坷，因此他雖生在地主豪強家，卻沒有養尊處優的劣根性。不過，公孫瓚更值得一提的是他征戰沙場的事蹟。

　　西元一七八年，公孫瓚奉朝廷之命率領三千騎兵平定塞外叛亂，此戰不僅以公孫瓚大獲全勝告終，更為公孫瓚本人帶來無限聲譽，用名揚四海來形容並不為過。到了黃巾之亂，公孫瓚更以步騎兩萬人在東光南大破青州黃巾，斬首三萬餘。至此，公孫瓚威名大震。

　　由此可見，公孫瓚的前半生還是很順利的。可是，到了西元一九五年，公孫瓚從他的事業輝煌期進入了低谷期，基本上是逢戰必敗。

　　西元一九五年，原本是公孫瓚的手下敗將劉虞的下屬們突然集結部隊要為劉虞報仇，而當時在劉虞這群舊部下裡有一個叫閻柔的人與燕國有很深的交情。靠著這份交情，閻柔與其他將領很快就壯大了隊伍，準備好和公孫瓚決一死戰。

　　這次復仇之戰以公孫瓚大敗告終。而這次失敗對公孫瓚來說很致命，當兩軍在潞河之北決戰時，公孫瓚的副手漁陽太守鄒丹在此被斬首。隨後，劉虞之子劉和與袁紹又結盟，繼續率領著十萬精兵攻打公孫瓚，在鮑丘一役，斬首公孫瓚軍隊二萬餘人。

　　公孫瓚的好運似乎已經用盡了，在兩次失敗後，公孫瓚的戰鬥人生徹底跌到了谷底。

起初，公孫瓚還很不服輸，想要逆轉自己的敗局，可是在屢戰屢敗之後，元氣大傷的公孫瓚只好退到易京堅守一方陣地。

　　被戰爭接連挫敗的公孫瓚此時已經失去了判斷力，整天只想著一件事，就是如何自保。退守易京的日子對於公孫瓚來說並不好過，他一邊屯田準備糧草，一邊又要忙著在易河邊上挖戰壕，光挖戰壕還不夠，還得在戰壕內堆起高達五六丈的土丘，然後在丘上建築營壘。建造好這一切，公孫瓚守在居中位置，又命人建了鐵門，整天與妻妾廝守在此。

　　這些仍然不能讓公孫瓚放心，他把自己關在鐵門內，命令所有人遠離自己，只有七歲以下的男孩才可以進入，又要求家眷聯繫時人聲講話，這樣方便他傳達命令。當時跟隨公孫瓚的親信和將領們看到主公這些舉動都認為他被失敗逼瘋了，漸漸地對他失去了信心，也就自然而然地遠離了他。

　　就這樣，一代名將徹底頹廢了。

　　直到西元　九八年，公孫瓚的人生才出現了轉機。

　　這年，袁紹為了招攬人才想要和公孫瓚和解。誰知公孫瓚不僅撕毀了袁紹的書信，還增強守備。

　　這件事在袁紹看來無疑是公孫瓚對自己的挑釁，便再次興兵攻打。不過，袁紹並沒有急著立刻進攻公孫瓚，而是先攻打公孫瓚的副將。

　　誰知，當公孫瓚得知副將被圍的消息，竟然還在任性賭氣地說：「現在救他一個人，以後只會有更多的人要依賴救兵，這樣就沒人奮力作戰了。」

　　時隔不久，公孫瓚被袁紹圍困在城內。

　　這時，他突然想到可以向黃巾軍求救，便派自己的兒子公孫續前往黑山黃巾軍的駐地求救。

　　可是這時候的公孫瓚早已眾叛親離，哪裡還有人會顧忌他的死活勝敗。救兵搬不來，公孫瓚只好突圍。

袁紹得知公孫瓚搬救兵一事以後，索性來個將計就計，讓公孫瓚誤以為救兵到了，等到公孫瓚率兵出城的時候，袁紹的伏兵一舉將公孫瓚打得大敗而歸。

　　退回易城的公孫瓚自知已經到了絕路，他將自己的妻兒子女全都殺掉後，放一把火把自己燒死了。

小知識

　　蔡東藩：「公孫瓚之致死，其失與袁術相同。術死於侈，瓚亦未嘗不由侈而死。觀其建築層樓，重門固守，婦女傳宣，將士解散，彼且詡詡然自誇得計。一則曰吾有積穀三百萬斛，食盡此穀，再覘時變。再則曰當今四方虎爭，無一能坐吾城下。誰知紹兵驟至，全城被圍，鼓角鳴於地中，柱火焚於樓下，有欲免一死而不可得者，較諸袁術之結局，其慘尤甚！」

鬥氣不是好兄弟
——劉虞恩怨難了

故事 65

　　劉虞和公孫瓚本是同朝之人，按理說共侍一主，應當團結一致，可是這兩人卻偏要賭氣。

　　劉虞和公孫瓚的矛盾要從公孫瓚奉命征討烏桓說起。公孫瓚行軍作戰的風格素來剛勇，也就是只要自己部隊強大，不顧別人死活。這就使公孫瓚的軍隊常出現擾民傷民的現象，而劉虞的風格與公孫瓚截然不同，他敬民、愛民，注重施行仁政。

　　可想而知，仁暴兩端的二人想要和諧相處必然是一件很難的事。

　　但是劉虞與公孫瓚的不和卻不僅僅限於相互憎惡，在矛盾日漸白熱化下，後來發展到兵戎相見。

　　當時，公孫瓚除了劉虞這個死對頭外，還有一個袁紹與他作對。在公孫瓚和袁紹之間，劉虞恰好是調停人。可是公孫瓚本來就不喜歡劉虞，哪裡聽得進他的勸告。幾番勸阻無效後，劉虞只好對公孫瓚做出中斷糧草供給的決定，這下可徹底激怒了公孫瓚。發怒的公孫瓚像是一匹不受控制的野馬，按理說公孫瓚的官職低於劉虞，理應聽從劉虞的指揮和調度，但是公孫瓚偏偏要唱反調，劉虞每說一句話對公孫瓚來說都像是一個刺激。公孫瓚失控以後，對百姓的侵擾也越加肆無忌憚。劉虞這時對公孫瓚還是苦口婆心的勸導，但是很快地他就明白了這種方法的錯誤性。於是，劉虞只好上書朝廷，陳述公孫瓚掠奪百姓的罪狀，希望找到合適的人出面制止公孫瓚的行為。誰知公孫

瓚也不甘示弱，既然劉虞能夠上書朝廷打小報告，公孫瓚便也寫了封奏摺，狀告劉虞苛扣軍糧。

兩個朝廷官員這時候已經忘了國家使命，完全因自己的個人情緒整天忙著寫奏摺狀告對方。而公孫瓚這時突然在薊城東南方另外修築起了一座小城，率軍在其中駐守。劉虞得知以後，試著請公孫瓚參加會議，可是公孫瓚卻擺架子稱病不來。

劉虞考慮到公孫瓚桀驁難馴，擔心他最後會叛亂，便率領部下十萬大軍，直奔公孫瓚的駐地。

公孫瓚最初尚未做好與劉虞交戰的準備，面對劉虞來勢兇猛的大軍，公孫瓚只能在倉促間棄城逃跑。

雖然劉虞不費吹灰之力就占了優勢，但是劉虞的軍隊並不強，一方面是因為平日劉虞疏忽對士兵的訓練，軍隊戰鬥力不強，另一方面劉虞又告誡士兵除了公孫瓚以外，不可以傷害任何一個人，這讓士兵變得畏首畏尾。

但是公孫瓚打起仗來卻不管太多，他率領幾百名勇士攻進城內，一路縱火，直接突圍攻進劉虞軍隊內部。

這下反而是劉虞的軍隊亂了套。在公孫瓚不顧一切地猛衝猛打下，劉虞很快就敗下陣來。

在兩軍交戰第三天，公孫瓚將劉虞和他的妻子兒女抓到了自己的守城薊城內。

就在這個時候，不知情的朝廷卻下達了一個詔書：增加劉虞的封邑，讓他總督六州的事務；任命公孫瓚為前將軍、封為易侯。

這個機會被公孫瓚抓到了，他直接向朝廷告狀劉虞曾與袁紹等人密謀要當皇帝，然後逼迫段訓在薊城的鬧市處死劉虞及其妻子兒女。

當劉虞的頭顱被送往京城的路上時，劉虞的舊部下事先埋伏在半路截下了劉虞的頭顱，將其送回故鄉安葬。

　　劉虞和公孫瓚這場矛盾雖然以劉虞被殺告終，但此後兩人的恩仇卻延續的更久。直到公孫瓚日後被劉虞的部下殺害才算是真正了結這兩人的恩怨情仇。

小知識

　　劉虞生前以簡樸著稱，雖然高官厚祿，但是帽子舊了也不換，打上補丁繼續戴。可是在劉虞遇害之後，當公孫瓚派兵搜他的家，卻發現他的妻妾都穿著很華美的服飾。這件事傳出去以後有人因此懷疑劉虞在作秀，但是更多的人卻認為這只不過是公孫瓚對劉虞的污蔑。

把握不住的機遇
——劉表難有作為

　　劉表年輕的時候受過很好的教育，在太學生運動中，劉表被列為「八俊」之一。不過，可能是讀書讀傻了，劉表在政治上反而沒有作為。成功往往是留給善於把握機會的人，如果細究劉表的一生，他並不是沒有機會，只是每一次在轉捩點上劉表都選擇了放棄。最後，劉表連自己所割據的荊州都無法保存。

　　劉表早年時還是比較有作為的，不然也不會被朝廷加封為鎮安將軍、荊州牧，封成武侯。劉表也並沒有辜負朝廷的恩惠，在他統治荊州八郡期間，與中原各地的戰亂不休相比，荊州地區完全可以用「世外桃源」來形容。就連諸葛亮未出山之前，也選擇居住在荊州躬耕自娛。

　　西元一九八年，長沙、零陵、桂陽三郡叛亂，劉表也算出色地平定了叛亂，還擴大了疆土。戰亂之後，劉表採取招撫之策，廣納良臣學者，甚至豪強匪賊也予以任用的機會。一時間，荊州地區呈現出一派蓬勃之象，各地賢才紛紛來此投靠。

　　同年，袁紹與曹操在官渡交戰。雖然事前劉表曾向袁紹許諾會助其一臂之力，但是到了戰爭白熱化階段，劉表為了自保，反而按兵不動。當曹操也來信希望劉表相助時，他也選擇坐視不理的態度。

　　當時劉表的下屬們紛紛勸他：「將軍若要在亂世有所作為，應該趁天下方亂起事，不然也應當選擇一方豪傑相輔。現在您擁有十萬大軍，卻只是觀望天下變化，最後只會惹得袁、曹兩方都不滿意，反而會陷自己於危難。」

劉表聽到這一番話，雖然也仔細品味了一下個中道理，但他始終不能下定決心是否要出兵幫助哪一方。他又擔心下屬判斷失誤，就派韓嵩去許都面見曹操，瞭解一下虛實。

韓嵩從許都回來以後，十分堅定地表明曹操是一個值得輔助的明主，不僅威德並存，還有軍事素養，他勸劉表將自己的兒子送去做人質，以表自己效忠的決心。可是劉表心裡又犯嘀咕了，韓嵩對曹操如此讚揚，真的就可信嗎？也許韓嵩是曹操的追隨者呢？於是，劉表又召來跟隨韓嵩同去的隨從，雖然最後劉表相信了韓嵩所說乃是肺腑之言，但還是放棄了追隨曹操的這次機會。

在第一次機會面前，如果說劉表尚不能把握天下形勢因此錯過還情有可原，但是到了西元二○一年，劉備前來投靠劉表之時，劉表反而只是以親戚關係加以禮待並不重用就說不過去了。

隨後，曹操開始征戰柳州，劉備趁此機會強烈建議劉表出兵襲擊許都。可是劉表卻又遲疑了，一直遲疑到曹操吹著勝利的號角率軍回到許都時，劉表才對劉備感歎：「不聽你的勸告，失去了這次難得的機會啊！」劉備寄人籬下要依靠劉表當然不能多說什麼，只好勸慰道：「如今天下剛剛分裂，機會總是會有的。如果能以此次作為經驗，來應對今後的情況，那麼這次錯失機會也沒什麼大不了的。」

劉備其實說得很對，但是劉表有了兩次的教訓以後並沒有分析錯誤找到更好的發展之路，反而對放棄機會習以為常了。此後的諸侯征戰，劉表就這樣躲在荊州保持中立態度。

雖然劉表的做法令荊州免於戰火，使得當時出現了短期的經濟、文化繁榮，但在戰爭年代，劉表不和別人過不去，不代表別人可以容忍劉表的存在。

西元二○七年，在曹操穩定中原地區以後，荊州便成了曹操進攻的第一目標。面對曹操來勢兇猛的大軍，劉表雖空有十萬大軍卻因為許久沒有作戰

經驗，剛熬過第二年，就在戰亂中因病去世了。

劉表死後，他的兒子們更加無力抵抗曹操的軍隊，只好奉城投降。

小知識

劉表統管荊州期間，曾請當地學者寫了一部《荊州占星》，可見他在天文星象上還是有一定的研究，而這本書對後世的天文學有幾百年的影響。同時，劉表的《五經章句後定》，能夠使學者更快地通曉經文，為日後在唐朝初年修纂《五經正義》奠定了基礎。

引狼入室
——劉璋亂世難倖存

西元二一二年，曹操二次率軍征戰孫權。

此時，孫權已和劉備聯姻，自然要向妹夫劉備尋求援助。

然而正值三雄爭霸的局面，劉備這回幫了孫權，說不定將來孫權會反過來和自己作對，還不如藉此時讓曹操和孫權打得兩敗俱傷，劉備還能趁此機會擴大自己的勢力。

不過，劉備想是這麼想，表面上還是答應了孫權的求助。

接著，劉備寫信給益州劉璋，先表明了自己與孫權的關係，又說明自己此時的實力不夠，對孫權愛莫能助的心情，接著又說此時如果不將曹操派出的張魯殲滅，那麼張魯攻下孫權的荊州以後，自然要將目光轉向劉璋的益州。

一番陳述後，劉備該說正題了：他想從劉璋手裡借兵和糧草。

同是漢室宗親，劉備向劉璋求助自然沒有錯，但是劉璋也有自己的考慮：萬一給了劉備士兵和糧草以後，劉備不按原計劃所說的救援荊州，轉而攻打自己的益州，那豈不是自掘墳墓？

劉璋有這種考慮也並不是沒有道理。當時的劉備早已不是四處流落的小角色了，此時他的勢力逐漸擴大，野心也越來越難以滿足。面對同樣虎視眈眈的劉備，劉璋還是不能不防。

不過，劉璋雖對劉備借兵的理由保持懷疑態度，他對同族的劉備還是不錯。雖然沒有按劉備的要求借出一萬人，但劉璋還是從自己的益州軍隊撥出

了四千人以及相應的糧草資助劉備。

劉備順理成章地以攻擊張魯為幌子從劉璋的益州借出兵力和糧草。可是他率兵離開益州後並沒有在第一時間趕往荊州援助孫權，反而將矛頭對準了劉璋的益州。恰好此時劉備安插在劉璋身邊的奸細張松和劉備互通消息時被抓個正著，這樣一來，劉備的野心昭然若揭。雖然劉璋已知劉備不可相信，但為時已晚，只好立即整飭軍隊準備迎戰劉備。

而另一邊的劉備得知張松被殺的消息，也知道攻打益州一事不能再拖了，於是正式向劉璋宣戰。

劉璋有一位叫鄭度的官員向劉璋獻計說：「劉備此時孤軍不過萬人在益州，他的後續部隊都被牽制在其他的戰場，在沒有糧草補給的情況下，不出百天他就會自己撤軍。更何況他剛剛將您給他的白水軍團的主帥殺掉了，這等於四千白水士兵不會全心全意為他作戰。因此，您不如把涪城附近的百姓全部後撤，將倉庫中帶不走的糧草全部燒光，然後修建工事，等到劉備斷糧逃跑時，我們趁機率軍出征，必擒劉備。」

【蜀主劉備】

鄭度的建議很高明，可是這個計策卻被劉備得知了。當劉備面對鄭度的計策無從應對的時候，曾經跟隨劉璋的法正卻告訴他說：「您大可放心，劉璋不會採用鄭度的建議。」

事實果如法正所料，但這並不

是因為劉璋昏庸，而是因為劉璋對百姓的愛護才放棄了這個計畫。雖然鄭度的意見可行，但劉璋卻告訴大臣們說：「我只聽說抵抗敵人來保護百姓，從來沒聽說讓百姓離開故土來躲避敵人的。」

劉璋對百姓的仁愛，面對劉備的野心只能正面交鋒了。

雖然劉璋在初期的戰爭中將劉備的軍師龐統殺死了，但還是沒能阻止益州的將領們接連戰敗的噩運。

直到西元二一三年，劉璋才在這場苦戰中有了解脫的希望。

這年曹操撤軍，原本陷在荊州的諸葛亮、張飛、趙雲都騰出手來率軍會師劉備。而在此時，原本與劉璋作對的馬超也歸降了劉備。

劉璋自知等到劉備的後續部隊抵達時，自己的抵抗已如螳臂擋車。

西元二一四年，劉備正式率軍包圍成都，同時派來簡雍勸降劉璋。

雖然當時城中仍有三萬精良士兵，而糧食也足夠支持一年，更重要的是面對劉備的侵略城中官員百姓都一致團結希望抵抗到底。但是劉璋卻對所有人說：「我父子在益州二十多年，沒有給百姓施加恩德，卻打了三年戰爭，讓許多人死在草莽野外，只是因為我的緣故。如果繼續讓生靈塗炭，我怎麼能夠安心！」於是，劉璋下令開城門，出城投降劉備。

雖然劉備最後將劉璋的財物歸還於他，又將劉璋遷至公安授予振威將軍之位，但對於劉璋投降的做法，他的部下及百姓們還是為此惋惜痛哭。

在東漢末年，群雄兼併，戰火紛飛，對人命有憐惜者甚少。能如劉璋這般愛民如子實為少數，而劉璋的結局也算是好人有好報了。

　　清朝作家蔡東藩曾說：「劉璋暗弱，即使不迎劉備，亦未必常能守成；益州不為備有，亦必為曹操所取耳。」雖然劉璋對百姓仁慈寬厚，但在亂世想要居安在益州也並不是件容易的事。可見，劉璋的失敗是必然的，也是值得惋惜的。

寧為曹公奴，不為劉備客

——張魯擇主

在曹操的團隊裡，不僅有文臣武將，還有一個天師張魯。在東漢期間，流行五斗米道，而張魯正是五斗米道祖師張陵的孫子。

【天師張陵】

張魯雖然是教主，但是他還有個軍閥的身分。

西元一九一年，張魯被任命為督義司馬，與張修共同率兵攻打漢中太守蘇固。在張修將蘇固殺死後，張魯來了一個「黃雀在後」，他將戰友殺掉，直接把張修的兵馬據為己有。實力壯大的張魯，開始在漢中過起了割據稱王的日子：他文則以五斗米道作為文化思想教化百姓，武則有軍隊鎮壓地方的騷亂。這個期間，漢中以張魯為中心形成了一個政教合一的割據政權。

隨著東漢末年戰亂日益嚴重，中原百姓四處流離。由於曹操忙著在東漢政權中把持朝柄，所以在某個程度上為張魯的漢中地區換取了短暫的和

平。此時張魯所統治的漢中地區也收容了許多流民。而五斗米道也憑藉政治力量逐漸擴大了影響，凡是來到漢中避難的百姓，都要被迫信奉五斗米道。而五斗米道的信徒入道，只需交五斗米即可。雖然張魯在漢中統治才三十年，卻將信徒擴大了幾倍，成為漢末一支頗有實力的割據勢力。

但是安定總是轉瞬即逝，張魯作威作福的日子隨著曹操對朝廷的掌控駕輕就熟之後，開始顯出了末日氣息。好在張魯的嗅覺比較靈敏，在曹操開始親率十萬大軍平定漢中時，張魯就已經開始盤算如何將自己的性命和富貴維持下去了。

抵抗曹操，顯然是不太可能的，投降曹操，說不定能夠成為曹操將來的得意手下，反倒還有希望。雖然這時的曹操剛剛抵達陽平關，但張魯降曹的決定已經是不可動搖了。

不過，張魯投降曹操一事並非一帆風順。在漢中當老大當得太久了，一時間要向別人低頭，張魯雖然能屈能伸顧全大局，可是他的弟弟張衛卻不明白裡面的利害關係。就在張魯準備到陽平關迎接曹操受降之時，他的弟弟張衛已經早一步抵達陽平關。可是張衛卻是率著一萬人馬去的，面對曹操的十萬鐵騎，張衛竟然想誓死堅守陽平關。

一萬對十萬，張衛是註定會失敗。但是張魯投降一事被張衛這麼一攪，此時想要磕頭稱降，顯然效果要打折扣了，畢竟曹操損失了一些兵力。

在張魯兩難之際，他的親信閻圃獻計說：「如今您被迫謁見，肯定得不到曹公的重用，不如先到朴胡去抵抗，然後再向他獻禮稱臣，這樣才會得到曹公的重用。」於是，張魯便率著軍隊前往巴中躲避曹操。

在張魯臨走之前，他的手下點起火把想要將倉庫裡的物資全部焚毀，張魯嚇得趕忙阻止，說：「我已有歸順朝廷的意願，這次是因為沒能讓曹公知曉才被迫離開，不過是避開鋒芒，並沒有別的意圖，此後還是要找機會向曹公投降的。倉庫裡的物資和宮中的寶物，應歸國家所有。」

　　果然，當曹操到達南鄭後，得知張魯其實早有歸順的想法，氣頓時消了，看到寶物沒有被焚毀更是眉開眼笑。曹操一高興，就派人追上張魯表示慰問。兩人這麼你來我往，到此為止雖然沒有正式受降，但心裡也算有了默契。

　　不過，張魯逃亡的消息，也被劉備得知了。對於張魯，劉備心裡可能一開始沒什麼想法，但是耐不住黃權總是對劉備讚揚張魯，久而久之，劉備也動了招降張魯的念頭。於是，他派黃權為護軍率領部隊去迎接張魯。

　　誰知，張魯竟然大怒對黃權說：「我寧願做曹操的下屬，也不會去當劉備的座上客！」

　　不久以後，張魯正式帶著全家拜見曹操。

　　張魯歸順朝廷以後被任命為鎮南將軍，曹操對他也十分禮貌，又封他為閬中侯，食邑一萬戶。

　　光是這些還不能夠表達對張魯歸順之情的欣慰，曹操將張魯和其家屬帶回鄴城，又一一加封張魯的五個兒子以及閻圃等人為列侯。

　　最後，曹操還讓自己的兒子曹宇娶了張魯的女兒做老婆，也算沒辜負張魯對自己的倚重之心。

小知識

　　張魯作為五斗米道的教主，曾著有《老子想爾注》，這本書是老子《道德經》的注釋本，被早期的五斗米道教徒奉為經典。不過，也有說法認為這本書是張陵所著。

故事 69

一會兒仇人，一會兒親家
——張繡襲曹也降曹

　　張繡向曹操投降可不是一次就能說得清的，這期間不僅雙方曾經反目，他還和曹操結下了殺子之仇。

　　起初，張繡是跟隨張濟的。張濟死後，張繡的選擇也並不是曹操，而是與劉表結盟。但軟弱的劉表對於張繡來說實在有些不可靠，面對強勢的曹操，張繡只好放棄劉表選擇投降曹操。

　　第一次投降曹操沒多久，張繡就被曹操惹得忍無可忍，最後一怒之下率軍連夜偷襲曹操。曹操被張繡來了個突擊戰，簡直是防不勝防，這也成了曹操戰鬥史上最不堪回首的一次失敗：曹操的右臂被刺傷，他的大兒子曹昂、侄子曹安民、愛將典韋，還有他剛娶過門的鄒夫人都死在了這場戰爭。

　　而這次曹操與張繡的恩怨，則要從西元一九七年正月，曹操攻打張繡的根據地宛城開始說起。曹操大軍壓城，張繡戰或不戰靠他一個人想是不夠的，於是他詢問謀士賈詡的意見，賈詡只是很堅定地說了一個字：「降！」

　　就這樣，曹操率軍直接進入了宛城，不費吹灰之力。張繡向曹操投降，宛城自然也是曹操的囊中物了，於是乎，當曹操看到張繡叔父張濟的遺孀鄒夫人時，自然認為鄒夫人也屬於自己的私人財產。曹操素來看到美女就走不動路，他見眼前的鄒夫人一顰一笑都是傾國傾城，就立刻納她做妾。

　　鄒夫人對於做曹操小妾這件事，並未抗拒。可是偏偏張繡忍不下這口氣，他覺得曹操強占自己的叔母，是對自己死去的叔父不敬。於是，張繡每每見到曹操走進叔母的營帳便氣憤難平，一怒之下竟然在夜間偷襲了曹營。

張繡偷襲曹操的時候，曹操整個人還沉溺在鄒夫人的美色中完全沒有防備。「色字頭上一把刀」，就是這個色字讓曹操經歷了他人生中最慘痛的一次滑鐵盧。雖然曹操在張繡的大軍下突破包圍，可是代價卻是他的大兒子曹昂把自己的馬讓給了曹操逃命。父子二人，以一命換一命的方式為曹操保留了生機。

　　大敗曹操以後，張繡又重新奪回了他的宛城，自己當回了老大。但是到西元一九九年，張繡的力量已經微不足道了，他知道早晚會有比他更強大的軍閥來併吞自己。恰好此時曹操和袁紹爆發官渡之戰，於是，張繡看準機會準備在二者之間選擇一個人投降。對比之後，顯然投降曹操更為明智，可是張繡之前和曹操爆發過仇怨。為難的張繡於是又把賈詡叫來詢問意見，賈詡還是主張降曹。

　　於是，張繡再一次聽從了賈詡的建議，向曹操第二次俯首稱臣。張繡二次歸降，曹操心裡不免要多加一層防備，畢竟張繡曾經背叛過自己，還殺了自己的兒子和愛將，但是和袁紹開戰在即，如果此刻不接受張繡，那麼張繡轉而支持袁紹，自己可能會戰敗。到底是做大事懷天下的人，曹操在一番利弊權衡之後，決定將張繡與自己的仇恨暫且放下，接受張繡的投降。

　　西元二〇〇年，張繡第二次正式投降曹操，而曹操也沒對張繡提起過去的不愉快，只是牽著張繡的手參加為張繡舉辦的宴會，還讓自己的兒子曹均娶了張繡的女兒，和張繡結了親家，又封張繡為揚武將軍。同年，張繡隨曹操參加官渡之戰，因力戰有功，張繡再次被升為破羌將軍。

　　到了西元二〇五年，張繡跟隨曹操前往南皮攻打袁譚，這次勝利又使張繡從原來的食邑加到兩千戶。

　　當時因為戰亂天下戶口年年劇減，十戶可能只剩下一戶，曹操將領們的封邑沒有一人達到一千戶，唯獨張繡一枝獨秀。

張繡當年殺害了曹操的大兒子曹昂，雖然後來歸降曹操並沒有被曹操為難。但似乎冥冥中註定，在張繡死後，他的兒子張泉因為捲入魏諷謀反事件受到牽連，最後被曹操的兒子曹丕殺害。

自導自演，逆轉人生
——袁紹名動天下

故事 70

　　袁紹雖然參與了外戚和宦官的權力之爭，但最後的好處卻被董卓撿了正著，而袁紹的官職仍然停留在渤海太守這一個位置。

　　但是此時，陷入職場尷尬境地的袁紹卻得到他的上司冀州牧韓馥的「相助」。這個韓馥在政治上功績平平，為人也格外的小氣。當初袁紹一聲不吭地參與到宮廷政變，韓馥就如同手下越權一樣擔憂袁紹會超越自己。雖然事後袁紹在誅殺宦官一事上沒換來好處，可是這畢竟為袁紹打響了一點名號，原本平淡無奇的小小太守瞬間擴大了影響力。儘管袁紹對事情的結果鬱悶不已，可是在韓馥的眼裡看來卻是令他嫉妒萬分。

　　上司韓馥嫉妒下屬袁紹，只會使袁紹在職場混得更加艱辛。但萬萬沒有想到的是，隨著董卓撿了便宜控制朝廷以後，被董卓暴政惹得不滿的天下豪傑逐漸想起了當時血洗內宮的袁紹，於是紛紛跑到渤海小郡歸附袁紹。本來冀州牧就不是一個大地方，早已習慣被世人忽略，此時來了這麼多能人異士，全是看著袁紹的面子跑過來，這等於給了韓馥一個響亮的耳光。對於韓馥而言，袁紹結交豪傑的做法，就是無視自己這個上司。

　　韓馥不開心，便想辦法整袁紹，想不出別的辦法時，就給袁紹斷糧。此時的袁紹對爭奪天下早就蠢蠢欲動，現在又有人願意幫助自己，自然也急於擺脫韓馥的管束。所謂不怕你生氣，就怕你不生氣，恰好韓馥不知趣，袁紹沒有犯錯韓馥卻不給他供應糧食，這等於是韓馥給了袁紹反抗自己的機會。

　　於是，袁紹聯絡了幽州的公孫瓚出兵攻打韓馥。公孫瓚也不傻，如果直

接說攻打韓馥，韓馥肯定會調袁紹的軍隊來抵禦，因此他打著剿滅董卓的幌子，直接打了韓馥一個出其不意。

韓馥被公孫瓚這麼一打，直接嚇破了膽，想到天下的軍閥都太凶悍了，自己沒招惹人就要挨打，這冀州牧他不能再做了，不然哪天再來一個公孫瓚，搞不好連命都丟了。

韓馥一害怕，袁紹就坐享其成了。

雖然這齣戲本來就是袁紹自己編導策劃的，可是演戲還得演足。韓馥臨走時，袁紹心裡雖然樂不可支，但還是表現得依依不捨，揮手對韓馥說：「你多保重。」

少了韓馥這個絆腳石，袁紹終於可以大顯身手了。此時的冀州牧已經落到袁紹的手中，袁紹的威望和軍隊也隨著在擴大。於是，袁紹開始發動討伐董卓、出征公孫瓚等一系列戰爭。隨著袁紹越贏越強，來投靠他的豪傑也越來越多，而袁紹又喜歡結交人才，善用謀臣，天下英豪聚集袁紹之處，簡直如猛虎添翼。

小知識

據傳，當年袁紹憂憤死後，曾經跟隨他南征北戰的族人便趁月黑風高之夜將袁紹的屍體以水路運回了家鄉，葬在曹河岸邊。他們擔心曹操不肯善罷甘休仍會報復袁紹，便將曹河的名字改為「漕河」，而漕河一名一直沿用至今。

眾叛親離的結局
——袁術的稱帝喪身

後漢末期，出現了很多權臣和軍閥，雖然對皇帝的寶座都垂涎三尺，但是真正敢實踐這種野心的人卻不多。畢竟在漢室前後四百餘年的統治下，天下百姓即使對劉姓子孫的統治越來越感到失望，異姓想取而代之卻仍然需要有承受輿論譴責的勇氣。更何況各地軍閥都如強盜般想要從漢室江山爭奪點好處，這時候誰突然代漢稱帝，豈不是成了眾矢之的。因此，雖然後漢大部分時間都被宦官、外戚、軍閥等各種勢力操控，但真正敢把漢室江山改姓氏的人倒還沒有。

可是袁術卻不去計較這種後果，在他眼裡，此時天下一分為三：南邊的自己最強，中西方向的曹操次之，而中東方向的呂布則勢力最弱。那麼，既然自己是三強中的最強者，稱帝應該也沒人敢反對。

恰好此時又給了袁術一個當皇帝的機會。

當董卓幾乎把漢室變為董姓朝廷時，十八路關東聯軍不滿，舉起大旗準備將董卓從皇宮大殿中趕出去。洛陽城陷入戰亂之時，袁術的下屬孫堅在廢墟裡撿到了一個寶貝：不是別的，正是皇帝的玉璽。孫堅拿著皇帝的玉璽並沒有聲張，直至他死後，才將玉璽傳給了自己的兒子孫策。

那麼，孫策拿著這枚漢室玉璽做了什麼呢？他找到袁術以玉璽作為抵押，從袁術手裡借了三千兵馬，自己跑到江東創業去了。

拿到玉璽的袁術自然也就做起了皇帝夢。

興平二年的冬天，在外逃亡的漢獻帝，跑到了曹陽。袁術聽說了之後，就對自己的手下說：「如今漢室衰微，而我們袁家四世三公，名望很大，我能不能取而代之呢？」

袁術的話讓一群手下目瞪口呆，但又不好反對，只有主簿閻象說：「當今皇帝並沒有做過什麼殘暴的事，我們拿什麼理由說改朝換代呢？」

袁術聽了不以為然，心想，當皇帝還需要理由嗎？於是，他自封為皇帝，國號「仲氏」。不但大肆修建宮殿，還找了很多美女，全都收進後宮，整日尋歡作樂。但是，袁術軍中的士兵卻又冷又餓，沒有棉服也不發糧餉。

然而，袁術的皇帝夢並沒有做多久，因為曹操和呂布這兩隻猛虎已經開始互通信件商議著怎麼聯合攻打他了。

曹操拉攏呂布，有個有利的條件，就是漢獻帝此時已被他操控。這時候的曹操已經貴為丞相，他以皇帝的名義向呂布承諾為其加官進爵。呂布聽後，十分心動。

可是袁術並不知道自己的好日子快結束了，拿著玉璽的他早已喪失了最基本的判斷力，不僅不考慮稱帝的後果，反而高興地派人通知呂布說自己登基了，還命令他把女兒送來做妃子。

呂布這下徹底被激怒了，當即大吼道：「反賊焉敢如此！」說完，命人把袁術派來的使者綁起來，押到曹操處共立盟誓。

其實，在此之前，雖然曹操一味拉攏呂布，但呂布始終是傾向於袁術這一方的。可是袁術不知天高地厚想要當皇帝，還命令呂布將自己的女兒送給自己，反而將呂布激怒，搞得自己孤立無援。

呂布和曹操結盟以後，袁術大怒，立刻派二十萬大軍，分七路進攻徐州的呂布。

不得不說，袁術此時的勢力的確大過曹操和呂布，可是曹、呂二人結盟，

即使任他袁術再強，恐怕也不是對手了。

袁術出兵攻打呂布，曹操當然不能坐視不理，他派劉備和關羽從袁術軍隊後方截殺。

有曹操軍隊在後方呼應，呂布在前線戰場也是勢如破竹，最後大敗袁術二十萬大軍。

戰敗的袁術當然不死心，這時候他又想到了當時從自己這裡借兵跑去江東創業的孫策。

可是孫策在江東早已經形成了自己的勢力，哪裡還受袁術的控制。再說袁術要登基稱帝的消息早已傳得人盡皆知，無疑是斷了自己的退路。

孫策和袁術反目後，不僅痛批袁術是反賊，大逆不道，還直接派兵與曹操、呂布結成聯軍一路追擊袁術。

這下子袁術成了落水狗，他先跑去投奔自己的部將雷薄，誰知雷薄根本不理他，沒辦法，他又想把自己皇帝的稱號給袁紹。袁紹和袁術向來不和，此時不僅不伸出援手，還來了個痛打落水狗。到距離壽春不到八十里地的江亭時，袁術已經窮困潦倒，軍中只剩下麥屑三十斛了。

當時天氣炎熱，袁術命令手下拿些蜂蜜水來解暑。手下非常尷尬地告訴袁術，我們沒有蜂蜜。

袁術聽後，坐在那裡歎息良久，最後吐血身亡。

小知識

相傳，袁術出生的時候，他的母親曾被托夢，說她懷中的孩子有一段天命在身。這也恰好應驗了袁術後來稱帝的現實，可是這天命也被驗證並不是好的徵兆，反而是袁術的厄運。

英雄難過美人關
——呂布乃一介武夫

故事 72

董卓在朝廷倒行逆施，幾乎把朝廷變成了董姓王朝，這引得很多人不滿。但是此時對付董卓又實在需要勇氣，單是董卓在朝廷的勢力不說，人們光是聽到他義子呂布的威名就已經聞風喪膽了。

不過，董卓雖有義子呂布隨他出入，但是人都有弱點，而這對父子的弱點又出奇的一致：好色。

於是，大司馬王允便想到一個計謀離間董卓父子，希望借呂布之手將董卓處死。這樣一來，既可以瓦解董卓集團，又不必浪費自己的力量。

這天，王允派人將一頂綴滿明珠寶石的金冠送給了呂布。禮物價值連城，呂布自然要親自登門道謝才足以表達感激之情。而呂布從踏入王允府中那一刻起，就已經陷入了王允為他準備好的美人計中。

呂布來府，王允自然要設宴招待。酒過三巡，王允便讓府中的歌

【王允巧施連環計】

女貂蟬給呂布斟酒。這貂蟬天姿國色，呂布第一眼見到她就已經不能自拔了。

王允見此，趁機向呂布提議說：「將軍，我是欽佩您的威名，才讓貂蟬與您相見，如果將軍不嫌棄，就讓我做個媒人，把她許配給您。不知將軍意下如何？」

此時的呂布早已被貂蟬迷得無法轉移視線，而貂蟬面對呂布赤誠的目光，也含情脈脈看向呂布。

呂布高興地從王允府中離去後，王允見一切都按原計劃順利進行，幾日後，又找了個理由將董卓請來自己府中做客。董卓到府後，王允先是一番吹捧，待董卓被自己捧得眉開眼笑之時，王允開始切入正題：貂蟬的歌舞出場了。

貂蟬濃妝豔抹載歌載舞地出場著實驚豔，見過萬千美女的董卓竟然一時不能自持，看得眼睛都直了。

待貂蟬一曲歌舞完畢，王允伺機對董卓提議：「太師您覺得我把貂蟬送給您合適嗎？」

董卓一聽，自然心滿意足。本來還想找個理由把貂蟬討來，這下王允自己開口，果然是識趣的人。

酒足飯飽，當董卓從王允府上離開時，身邊多了一個人，正是貂蟬。

貂蟬被董卓帶回太師府的消息很快傳到呂布的耳朵裡。本來等著王允送貂蟬嫁給自己，此時卻被董卓納做了小妾，盛怒下的呂布再次來到王允府上責問他緣由。

王允對此早有心理準備，連說辭都早已編好：「昨天太師來我這裡說要將貂蟬接回府中與您成婚，將軍您還不知道這個消息嗎？趕快回府準備成親吧！」

呂布一聽，怒氣頓時消散，高興地回府等著娶貂蟬過門當媳婦。

可是呂布等了一夜也沒有半點風吹草動，誰知第二天一早當呂布詢問侍女董卓在哪裡時，侍女卻說：「昨天太師納了一位新人，現在還沒起床呢！」想當時呂布的心情應該是極為複雜，一方面渴望見到貂蟬，一方面又害怕董卓新娶的小老婆就是貂蟬。但不管結果如何，遲早還是要揭曉的。

當呂布看到貂蟬坐在董卓的臥室梳頭的場景，一切都明白了。

雖然呂布又氣又恨，但畢竟董卓是他的義父，還是得忍下這口氣。

可是貂蟬卻不能讓呂布忍下這口氣，她一見到呂布就淚眼汪汪，表示自己不想嫁給董卓，希望呂布能夠早日救自己脫離苦海。

自古英雄難過美人關，呂布雖武藝高強，但是在兒女私情上反倒柔情似水。

有一次，貂蟬在鳳儀亭依偎在呂布懷內時，恰好被董卓撞個正著。

眼見自己的義子占了自己寵妾的便宜，董卓竟氣急敗壞地搶過畫戟向呂布刺去。

這次事情之後，父子二人算是徹底因為貂蟬鬧得決裂了。

但是這還遠遠不夠，王允還得火上澆油。

他將呂布請到府中，對呂布說：「貂蟬本是一心一意想與將軍結為夫妻，但董卓從中作梗，才令你們有情人無法相守。而將軍跟隨董卓多年，又為董卓立下赫赫戰功，想不到董卓竟然狠心要將您殺死，這樣下去，將軍不僅保不住美人，恐怕性命也堪憂。」

呂布雖然生董卓的氣，但念在父子之恩還是有些猶豫，王允自然不給呂布心軟的機會，又繼續說道：「董卓姓董，將軍姓呂，本來就不算是什麼父子。現今董卓又不念父子之情搶了貂蟬又刺殺將軍，將軍還要繼續為虎作倀嗎？假使今天將軍能夠棄暗投明，日後必將得到皇帝重用，又可以和貂蟬永遠在一起。這樣不好嗎？」

不久，呂布便拿起畫戟對準了董卓。

殺了董卓之後，呂布第一件事並不是去朝廷領功，反而是趕到太師府接走了貂蟬。

小知識

　　荀攸對呂布的評價是：「布驍猛，又恃袁術，若縱橫淮、泗間，豪傑必應之。」雖然呂布被公認為猛將，但卻難過貂蟬美人關，最後也因自己有勇無謀慘遭殺害。

名將再強，也難防暗箭
——孫堅的隕落

當初，在討伐董卓時，眼看持久戰消耗下去只會損失自己實力的關東群雄開始陸續撤出戰場。就連最想除掉董卓的袁紹、袁術兩兄弟，也顧不得和董卓打仗，忙著內鬥。這時，只有袁術的手下孫堅仍在堅持和董卓作戰。

在孫堅攻打董卓未歸期間，袁紹突然派周昂攻打袁術。這下子打得袁術措手不及，連忙命孫堅火速率軍趕回支援。

孫堅接到袁術的信函時，簡直是哭笑不得。明明說好了要共同討伐大奸臣董卓，沒想到竟然窩裡鬥了。可是老大現在有危險，自己也只能趕回去營救。更何況袁紹這次出兵首先攻打的就是孫堅掌管的陽城，要是回去晚了，以後自己這個地頭蛇就沒得當了。

但是孫堅心裡還是很委屈，他對手下感慨道：「我們同舉義兵，目的是為了挽救江山社稷。如今逆賊將被掃滅，自己人卻爭鬥起來，我跟誰戮力同心，回天轉日呢？」說完這話後，孫堅心中的悲傷再也無法抑制，竟然仰天長歎落下淚來。

既然孫堅已經率軍趕了回來，周昂也不能再囂張了。於是孫堅幾乎沒費吹灰之力，就將周昂打得落荒而逃。不得不說，孫堅軍隊的戰鬥力還是很強的，當時討伐董卓的各路兵馬，只有孫堅的軍隊能夠和董卓軍隊屢次正面交鋒又屢次獲勝。

不過說到孫堅最可惜的則是他跟錯了老大。沒了董卓，袁術在當時雖然是實力最強，可是袁術與董卓相比也好不到哪兒去，都是狼子野心，而從智

商來論，袁術甚至還要差董卓一大截。只不過當時董卓獨斷朝綱，有更多的機會去做壞事。而袁術只能在地方稱霸，遠離了政治風暴中心而已。

西元一九一年四月，袁術派孫堅攻打荊州的劉表。

劉表得知消息後便派黃祖在樊城、鄧縣之間迎戰。

兩軍初戰之時，孫堅很輕易就擊敗了黃祖。但是孫堅沒有見好就收，而是把黃祖趕往死路自己乘勝追擊。孫堅率軍一路渡過漢水，直到包圍襄陽。

見孫堅軍隊兵臨城下，劉表關上城門避戰不出。

劉表這樣做當然不是畏懼孫堅，而是另有計策。當天夜裡，劉表派黃祖趁著夜色出城調集兵士。當黃祖帶兵歸來時碰上孫堅軍隊又是一場惡戰，可惜調來救兵的黃祖還是敗了。但是這次黃祖聰明多了，直接逃到自己熟悉的峴山中，孫堅又繼續不死心地追擊黃祖。

當孫堅追至峴山叢林深處，黃祖部將從竹林中發射一支暗箭，所謂「明槍易躲，暗箭難防」，這支暗箭正中孫堅心臟。

至此，一代將星從戰場上隕落下來。

小知識

孫堅十七歲時，曾隨同父親一同乘船去錢塘。半路上，碰上海盜胡玉等人搶奪商人財物，然後回到岸上分贓。與孫堅同船的商人，見到此情此景，都嚇得不敢走路，來來往往的船隻，也都不敢繼續向前行駛。孫堅見此情形，直接提刀奔向岸邊，邊走邊用手指揮，彷彿部署人包抄海盜。海盜見狀，嚇得四散而逃。孫堅因此事聲名大振，被任命為代理校尉一職。

可憐霸王命不長
——孫策脫離袁術

　　孫堅為袁術拼死賣命最後卻落得中箭身亡的下場。在孫堅死後，袁術稱帝的野心日益顯露，孫堅的兒子孫策越來越不願意為袁術效命，恰好孫堅的老部下丹陽尉朱治也來勸孫策去江東建立自己的事業。

　　於是，孫策便捧著當初父親孫堅給他的玉璽去見袁術，說：「我家舊日對江東人多有恩義，我願帶兵去幫助舅父征伐橫江。橫江攻克之後，我還可在當地招募士卒，大概能招募三萬人。那時，我再率領他們助您平定天下，謀成大業。」話雖這麼說，但袁術心裡明白孫策其實是想創業。可是袁術再想，現在江東那邊有劉繇和王朗分別占據著曲阿和會稽，區區孫策又能有什麼作為呢？於是便欣然應允了孫策用玉璽換兵的要求，又替孫策表奏朝廷任命他為折沖校尉。

　　很快地，孫策就率領著父親的舊部和自己的數百門客向江東出發了。

　　孫策這一路，憑著自己的名聲和他父親的威望，吸引了很多人來投靠他。等到了吳景的駐地丹陽時，孫策遇到了對他日後幫助極大的一個人，就是周瑜。周瑜不僅迎接孫策，還帶了很多軍糧。

　　孫策見此，高興地說：「有了你的支持，事業一定很快成功！」

　　孫策加周瑜的組合，果然所向披靡。在兩人很有默契的配合下，孫策在江東基本上是戰無不勝，接連挫敗樊能、張英等人。孫策越戰越勇，在優勢面前，他選擇連續出擊。而在孫策武爭江東地區的同時，他也得到了百姓們的擁護。

孫策平定了江東，他的軍隊也因軍紀嚴明廣受好評，原本江東地區的地方官員也沒有被罷免，而是繼續任命吳景為丹陽太守，朱治為吳郡太守，孫策自己則兼任會稽太守，也仍以虞翻為功曹。

可是孫策在以迅雷不及掩耳之勢平定江東時必然殺了很多阻礙他的人，這些人裡，有不少來自名門世族，還有一些英雄豪傑。

想為這些人報仇的人看到孫策在江東耀武揚威，更加無法平息心中的怒火。

而孫策呢？他倒不在乎這些。江東地區已經被他攻占下來了，百姓也是安居樂業，那麼孫策也可以滿足一下個人愛好了。

孫策的愛好，沒有別的，只是輕騎射獵。

西元二〇〇年四月，孫策依然像往常一樣出去打獵。可能是這天他的心情很好，還選了一匹上等的精駿寶馬。這寶馬全身皆白，快如閃電。可是寶馬也有不好的地方，就是隨從的普通馬跟不上來。

於是，在孫策射獵到了忘我的時候，早已顧不得隨從在不在自己身邊，只顧著一味策馬奔騰。這時，突然從草叢躍出三個人，猛然向孫策拉弓。生死倉促間，孫策哪裡來得及躲避。

【〈歷代帝王圖〉中的吳主孫權】

雖然，孫策的隨從很快趕了上來擊斃這三個人，但孫策此時也已經是奄奄一息了。

隨從見狀，趕忙扶孫策回到守地。

中箭的孫策知道自己活不長了，就命張昭等人趕來，託以後事。

孫策說：「中國方亂，夫以吳、越之眾，三江之固，足以觀成敗。公等善相吾弟！」

接著，孫策又將孫權叫來，給他佩上印綬，說：「舉江東之眾，決機於兩陣之間，與天下爭衡，卿不如我。舉賢任能，各盡其心，以保江東，我不如卿」。

孫策交代完這些，自己也沒力氣再講話了，過沒多久，孫策就因傷重去世，年僅二十六歲。

小知識

　　據說孫策容貌十分俊美，而且性格開朗、率直大方，不僅善用人才，更樂於聽從部屬的意見。不僅如此，孫策還很仁愛，因此贏得不少士人、百姓的擁戴，士民都願意為他效忠。

赤壁大火穩江東
故事 75
——孫權與劉備的聯盟

　　西元二〇七年，後漢政權已經名存實亡。而此時劉備這個漢室宗親在忙著建立自己的事業時得到了一個人的幫助，即是諸葛亮。而諸葛亮對劉備指明了戰略路線：東聯孫吳，西據荊州，南和夷越，北抗曹操。

　　作戰方案雖然有了，但時間上未必來得及。

　　曹操作為實力最強的一方，當然要抓住一切機會擴大勢力範圍。適逢荊州劉表去世，劉備這邊剛有了計畫還沒有準備齊全，就已經聽到曹操攻占荊州的消息。

　　曹操攻下了荊州，劉備只好逃跑，情急之下，只得放棄新野，退往夏口。而曹操則繼續向江陵進攻。此時曹操南侵看似將矛頭針對劉備，其實曹操還打算直接到江東消滅孫權。

　　這時候論作戰實力，孫權和劉備都不是曹操的對手。在地盤和生命雙雙受到威脅的情形下，這兩個人除了結成聯盟別無選擇。

　　不過，兩強聯合總是有很多顧慮的。畢竟心眼都不少，又都只在乎自己的利益，所以稍有不慎，不但結盟可能失敗，還可能結了仇怨。想必孫權和劉備對於結盟都有不少顧慮，這時孫權一方的魯肅和劉備這邊的諸葛亮成了結盟的推動者，這兩個智囊都極力遊說自己的主公結盟攻曹。魯肅更趁著劉表的追悼會直接遊說劉備安撫劉表的部眾增加自己的勢力，與孫權聯手共據曹操。

結盟畢竟事關重大，雖然孫權和劉備的下屬們態度都很積極，可是孫權在江東感覺很好，所以他的回答始終是：「我再考慮一下。」

　　然而曹操的一個舉動直接刺激了孫權的居安想法，間接推動了孫權和劉備的結盟。原來曹操以為自己威震四海，已經到了對手聞風喪膽的地步，對於小小江東，曹操自然認為自己可以令人不戰而勝。於是，他命人給孫權送了一封書信，說白了就是一封恐嚇信。

　　孫權雖氣，但曹操的勢力畢竟不容低估，去問自己的手下們又各說各話，統一不了意見。萬分無奈下，孫權只好把周瑜召回來，而周瑜對此態度是很堅決的：抗曹。

　　孫權一聽，「抗曹？」周瑜回答，「對，抗曹！」

　　到此為止，孫權和劉備才算是正式結盟。

　　結盟後兩個團隊最要緊的事情就是考慮如何對抗曹操，對此，周瑜早已有了自己的計畫，不然也不會如此堅決地對孫權說抗曹了。

　　周瑜認為，曹操軍隊長途作戰，到了江東必定勞累不堪。而江東多水，曹操想要爭取江東只得渡江。北方的將士素來不諳水性，他們放棄擅長的馬戰，改用船隻時，正利於善於水戰的我方，因而將戰場定位赤壁。他再派黃蓋假裝向曹操投降，等到十艘戰艦靠近曹操大軍時，就點起大火，以火船衝向曹軍戰艦，再藉風勢讓大火無限蔓延，曹操的水師必然無還擊之力。

　　有了詳細計畫以後，對抗曹操能

【一代名將周瑜】

否成功也就要看天時地利的配合了。

這年十月，赤壁之戰正式開打。

在火攻得手後，曹操軍隊被打得四散而逃。此時，周瑜率領主力軍隊迎面出擊，曹操的十萬大軍瞬間落敗，無數將士都被燒死、淹死。

眼見局面失去控制，曹操只好率領殘兵向西逃跑。

這場赤壁之戰，令曹操損失慘重，士兵折損了大半，有燒死的，有淹死的，還有在戰後因糧草不足瘧疾蔓延導致饑餓和疾病而死亡。

這場大火，基本上穩定了江東，奠定了三足鼎立的局面。

小知識

數百年來，歷史學界對於「赤壁」之戰發生的地點多有討論，諸說並起，被媒體稱為「新赤壁大戰」。一般統計，至少有七種「赤壁說」：蒲圻說、黃州說、鐘祥說、武昌說、漢陽說、漢川說、嘉魚說。從現代觀點來看，爭論的焦點在蒲圻說和嘉魚說之間，而歷史學出版物和已發現文物的證據更偏向於蒲圻說。

君無實權
——董卓的政治投機

董卓這個人野心有多大？從他未進入京城之前已經被人防範就能夠知道了。

漢靈帝未死之時，董卓還只是一個在外帶兵的將軍。雖然他的作戰實力一般，但是他卻死握著兵權不放，即使在漢靈帝下詔命令董卓入朝擔任少府一職時，董卓也是百般推托，不肯離開他的軍隊。等到漢靈帝病重時，再次下旨派董卓擔任冀州牧，董卓說：「我的士兵和我情同兄弟，請允許我將他們一起帶到冀州。」

朝廷重臣皇甫嵩的侄子皇甫酈對董卓的做法十分不滿，他對皇甫嵩說：「朝廷要董卓交兵權，可是他百般推托，這不是擺明著要造反嗎？」皇甫嵩想了想，就給皇帝上了一道奏摺。

漢靈帝這次也被董卓徹底激怒了，下詔嚴厲斥責董卓，命令他即刻前往冀州上任，末了還補充一句：不准帶兵。

可是老天這次偏偏幫了董卓一把，在他黔驢技窮之際，漢靈帝死了。

漢靈帝一死，憑著董卓的政治嗅覺，他知道京城一定會發生內亂。於是，趁著無人管制自己時，董卓就大張旗鼓地率軍來到洛陽附近。

在這個政權過渡的階段，果然如董卓所預料的那般，在外戚勢力和宦官勢力的爭奪下，代表外戚一方的大將軍何進開始將外地的軍隊調往京城，董卓正好手握重兵又離京城很近，這下他的政治機會該來了吧？可是並沒有。因為尚書盧植等人反覆勸告何進：不能讓董卓進京。

可想而知，當時外戚集團本來忙著和宦官集團較勁，卻也要提防著遠在京城外黃河邊的董卓，他的政治野心簡直昭然若揭。

　　眼看自己已經要帶兵進到京城內了，此時卻要被拒於京城大門外，想必董卓的心裡也不大好受。但他雖然進不去，還是可以靜觀其變，也許哪天還能撿個大便宜。

　　此時，只能守在黃河邊壯聲勢的董卓還離朝廷很遙遠。可是老天這次又幫了他一個大忙。

　　在皇宮內，大將軍何進最後沒能控制形勢，還把自己的命賠了進去。何進被宦官殺害以後，袁紹、袁術的軍隊開始攻打皇宮，又是放火燒宮門，又是斬殺宦官，手段相當激烈。

　　董卓眼見京城裡火光沖天，亂作一團，當夜率軍挺近京城洛陽。

　　董卓一邊率軍挺近，一邊盼望著這場紛亂慢點結束，不然等他趕過去，什麼都解決了，也就沒他的事了。

　　可是老天似乎很偏愛董卓，當董卓到了洛陽城西邊時，接到手下趕回來報告的消息稱小皇帝被宦官劫走了。現在雖然被朝廷官員救了下來，但是他們還只是在返回途中，而且隨行之人很少。

　　董卓一聽簡直笑得合不攏嘴，直接下令轉向北郊。

　　後面的事大家都已經知道了。在這場袁紹兄弟賣命，宦官、外戚雙雙喪命的政治鬥爭中，反而讓董卓撿了個便宜，給了他直接登上朝廷高位的機會。

　　董卓的野蠻在他權力達到顛峰的時候也徹底暴露無遺。他逼迫何太后下詔廢立劉辯，改立劉協當皇帝，自己不願意見到淚眼婆娑的何太后，就直接將她軟禁到永安宮，最後還毒死何太后。

　　在董卓當權時期，基本上後漢的朝廷成了他的董姓帝國。雖然後漢也曾經出過梁冀、竇憲這樣的權臣，可是他們的暴行與董卓相比簡直是小兒科。

但無論是董卓的崛起還是滅亡，都不得不承認，論政治投機者，在後漢時期他可能是數一數二的了。

挾天子以令諸侯
——曹操的陰謀

故事 77

曹操在《三國演義》裡是一個大白臉形象，就是奸雄的意思。大家都承認他是個大英雄，又都罵他是奸臣。這樣一來，這個人就顯得耐人尋味了。

俗話說，「龍生龍，鳳生鳳，老鼠的兒子會打洞」，直到今曰，持血統論和出身論的人也大有人在。蘑菇長到金鑾殿上，不是靈芝卻勝似靈芝。在這些人眼中，皇帝的兒子當皇帝，貴族的兒子做貴族，奴隸的兒子，也就永遠是奴隸了。古往今來，凡是皇帝和貴族以及他們的兒子，都喜愛唱這種老調，說穿了，就是在維護自己的既得利益。最典型的就是劉備，原本是個織席販履的小販，卻總抱著「帝室之冑」這塊招牌不放，四處炫耀他形跡可疑的皇族血統，又可笑、又可憐。

曹操則不然，他並不期求這種高貴身分。他也算是出身高官家庭，父親好歹是個官，不利的是，他爺爺是一個宦官。他父親本姓夏侯，過繼給了姓曹的宦官，所以曹操才得以姓曹。宦官的名聲不好，但曹操不在乎，最讓人佩服的是，他在《讓縣自明本志令》（又名《述志令》）所闡述的「政治綱領」，明確表達了自己「不得慕虛名而處實禍」的觀點。他在其中寫到，有人說我曹操應該功成身退了，把職務和權力交出來，到自己的封侯國去安度晚年。對不起，不行！職務我不辭，權力我也不交。為什麼呢？「誠恐己離兵為人所禍也」。誰都知道，我現在手握兵權，才有了這一呼百應的權威。一旦交出去，那我的老婆孩子就不能保全，皇上也不得安全。「既為子孫計，又己敗則國家傾危」，所以我絕不交權。

想當初，曹操沒有發跡時，想要在朝廷立足，他就把政治重心都放在皇帝身上。此時的皇帝已經被各路諸侯無視很久了，難得曹操願意把皇帝當老大，所以當漢獻帝窮困潦倒時，曹操提議讓漢獻帝離開洛陽到自己的許都生活，漢獻帝自然也就答應了。

　　漢獻帝離開洛陽以後，楊奉開始覺得不對勁，這明明是「挾天子以令諸侯啊！」於是，楊奉趕緊派人去追漢獻帝。可是曹操何等狡詐，漢獻帝既然都答應來許都了，當然會加派兵力保護漢獻帝順利到達許都，哪會允許其他人半路搗亂。

　　曹操把皇帝從洛陽請到許都，這一路上也做了不少投資，何況皇帝到了許都後，朝廷的開銷也要找曹操報銷，這筆投資的確是大。但是很快地，曹操的利潤就收回了。因為漢獻帝看到曹操這個大財主以後，直接授予了他「大將軍」之職。可以說，曹操現在是一人之下萬人之上了。

　　此後的曹操每天陪著漢獻帝，而從許都發出的詔令，無疑也都成了曹操的詔令。但是漢獻帝對曹操來說也還是有用的，畢竟天下尚有一個名義上的

【年畫〈曹操逼宮〉】

主子，曹操就能握著這張牌攻擊那些他不滿意的對手。

曹操的眾多對手中，此時要屬袁紹對曹操的威脅最大了。

於是，曹操打著天子的旗號，批評袁紹只知道擴充地盤，不願意扶持朝廷。袁紹被朝廷如此責備，只能自認倒楣，假裝認錯。曹操繼續「下詔」將袁紹改封為太尉，一下子讓袁紹從全國總司令變成了國防部長。這種明升暗降袁紹不能忍受，公然上書朝廷拒絕接受任命。

要知道，雖然整袁紹的人是曹操，可是發布詔書的卻是皇帝。袁紹公然拒絕曹操，雖然令曹操很沒面子，但也給了曹操攻打袁紹極佳的理由：不服從天子。

這件事上，袁紹雖然代表著當時最強的勢力，可是畢竟有袁術稱帝的事例在先，如果此時袁紹和曹操作對，無疑是和朝廷作對，這完全是引火焚身的做法。事到如此，袁紹也只能吃悶虧，聽了曹操的命令，去做他的國防部長。而袁紹對曹操的妥協，也等於是最強勢力對曹操的屈服。

漢獻帝遷都許都，實際上也是將劉氏政權過渡為曹氏政權。可是曹操並沒有急於將朝廷易姓，反而利用漢獻帝劉氏王朝的統治根基為自己日後的統治做好準備。

在曹操「挾天子令諸侯」的二十四年裡，東漢已經徹底名存實亡，雖然漢獻帝只是曹操控制他人的一個棋子，但是在漢室王朝風風雨雨的前後四百年裡，大小皇帝死於非命的不計其數，而漢獻帝雖然淪為一個傀儡，但也並沒有受到曹操太大的虐待，除了不能自由發號司令，其他生活上的事情也還算有尊嚴。更重要的是，漢獻帝最後並沒有因為曹氏建立自己的帝國被殺，而是壽終正寢。

可以說，漢獻帝也算是歷史上末代帝王中比較好命的了。

　　曹操除了在政治上有所作為外，在文學上也頗有造詣。他的散文和詩歌均有慷慨悲壯之勢，從而開啟並繁榮了建安文學，給後人留下了寶貴的精神財富，史稱建安風骨。魯迅曾評價曹操為「改造文章的祖師」。同時曹操也擅長書法，尤其擅長章草，唐朝張懷瓘在《書斷》中評其為「妙品」。

第五章

紅顏浮生錄

故事 78　不一樣的廢皇后
——郭皇后的政治姻緣

劉秀在革命事業初期，並不是一帆風順，在他前往河北攻打邯鄲王郎的時候，力量薄弱的他只能四處求援以擴大自己的軍事實力。可是河北地區大多歸順了王郎，在劉秀最困難的時候，真定王劉揚表示要出兵幫助他，但條件是要劉秀與其外甥女郭聖通結婚。

這時的劉秀，早已娶了陰麗華，那郭聖通是何許人？她的父親是曾將百萬家產拱手讓給異母兄弟的好漢郭普，而她的母親則是漢景帝的後代。如此身世背景，就算劉秀不動心，看在百萬雄軍和無限糧草的面子上也要把郭聖通娶回去。

劉秀和郭聖通原本就是政治聯姻，不過郭聖通本人姿容秀美，對劉秀又是一往情深，兩人在婚後還是過得很和諧。

到了劉秀平定天下，得以繼承大統之時，終於有機會可以將陰麗華接回自己身邊了。

兩個妻子，一個是患難與共的陰麗華，一個是對自己事業有幫助的郭聖通，在由誰來做皇后這個微妙的時刻，郭聖通恰好為劉秀生了第一個兒子劉強。

這樣一來，本來家世就不如郭家的陰麗華主動放棄了劉秀給她的機會，將皇后之位拱手相讓於郭聖通。

郭聖通成了皇后，他與劉秀的長子劉強自然被封為太子。不過，郭聖通

與陰麗華之間的明爭暗鬥卻沒有到此結束。

後來，郭聖通又相繼為劉秀生了四個兒子，而陰麗華也不甘示弱地生了五個。在劉秀十一個兒子中，除了許美人為劉秀生過一個兒子外，其餘均為郭聖通、陰麗華所出，可見兩人當時在劉秀心中都是有位置的。

可是隨著皇子們漸漸長大，哪個兒子更有才學劉秀就能看出來了。

這時，陰麗華所生的大兒子劉莊顯示出了超出常人的聰慧和機智，加上劉莊勤學好問，劉秀在心裡將劉莊和劉強做對比，開始動搖是否真的要劉強來做自己的接班人。

劉秀有了換接班人這個想法後，郭聖通和陰麗華的關係也變得尖銳起來，加上後來陰麗華娘家遭到強盜的洗劫，她的母親和弟弟都被強盜殺害，陰麗華整個人陷入悲痛當中。

陰麗華難過，劉秀感同身受，就下了一道詔令，對陰麗華的族人大加封賞，同時又說陰麗華賢德，這個皇后本來應該是她，可是她卻推辭了。

這件事對郭聖通來說可是一個刺激，劉秀一紙詔令，等於直接向公眾表示自己的皇后之位是陰麗華讓給她的。這時，即使郭聖通對陰麗華再忍讓也難以做到心平氣和了。

接下來，郭聖通犯了個大錯，就是吃醋鬧情緒，導致劉秀將郭聖通廢黜，改立陰麗華為后。

郭聖通被廢以後，失去了母親庇護的太子劉強自知父親更屬意劉莊，就主動辭去了太子之位。

可是廢后郭聖通並沒有因此失寵。畢竟郭聖通的舅舅、父親都是在劉秀危難時支援過他，這種恩情劉秀自然沒有忘記，雖然將郭聖通廢除了皇后之位，可是對郭家卻不斷用重金和爵位進行補償，一時間郭家在洛陽城內成了富可敵國的大家族。而劉秀有時還會帶著百官到郭聖通的娘家去飲宴，就連

郭聖通的母親去世時，劉秀也會帶著人親自趕去弔唁，而郭聖通的娘家人對劉秀也仍然忠心。

郭聖通被廢一事可以說前後都沒有引起什麼騷動。而郭聖通雖然名義上被廢，可是她在洛陽宮中的生活條件仍然和從前一樣，不但沒有住進冷宮，劉秀反而賜給她一座宮殿讓她在裡面生活。不僅如此，對於這個廢后，劉秀還是會經常去探望，自然也會留下來過夜。

郭聖通被廢，其實不過是劉秀想立陰麗華為后，郭聖通本身並沒犯錯，自然在被廢以後還能得到劉秀的恩寵，也算是獨一無二的廢皇后了。

小知識

《後漢書》記載：「郭后違命，陰氏得令。」實際上郭皇后除了喜歡鬧點小情緒外並沒有其他的錯誤，可是劉秀卻譴責郭皇后說：「皇后懷執怨懟，數違教令，不能撫循他子，訓長異室。宮闈之內，若見鷹鸇。既無《關雎》之德，而有呂、霍之風，豈可托以幼孤，恭承明祀。」可見這在帝王眼裡是極不能容忍的。

萬千寵愛於一身

——娶妻當得陰麗華

故事 79

　　佛說，前世五百次回眸，換來今生的擦肩而過。想必當年輕的劉秀在新野街頭與陰麗華擦肩而過時，心情應該是特別複雜。

　　當時，劉秀還只是落魄的莊稼漢，而陰麗華卻是名門淑女，雖然劉秀對陰麗華一見鍾情，可是默默無聞的他也只能壓抑自己心頭的愛慕之情。

　　過沒幾年，劉秀來到長安遊學，在這期間發生了一件事徹底改變了他的人生：執金吾出行。

　　執金吾按今天來看屬於首都總司令，但這樣一個官員，他的出行場面也極為盛大。看到別人都已經建功立業，年輕氣盛又是漢室表親的劉秀自然也會產生一點遐想。這件事之後，每每劉秀感歎起人生總是要說：「仕宦當作執金吾，娶妻當得陰麗華。」久而久之，這句話也成了劉秀的人生奮鬥目標。

　　西元二三年，劉秀在昆陽之戰取得了勝利，他本人也因此聲名遠揚。可是劉秀兄弟二人功高震主，更始帝劉玄找了個藉口將劉秀的哥哥劉縯殺害了。在相依為命的哥哥死後，劉秀明白自己必須小心謹慎，不然下一個遭殃的可能就是自己。此後很長一段日子，劉秀都是夾著尾巴做人，日子過得十分艱難。

　　但是在他內心最彷徨痛苦的時候，老天卻給了他一個恩賜，讓他娶了自己夢寐以求的女子陰麗華。

　　劉秀和陰麗華結為夫妻後，過了難得的清閒日子。夫妻二人新婚燕爾，

如膠似漆。可是這種甜蜜並不長久，因為不久後劉秀便被派去鎮撫河北了。

到了河北以後，劉秀面臨了他人生最動盪的一段歲月。這期間，劉秀一路被王郎的軍隊追殺，幾次化險為夷，但劉秀也會感慨這天下間哪裡是他的容身之處。

當劉秀終於抵達河北後，第一件事便是尋找能夠幫助自己的人，這時候恰好有個叫劉揚的地方諸侯王表示很看好劉秀，可是條件是劉秀必須要迎娶自己的外甥女郭聖通。

這場政治聯姻換來了劉秀的軍事實力，更換來了劉秀日後的東漢王朝。可是劉秀卻因此對不起一個人，此人正是他的結髮妻子陰麗華。

劉秀和陰麗華一別就是幾年，這期間很多人都認為劉秀已經死了，勸陰麗華改嫁，可是陰麗華始終沒有答應。

劉秀登基後，並沒有忘記與陰麗華的承諾。闊別多年後，陰麗華終於等到了劉秀。可是當二人再見面時，卻已經物是人非。劉秀不僅從一個普通官員變成了東漢開國皇帝，身邊還多了一個懷孕多時的老婆郭聖通。

這種情形讓陰麗華大受打擊。

雖然夫妻得以重聚，可是隔了這麼多年，很多事都已非從前。雖然劉秀心裡愛的人是陰麗華，可是郭聖通與他的政治聯姻畢竟是有恩於他。而陰麗華面對郭聖通，心裡也十分難過。

但是問題還是需要面對，國不可一日無君，也不可一日無後。然而此時郭聖通已經生下了皇子，劉秀想要立陰麗華，難免有失大局。陰麗華明白劉秀的為難，便勸劉秀立郭聖通為后。

但劉秀心裡只有陰麗華，郭聖通雖然當上了皇后，卻徒有其名。在劉秀和陰麗華的情誼面前，郭聖通顯得實在微不足道。

西元四一年，郭聖通終於被劉秀廢黜了皇后之位，改立陰麗華為后。也

算是這對患難夫妻最圓滿的結局了。

小知識

　　劉秀在京師長安太學讀書時，有一次見到了執金吾率軍出行的盛大場面，在此之前又對出身名門的新野陰氏家族小姐陰麗華的美貌很仰慕，因此感慨說：「仕宦當作執金吾，娶妻當得陰麗華」這在日後也引發無數梟雄的共鳴。

「不留名」皇后約束外戚
——馬家有位三小姐

在馬援的三個女兒中，屬三小姐最靈秀聰慧。馬援生前，曾為三小姐和竇家定了一門親事。可是馬援死後，卻被誣告受冤，撤免侯位，而竇家竟落井下石，這令馬援的藺夫人十分惱怒，堅決與竇家解除了三小姐的婚事。

藺夫人給三小姐退了親以後，開始為女兒盤算今後的出路，想來想去，決定將三個女兒全部送進皇宮，也許將來能還馬家一個公道。

靈秀出眾的三小姐自然得到恩寵，進宮後被送入太子宮中。當時只有十三歲的三小姐因性格溫和，謙虛溫柔，不僅陰皇后對她的印象很好，就連太子劉莊也十分寵愛她。有皇后、太子的寵愛，更有宮人對她的稱讚，三小姐在宮中可謂是如魚得水。因此，到了光武帝病逝，太子劉莊繼位時，三小姐自然而然被加封為貴人，不久以後，又被封為皇后。

三小姐成為皇后這年，剛滿十七歲，可以說三小姐走得實在是太順利了。不過，三小姐也有自己要面對的問題，就是沒生育孩子。劉莊為了安撫三小姐便把賈氏所生的兒子交給三小姐撫養，賢良的三小姐也沒辜負劉莊的心意，對待賈氏的孩子宛如自己親生的一樣。這個孩子就是後來的章帝，對三小姐也十分孝順。

貴為馬皇后的三小姐有父親遭冤的教訓，自然在宮中十分謹慎，她雖然有明斷之才，卻堅決不參與朝政，即便是在劉莊死後，章帝繼位，已經貴為太后的三小姐仍然堅持遠離政治漩渦。

此時三小姐在宮中閒來無事，卻經常感懷劉莊在世的點點滴滴，於是，

她決定親自撰寫《顯宗起居注》，將劉莊生前的日常點滴都記錄下來。可是三小姐在撰寫的過程中卻刻意將自己的哥哥馬防在劉莊病危時侍奉左右這件事給抹去了。當章帝發現後，忍不住替舅舅打抱不平：「一年以來，舅舅早晚侍奉先帝，如今既不表彰他，又不記錄這件事，是不是有些過分？」三小姐卻說：「我這樣做正是希望後人不知道先帝曾經親近後宮的家人啊！」

後來，章帝感念幼年舅舅的教導之恩，想要給舅舅封侯，可是三小姐卻堅決的制止了章帝這一想法。等到第二年，時逢大旱，群臣認為這或許是因為不封外戚的原因，因此上奏太后請求按照典制加封外戚恩澤人下。

三小姐知道這是有大臣想要趁機找理由討好自己，就寫了一份詔書說：「凡上奏此事的人只不過是想要討好我，希望能從中得利。前朝田蚡、竇嬰等外戚地位尊貴、恣意妄為，最後招致滅門之災。先帝對外戚嚴加防範，目的是不讓外戚占據高官顯位。我既然是一國之母，穿衣不求華麗，飲食不求精美，我身邊的人也穿粗布衣服，更別說佩戴首飾了。我這樣做無非是想要做個表率，沒想到外戚們不但不反省自律，反而嘲笑我太簡樸。上次在濯龍園，向我問安的外戚絡繹不絕，他們的奴才穿著非常華麗，遠遠超過我的侍者。我沒有責怪他們，只是斷了他們一年的俸祿，希望他們能幡然悔悟。但是他們仍然不思悔改。知臣莫如君，更何況是家人呢？所以說，我上不能違背先帝的旨意，下不能有損前人的美德，重蹈西漢滅亡之路。」三小姐這番話直接將大臣的請求駁回了。可是這道詔書被章帝看到之後，卻難過起來，他對三小姐說：「國舅封侯，這是自古以來的慣例，太后雖然謹慎，可是我想要向三個舅舅表達心意有什麼不對呢？大舅年事已高，二舅、三舅此時都身患重病，日後若有意外，我會留下遺憾的。」

即便這樣，三小姐仍然堅持說：「馬氏一族並沒有對國家做什麼大事，不能與陰皇后等中興之後相比。那些貴族之家，居於高位，往往因此招致禍端。如今你三位舅舅衣食無憂，不必再給他們封賞了。」於是，章帝才放棄了加封舅舅的念頭。

約束外家
後漢書曰明德
馬太后詔曰前
過濯龍門上見
外家起居者車
如流水馬如遊
龍蒼頭衣綠褠
龍鬟頌承檐
穭禘御者不及
遠矣因切責之

【馬皇后約束外戚】

　　章帝之時，朝廷沒有外戚之禍，也是因為三小姐對馬氏外戚的約束，雖然馬氏在史書裡並沒有特別多的記載，在後代也沒有很大的作為，可是三小姐卻扶持章帝開創了一代盛世，實在是賢德之後。

小知識

　　馬皇后為明帝劉莊所編撰的《顯宗起居注》，是歷史上最早專門記錄皇帝日常言行的著作，也為後世開創了「起居注」這一新的史書體例，因此被稱為中國第一位女史家。

開外戚專權之先河
——竇太后橫刀奪愛

故事 81

　　所謂風水輪流轉，當年郭聖通從皇后之位被劉秀貶了下來，她的曾外孫女竇皇后卻連本帶利地替她翻了盤。而這竇皇后當了太后，直接將漢皇室帶入外戚統治的道路。

　　當年馬太后為了限制外戚的權力，即使章帝明確表示希望馬太后能攝政，馬太后也堅持拒絕。不僅如此，馬太后為了表示自己無心政治，每天都把時間花在替皇帝選妃的事情上。馬太后給章帝選了很多世家女子，只盼著能兒孫滿堂。

　　章帝面對一群容色嬌豔的女子，自然對其中幾位格外寵愛。這裡面就有郭聖通長子劉強之女沘陽公主的兩個女兒大小竇氏。

　　年輕貌美的大竇氏入宮之後，因為姿容豔麗，很快就得到了章帝的寵愛。又因家世顯赫，大竇氏順理成章地被冊封為皇后。

　　但是，章帝可並不是獨寵大小竇氏，在後宮之中，還有大小梁氏和大小宋氏這兩對姐妹分擔了章帝的寵愛。雖然大竇氏此時已經貴為皇后，是六宮之主，可是對於竇皇后來說最致命的是她始終沒有為章帝生過孩子，不但是大竇氏沒有生育，連小竇氏也沒有子嗣。膝下無子的竇皇后深知沒有兒子對於自己來說意味著什麼，就在這時，大宋貴人卻為劉慶生了第一個兒子，緊接著小梁貴人也為章帝生下了皇子。這下竇皇后在後宮中有了危機感。

　　然而，就在竇皇后想盡辦法在章帝面前爭寵的時候，急於立皇儲的章帝卻將長子立為了太子。這對竇皇后來說簡直是巨大的打擊，眼看著大宋貴人

生了皇子劉慶，又母憑子貴更加得到章帝的寵愛，竇皇后的危機感是前所未有的強烈。

竇皇后必須要採取反擊策略，於是，竇皇后連同妹妹小竇氏以及沘陽公主終日在章帝耳邊編造大宋貴人的壞話，章帝聽多了，漸漸對大宋貴人也疏遠了。雖然章帝對大宋貴人不再像從前那般寵愛，但馬太后對大宋貴人還是青睞有加。

竇皇后知道章帝對馬太后孝順，生怕哪天又因馬太后的關係重新寵愛起大宋貴人。這次，竇皇后轉而從另一條路線對大宋貴人發動進攻。

竇皇后仗著自己是皇后身分，先是跑去和章帝哭訴自己沒有兒子，接著表示希望能撫養小梁貴人的兒子。按照舊制，皇后沒有生育抱其他妃嬪的兒子來撫養是很正常的，於是，章帝便答應了竇皇后的請求。

這下子竇皇后有了自己的兒子以後，就有實力和大宋貴人爭寵了。不過，竇皇后卻擔心將來含辛茹苦養大的兒子長大以後仍然和生母小梁貴人親近，就索性斷了兒子將來認母的後路，買通宮人將小梁貴人毒死了。

此時，大宋貴人所生的長子劉慶仍然被立為太子，竇皇后擔心哪天章帝駕崩，劉慶即位，大宋貴人必定容不下自己。於是，竇皇后想出了一條毒計，希望能藉此將大宋貴人直接扳倒。

有了小梁貴人被毒死的先例，試想這個被竇皇后當成政敵的大宋貴人的下場自然不會比小梁貴人更好。果然，竇皇后捏造了巫蠱詛咒事件，把矛頭直接指向大宋貴人。

面對竇皇后的誣陷，大宋貴人想為自己申辯的機會都沒有，畢竟此時身邊的宮人都已經被竇皇后買通。而過去能夠庇護自己的馬太后也已經去世。最後，大宋貴人在太監蔡倫的拷問下，無奈服毒自盡了。

大宋貴人死後，太子劉慶也不再受到章帝的疼愛，過沒多久，章帝就將

劉慶廢了，改立竇皇后撫養的兒子劉肇為皇儲。

已經成為最大贏家的竇皇后仍然不肯收手，除掉了宋氏姐妹之後，又開始對梁氏姐妹動手。等到竇皇后將和自己爭過寵的女子及其家人都陷害下獄之後，想到馬太后的娘家仍然很有地位。於是，竇皇后又開始處置馬氏的親屬。雖然馬太后的家人沒有像宋、梁兩家那樣淒慘，卻也因此家道中落。至此，朝廷裡的外戚集團只剩下竇氏一族了。

不久，章帝病死，竇皇后自然而然成為當朝太后，開始了竇氏外戚的霸權統治。

小知識

竇太后剛去世還沒有來得及埋葬，群臣就上奏說竇太后生前做了很多錯事不適合與章帝合葬。

和帝下詔說：「竇氏雖不遵守法度，而太后常自減損。我奉事十年，深深地考慮大的原則，在禮方面，臣子沒有貶低尊上的記載。有恩德不忍離析，有仁義不忍虧待。前世上官太后的父親和燕王謀反被誅，太后年少，又是霍光外孫，也沒有受到降黜，大家不要再議論了。」由此，竇太后才得以與章帝合葬於敬陵。

都是嫉妒惹的禍
——陰皇后巫蠱之禍

當年隨著竇太后掌權的還有一群竇氏外戚，年幼的和帝只能過著有名無實的傀儡生活。可是在和帝十四歲那年，卻奇蹟般地將政權從竇氏一族手中奪了回來。這時，得以親政的和帝開始忙著為自己選老婆，恰好看中了陰麗華大哥陰識的曾孫女陰氏。

有家族背景做後盾的陰氏入宮以後，很受和帝寵愛，很快就從貴人升為皇后。

就在陰氏春風得意的時候，宮裡卻來了一個門第同樣很高的鄧綏。鄧綏的出場，可謂是驚豔後宮，史書裡對鄧綏有這樣的描寫：「姿顏妹麗，絕異於眾，左右皆驚。」不過，鄧綏可不只是在美貌上出眾，比起知書達理的陰皇后，鄧綏還多了份才學。

鄧綏入宮之後，憑著天生的容貌和後天習得的才學，立刻將和帝從陰皇后的身邊搶走了。

和帝對鄧綏的寵愛日盛一日，這就打翻了陰皇后的醋罈子。

陰皇后對鄧綏嫉妒得要命，卻沒有辦法挑撥鄧綏與和帝的關係，這就更讓陰皇后討厭鄧綏了。可是鄧綏僅僅被和帝寵愛還不夠，就連後宮中人也都被她的人格魅力所感染，對鄧綏的評價普遍高於喜歡斤斤計較的陰皇后。

不過，無論陰皇后和鄧綏爭得多麼激烈，兩人都沒有生育卻是不爭的事實。這件事無疑對陰皇后有很大的好處，雖然陰皇后自己沒能生出一兒半女，

但鄧綏也沒能為和帝生下皇子，這樣一來，假使哪天和帝駕崩了，陰皇后就會升為太后，無論過去鄧綏有多麼得寵，也都會成為陰皇后的俎下之魚。

說來也巧，和帝突然生起大病，這下陰皇后的前途立刻明朗了起來。博覽群書的鄧綏很清楚自己的處境，心知如果和帝沒能逃過這場大病，那麼等到陰皇后繼了太后之位，必然要對付自己。鄧綏每每想起前朝呂太后對付戚夫人的事情就感到汗毛倒豎，為了避免日後連累鄧氏族人，鄧綏在和帝病榻前抹著鼻涕眼淚表示如果和帝不幸去世，自己也要以身相殉。

誰知老天竟然庇佑鄧綏，和帝在床上躺了半個月，病竟然好了。陰皇后好不容易盼來的絕佳機會就這麼錯過了，這個時候，如果陰皇后能耐住性子繼續等，等到和帝歸西的那天，到時候想要報復鄧綏還是有機會的。

然而，當和帝奇蹟般地痊癒後，平日被鄧綏厚待卻被陰皇后虐待的宮人們便把和帝昏迷時的情況告訴和帝，單是說鄧綏如何情真意切，陰皇后如何薄情陰險還不算，宮人們還要把自己的個人情緒投進去，添油加醋地放大這兩個女人的真情與假意。

這件事被陰皇后得知以後，簡直是怒火中燒，她知道，和帝已經離自己越來越遠了，如果和帝短時間死不了，繼續拖下去很可能某天自己就被廢黜了，取而代之的則是鄧綏。

想到這裡，陰皇后再也忍受不了了，就趁著外祖母來宮中探望自己的時候，向外祖母透露了自己的想法，一樁巫蠱案就這麼發生了。

不過，想要以巫蠱整治鄧綏的陰皇后並沒有得逞，在陰皇后喪心病狂地研究巫蠱希望能藉此整死鄧綏期間，被身邊的宮女偷偷地告了密。古代宮廷對巫蠱的敏感度在武帝時期戾太子劉據事件足以證明，此時陰皇后身為國母卻偷偷研究巫蠱想要害人，這下子和帝再也不能容忍陰皇后繼續胡作非為了。

而陰皇后背後的陰氏一族非但保不了她，反而還因此被陰皇后的嫉妒給拖下了水。

最後，因為搞巫蠱被人告發弄得家破人亡的陰皇后孤獨地在冷宮中絕食而亡。陰皇后倒臺以後，鄧綏自然而然的接替了皇后之位。後來，和帝病逝，升為太后的鄧綏開啟了長達十五年的執政之路。

小知識

範曄在《後漢書》評價陰皇后為「后少聰慧，善書藝。」而司馬彪在《續漢書》中也評其為「后為人聰惠，有才能。」可見陰皇后實際上還是很有才華的，可惜因為吃醋斷送了自己的前程和性命，還把整個家族都牽扯了進來。

「灰姑娘」成長記
——鄧太后的逆襲

故事 83

說鄧太后是灰姑娘，可能有點不妥，畢竟是出身名門，她的祖父正是為光武皇帝劉秀獻「圖天下策」的開國重臣，在「雲台二十八將」中排名第一位的鄧禹，

鄧太后既然有如此顯赫的出身，被送進皇宮也是最正常不過的事情。

不過，鄧太后卻很幸運，出身名門卻註定要和皇帝結親以求穩固雙方勢力的命運反而為鄧太后帶來了一段幸福和諧的婚姻。

說起鄧太后的幸福生活，還要先說說年少時期的鄧太后有多麼與眾不同。

以鄧氏在朝廷的地位，自然在家風上有嚴格的正統教育，親人之間往往因為各種禮儀的約束反而令彼此間變得拘束。鄧太后的父親鄧訓正是典型帶有一種在大家族環境中形成的威嚴，面對父親那張時常板著的臉，鄧太后的兄長每次見到，都感到十分不自在，而鄧訓本人也極少對孩子們露出笑容。唯獨對小女兒鄧綏，鄧訓總是會露出與眾不同的慈愛。可見鄧太后在年少時多受父親的喜愛。

按理說，在大家族裡鄧太后生為女兒身受重視的程度應該比不上她的哥哥們，畢竟古代重男輕女的思想尤為嚴重，特別是對於那些世代相傳的貴族。可是鄧綏自幼卻受到父親獨一無二的偏愛。

當然，鄧訓不是平白無故的疼愛小女兒鄧綏。原來，鄧綏在年幼的時候

很受祖母的疼愛，祖母經常親自為她剪頭髮。可是老人家年紀大了眼力不好很容易用剪刀戳傷鄧綏，每每鄧綏被剪刀刺傷，都是默默地忍著。她的侍女們看到幼小的鄧綏忍著疼痛，就問她：「難道就不覺得疼嗎？」鄧綏卻說：「當然疼啦，可是太夫人是因為寵愛我才願意為我剪頭髮的，如果我喊疼就會傷了太夫人的心，所以就強忍著了。」這時候的鄧綏剛滿五歲，卻已經如此體貼懂事，也難怪招人喜歡。

後來，鄧綏到了讀書的年紀，在家中凡是她能見到的書都會拿過來仔細研讀。一個女孩子每天把時間用在讀書上，這引來了母親的不滿，她對鄧綏說：「妳不認真學習女紅，反而整天讀書，難道將來想做博士？」鄧綏自然不可能做博士，面對母親的譏諷，鄧綏並沒有生氣，反而為了讓母親開心，此後每天都用心學習女紅，直到夜裡才會燃起燈燭開始看書。

【鄧太后戒飭宗族】

鄧綏白天學女紅，晚上讀書，這件事被她的父親鄧訓知道後，認定這個女兒將來會比兒子們都出色，因此對鄧綏更加疼愛。

　　西元九二年，十二歲的鄧綏被選進宮中，可是就在她臨入宮之前，卻傳來父親鄧訓病逝的消息。往日最疼愛自己的父親去世了，鄧綏再也顧不得入宮的事情，而是選擇為父親守孝三年，不吃鹽菜，只吃米飯。

　　轉眼三年，此時鄧綏已經十五歲了。當她脫下守孝的衣服，家人立即為她安排了入宮的事宜。就這樣，鄧綏終於來到了和帝身邊。

　　不過鄧綏起初在和帝身邊並不能自由自在地享受和帝的恩澤，因為在她入宮後已經有了一個陰皇后。鄧綏這個新人的到來把陰皇后變成了舊人，也因此遭到了陰皇后的嫉妒和迫害。

　　好在鄧綏最後憑著自己寬厚仁慈的性格在宮中贏得好人緣，並因此使她化險為夷。陰皇后迫害鄧綏的事情敗露之後，陰皇后被廢，鄧綏從貴人之位加封到皇后的位置。

　　後來，和帝去世，年輕的鄧綏成為太后，正式站在權力最高點，完成了人生精彩的絕地反擊。

小知識

　　鄧禹生前曾感歎地說：「我統帥百萬之眾，從來沒有亂殺過一個人，我的後代必定有發達的。」鄧綏的發跡，驗證了這一點。

到底是親哥哥
——梁太后與她的外戚集團

故事 84

西元一二八年，年僅十三歲的梁妠被選入宮中。原本就相貌出眾、出身高貴的梁妠恰好在她入宮這年又得到了一位宮中面相師幫助，一舉奠定了她在後宮的地位。

事情原委大致是這樣的：當時剛入宮不久的梁妠有一次在後宮閒逛，走著走著碰到了一個叫茅通的人。茅通一見到梁妠，頓時呆住，整個人站在原地無法動彈。梁妠不明所以，還以為是茅通有什麼問題。過了好半天，只見緩過神來的茅通情緒激動地對梁妠說：「娘娘日後必定大富大貴。」

梁妠覺得這個人是在拍自己的馬屁，也沒當回事，誰知後來在見到順帝時，她再次看到了茅通。

原來，茅通是宮中極有名的面相師，他的職責就是看宮中哪個女子面相好能旺夫。茅通這次見到梁妠，雖然還是感到驚奇，但比初見梁妠還是正常了一些。他指著梁妠對順帝說：「此女的面相是極為富貴之相，這是我有生以來第一次見到的啊！」其實也就是表示梁妠生來旺夫，而且是屬於旺中之旺。有茅通在一旁為梁妠美化形象，順帝對梁妠最初的印象自然好得不得了。

既然梁妠的面相是著名面相師茅通認可的，那麼此後，每當順帝見到梁妠，都是怎麼看怎麼好，反正挑不出梁妠一點瑕疵。加上樑妠本人性格敦厚，溫婉可人，順帝自然十分寵愛。

所謂一人得道，雞犬升天。

隨著梁妠受寵的還有她的父親和哥哥。其實要說起梁妠的父親梁商，為人也算是正直，無論生前死後都是受到一致的好評。可是梁妠的哥哥梁冀，無論是人品還是性格比起他的父親和妹妹可都差得遠了。

　　後來，梁妠在順帝的盛寵下毫無意外地被封為皇后，梁氏外戚也因此快速崛起。等到梁商和順帝相繼去世之後，梁妠梁太后和憑著妹妹的關係升至大將軍的梁冀成了站在權力高峰最頂端的兩個人。

　　順帝剛過世的時候，當了十二年皇后的梁妠晉升為太后，此時新帝年幼，只能由梁妠以太后身分臨朝稱制。在過去梁妠當皇后的日子裡，素來以賢德聰慧著稱，梁妠掌朝，實際上是被賦予很高期望的。

　　可是，梁妠雖有才華，但比起之前的鄧太后卻差了點，因此，朝廷並沒有像群臣預期那般顯現出新的氣象。相反地，在梁妠的縱容下，梁冀成了朝廷中最囂張跋扈的惡人。

　　可見，梁妠根本無法約束自己的娘家人。在梁妠執政初期，太尉李固並沒有看透這一點，上書梁妠直接指出梁冀的過錯，請求梁妠加以懲治，匡正朝綱。

　　李固要梁妠管束自家人，這個要求對於梁妠來說著實有點過分。即便梁冀為非作歹，畢竟還是自己的親哥哥，所謂長兄如父，梁妠對於這個哥哥縱有不滿也不至於懲罰。

　　就這樣，梁妠婉拒了李固的請求。梁冀知道後，更加倚仗自己的外戚身分胡作非為。此後，梁冀所作所為變得一天比一天過分，直接誅殺忠良，更加荒淫無度。

　　雖然說兄妹情深，但梁妠為親情付出的代價卻是整個東漢王朝衰亡。

據說梁妠出生之時，屋內曾閃現一道紅光，家人因此認為梁妠此後必定富貴。後來，在梁妠入宮時，曾有面相師稱其為「日角偃月，極貴之相」，此後，果然梁妠無論做什麼事情都是一帆風順。

給女人定規矩的女人

故事 85

——班昭與《女誡》

班昭的父親是史學家班彪，大哥是《漢書》作者班固，二哥是名震西域的班超。班氏一族，可謂滿門英才。既然有如此優厚的家學淵源，雖是女兒身的班昭自然也不會遜色。

班昭年幼時，她的父親班彪和大哥班固已經在史學界有了一定的地位，在良好的文化薰陶下，小小年紀的班昭開始閱讀經史子集。在班昭成年後，已經成為精通歷史、天文、地理的全能才女。

不過，才女班昭終歸還是要嫁人的。在她十四歲這年，父親班彪為女兒定了一門親事：嫁給同郡曹世叔為妻。雖然是父母之命，可是班彪對於女兒的親事還是很用心，千挑萬選的曹世叔不但人品好、學問高，對班昭也十分疼愛。班昭成親之後，與曹世叔琴瑟和鳴，過著美滿和諧的生活。

【班昭畫像】

269

沒多久，班昭就為曹世叔生了一個兒子。可是好景不長，正值壯年的曹世叔突然過世了，留下班昭帶著牙牙學語的兒子相依為命。孤兒寡母，想要在男權社會中生活著實不易，可是班昭畢竟出身好，依舊有很多名門子弟來向她提親，可是班昭一一拒絕了。就這樣，班昭帶著對亡夫的緬懷獨自撫養兒子，直到她七十歲去世，終其一生沒有再嫁。

失去家庭做避風港的班昭此時只能自己開創事業，可是這時，班昭的父兄班彪、班固相繼去世，二哥班超此時人在西域，根本無法照顧班昭。陷入困境的班昭決心振作起來完成大哥的遺願，《漢書》是班固一生的創作，可是在班固剛剛完成主要部分時，就因「竇憲案」受到牽連被關進了大牢，其後又死在獄中。班昭此時要做的就是繼續寫《漢書》，替大哥完成遺願。

扶風班昭，名門才女。這是人盡皆知的事情。可是班昭的才華到底如何，一直以來，都沒有機會顯露出來。當班昭決定續修《漢書》這件事被和帝得知後，和帝特別恩准班昭可以隨意出入皇家圖書館「東觀藏書閣」閱覽文獻。

經過努力，班昭終於將《漢書》所缺的《八表》和《天文志》補全了，在班氏兄妹二人接力合作下，完成中國第一部斷代史──《漢書》。

《漢書》的完成，也令班昭揚名天下。由於《漢書》裡面記載了很多古字，難以理解，因此許多有識之士都主動請求跟隨班昭學習，就連當時的大學者馬融，也曾跪於東觀藏書閣外聽班昭講學。不僅如此，班昭由於才德兼備，還被皇后和妃嬪們請去做老師。

班昭很早就失去了丈夫，所以她更加注意規範自己的言行，同時也為了讓班家的女兒們將來嫁到夫家都恭良賢淑，恪守婦道，就編寫了《女誡》一書。在這本書中，她仔細講解了女人一生要謹記的各種事，包括卑微、夫婦、敬慎、婦行、專心、曲從以及叔妹等。在完成這本書時，她已年逾古稀。

班昭編寫《女誡》原本是想以此教導班氏家族的女孩子，但不知為何流傳到民間，反而成了當時的暢銷書，更被視為中國婦女守則，影響長達千年

之久。

　　當班昭以七十歲高齡去世時，就連皇太后都為此難過，親自穿著素服弔唁班昭，還卜詔為班昭舉行國葬，可見班昭在當時的影響力有多大。

小知識

　　班昭提倡三從四德，更強調男尊女卑的順從思想，《女誡》一書，禁錮了古代婦女的思想和自由。

不愛華服愛窮郎
——桓少君簡樸從夫

按照今天的眼光來看，以桓少君的出身和容貌，絕對算得上是標準的完美女人。可是桓少君在眾多追求者中唯獨看中了渤海郡的鮑宣。

既不是世家公子，也不是富家少爺的鮑宣本來只是一個窮書生，可是他偏偏拜在桓少君父親的門下。當時鮑宣和桓少君都是情竇初開的年紀，桓少君在府裡總是能看到勤奮好學的鮑宣。加上鮑宣儀表堂堂，胸懷大志，自然也容易打動桓少君的芳心。

想來鮑宣這個學生很受桓少君父親的青睞，當他看到桓少君總是有意無意地出現在鮑宣身邊，桓少君的父親便一眼看破了女兒的心思。好在她父親沒有門第的偏見，既然兩人情投意合，而且鮑宣人品和才學都不錯，桓少君的父親索性就替二人定下了婚約。

鮑宣本是貧苦家庭出身，雖然受到桓少君父親的提攜，可是經濟狀況卻不是一時間就能夠改變的。情投意合的小情侶過了熱戀期即將走進婚姻殿堂的時候，開始出現了問題。

桓少君過門時，他的父親擔心自己百般疼愛的女兒嫁給窮書生鮑宣以後會過苦日子，就給女兒準備了一份極為豐厚的嫁妝。豐厚到什麼程度，差不多可以養活鮑宣和桓少君大半輩子，基本上是有什麼給什麼的地步。

桓少君父親沒有看不起鮑宣的意思，不然也不會心甘情願把女兒嫁給他，可是鮑宣畢竟是七尺男兒，自己娶了個老婆，卻還要受妻子娘家的恩惠過日子。雖說這不過是老岳父對女兒的一番心意，可是在鮑宣心裡總覺得有點不是滋味。

但鮑宣畢竟不敢對自己的老師表現出不滿，等到忍不住的時候只能朝自己的未婚妻桓少君發洩了：「桓少君小姐，妳生來就是富貴嬌慣，習慣了錦衣玉食的生活，可是我出生於貧苦之家，實在不敢接受妳父親如此的厚禮，更擔心養不起妳這樣尊貴的大小姐。」

　　顯然，憋著一肚子不滿的鮑宣是有氣無處發。無辜被鮑宣奚落一頓的桓少君非但沒生氣，反而對鮑宣溫和地說：「家父看中的是你的人品、修養和志向，所以才會同意你我的親事，讓我來侍奉你的起居飲食。我既然願意嫁給你，自然一切聽從你的安排，嫁雞隨雞嫁狗隨狗，無論貧富貴賤我都是要和你一起過。」鮑宣一聽，氣也消了，人也笑了，對桓少君說：「妳能有這樣的想法，實在是太合我的心意了！」

　　就在桓少君出嫁這天，只見她將父親為自己準備的陪嫁侍女、綾羅綢緞和一大堆金玉飾品，全都留在了家中，無論怎麼勸也不肯帶到婆家。

　　接著，桓少君又回到自己的閨房，將繡著金絲銀線的嫁衣脫了下來，換上了民女打扮的粗布短襖，與丈夫鮑宣一起回到鮑家。

　　桓少君進了鮑宣家門時，看到自己的婆婆，先是恭敬地行了禮，接著沒休息就直接提起瓦罐出門打水去了。

　　桓少君的所作所為，全都被村裡人看在眼中，他們沒有一個不稱讚桓少君勤勞善良。不到一個月，這個從城裡嫁過來的富家小姐就贏得了賢良淑德的好名聲。

　　鮑宣也沒辜負桓少君對自己的付出和期望，升任為司隸校尉，而兩人所生的兒子鮑永，以及孫子鮑昱後來分別當上了丞相和太尉。

　　這也是桓少君的福報了。

　　鮑永尤其孝順自己的母親，他的妻子曾當著桓少君的面「叱狗」，鮑永知道後就立即把妻子給趕走了。

　　鮑永的兒子鮑昱有一次問桓少君：「奶奶是否還記得拉小車時的情景？」桓少君回答：「我去世的婆婆說過：『活著的時候不能忘記死亡，平安的時候不能忘記危險。』我怎敢忘記呢！」

「醜女」也有春天
——孟光人醜心不醜

　　東漢初期，在扶風地區有戶孟姓人家，雖然多年經商存下了不少錢，可是孟家的獨生女卻始終嫁不出去。倒不是因為別的，是這位孟小姐長得太醜。

　　孟小姐全名孟光，雖有金釵華服，可是她那粗粗的眉毛，又矮又壯的身材，加上黝黑的膚色，怎麼看怎麼醜。

　　眼見孟光到了婚配的年紀，上門提親的人基本上都是貪圖孟家家業的不良之輩，對孟光本人都沒什麼好感。不過，孟光也看不起這些貪圖錢財的求婚者。孟光的父母一直為女兒的婚事著急，轉眼間孟光都快三十歲了，卻還嫁不出去。

　　這天，孟光的母親終於忍不下去了，問女兒：「妳到底想要嫁個什麼樣的人？」

　　孟光回答得很乾脆：「要像梁鴻那樣的賢才。」

　　孟光的母親頓時無奈了，要知道梁鴻可是當時名滿天下的賢士，多少名門千金都巴望著能嫁給梁鴻，一個沒好相貌沒背景的孟光，想要嫁給梁鴻，簡直是癡人說夢。

　　鄉鄰們知道後也當成取笑孟光的玩笑話四處亂說，可是這件事傳來傳去不知怎麼就傳到了梁鴻的耳裡。

　　於是，梁鴻做了一個令天下人吃驚的決定：向孟光求婚。

自古才子配佳人，以孟光之醜能使著名的才子親自下聘求婚，這件事對百姓們來說簡直難以理解。可想而知，當梁鴻請人去向孟家下聘提出婚約時，孟光的父母即刻答應，生怕慢了梁鴻反悔。

「醜小鴨」孟光沒有變成白天鵝，卻比灰姑娘還幸運地找到了梁鴻這個才子。

可是，在梁鴻和孟光成親後的前七天裡，孟光的婚姻並不是很幸福。

原來，孟光剛嫁給梁鴻時，每天都打扮得花枝招展，渾身上下珠光寶氣，十足的貴族氣派。梁鴻見到妻子如此奢靡鋪張，一連七天都沒有理睬孟光。到了第八天早上，孟光走到梁鴻面前，詢問冷落自己的原因。

梁鴻歎息道：「我一直希望自己的妻子能夠隨我歸隱山林，同甘共苦，可是妳卻貪圖享受，塗脂抹粉，錦衣玉服，只希望像貴婦人那樣生活。這可不是我理想中的生活。」

【明代畫家陳洪綬所畫的〈舉案齊眉圖〉】

梁鴻本來對孟光失望還很沮喪，誰知孟光卻笑了。

這時，孟光對梁鴻說：「我這幾天故意穿金戴銀大肆打扮，只不過是想考驗一下大君，看看夫君是不是我理想中的賢才。其實我早已準備好了耕作的麻衣和用品。」說罷，孟光就將頭髮捲起，換上了粗布麻衣，動手織起布來。

梁鴻看著孟光，心中驚喜，連忙走到她身邊說：「妳是我梁鴻真正的妻子！」

此後，孟光和梁鴻真正過起了恩愛和睦、男耕女織的日子。

小知識

相傳，梁鴻每次回家，孟光都會準備好餐具和飯菜，並且將盛飯的託盤舉得跟眉毛一樣高，以表示對丈夫的敬重。從此，「舉案齊眉」這個成語就用來形容夫妻恩愛，互相敬重。

要錢不要命
——最貪董太后的斂財之路

　　董太后算是一位較為特殊的人物，因為她的丈夫並不是真正的皇帝，而是一個地方藩王。在龐大的皇室集團裡，董太后的丈夫最多只能算是三等侯爵，而董太后的出身也實在不值得一提。

　　然而，在東漢歷史上，因為很多皇后都沒有生育，加上皇帝早逝，年輕太后臨朝之後自然要找一個能夠駕馭的皇室子弟繼承大統。一來是維護自己的統治，二來也是保證劉氏血脈的傳承。

　　陰差陽錯，董太后剛滿三歲的兒子劉宏當上了皇帝。當時掌權的是竇太后，即使董太后是皇帝的生母，在竇氏外戚的霸權下，她並沒有母憑子貴，仍然過著和過去一樣的生活，只不過在兒子長大後被封為慎園貴人。

　　不過，到了西元一六八年，董太后的人生開始出現了逆轉。這年，發生了一場宮廷政變，在宦官和大將軍竇武的鬥爭中，最後以竇氏外戚被剷除而告終。

　　漢靈帝劉宏在宦官的幫助下奪回大權，終於可以行使自主權了。既然這樣，董太后這個親娘也能夠入宮和兒子團聚。

　　西元一六九年，董太后被靈帝劉宏接到了京城，一起來洛陽的還有董太后的哥哥董寵和侄子董重。

　　不過，董太后雖然進了皇宮，可是只要失勢的竇太后一天沒死，她就無法享受皇太后應有的權力，更不能擁有皇太后的封號。畢竟竇太后是先帝

明媒正娶的老婆，是從皇后之位晉升上來的。董太后此時仍然只是一個「藩妃」，這種滋味令她並不好受。

終於，西元一七二年，竇太后去世了。千盼萬盼，董太后終於名正言順被稱為「董太后」。

對於董太后來說，兒子能當上皇帝，自己能成為太后，這是千載難逢的機遇。她雖然沒有貪戀權力，沒有縱容外戚，可是在斂財方面變得貪得無厭。這時已經成年的劉宏也沒有表現出對朝政有興趣，對他有吸引力的可能只有女人。

就這樣，東漢王朝進入了「太后貪財，皇帝好色」的怪現象。

自古被錢財迷惑的達官貴人不在少數，可是太后貪汙還是頭一遭。很顯然，董太后不能滿意天下錢財堆在國庫，也不滿意朝廷給官員們發薪水。可是制度畢竟在，董太后是改變不了的。於是，她想出了新的賺錢之道——賣官。

這時，朝廷開始公開出價拍賣官職，董太后只管在宮裡數錢，等到數不過來時，就把金子都堆在一間屋裡，直到屋子被堆得滿滿的，她才稍微感到滿意。

董太后視財如命，就在她專心守著自己的財產時，卻忘了和自己的兒媳婦何皇后打好關係，在立皇子的問題上，董太后徹底得罪了何皇后。

劉宏去世後，沒了皇帝兒子做靠山的董太后瞬間又回到了「藩妃」的位置，畢竟後宮裡的女人，隨便挑一個都比董太后家世好太多。此時董太后和兒媳婦的關係又不好，再也沒辦法貪汙了。

可是董太后畢竟當了幾年皇太后，已經養成了頤指氣使的毛病，這下徹底激怒了何皇后。

於是，何皇后指使哥哥何進聯合三公上書道：「董太后原本只是藩妃，

不適合一直待在宮裡，應該回到自己的封地。」就這樣，董太后又被打回了原形，被兒媳婦從雲端踢了下來。

被搶去做老婆
——蔡文姬的三次婚姻

故事 89

俗話說「自古紅顏多薄命」，像蔡文姬這樣才貌雙全的世家小姐，雖不能說她命薄，可是在亂世中，這樣一位女子想要保全自己卻也並不容易。

因此，蔡文姬只好隨著亂世輾轉漂泊，在她的一生中，有十二年不堪回首的婚姻生活，是蔡文姬最為不捨也是最為痛恨的。不過，無論月老為蔡文姬安排了什麼樣的姻緣，對於她來說，都只能承受。

受到家學淵源的影響，蔡文姬文學底子十分深厚。不過，說到才女蔡文姬的感情生活，只能用坎坷複雜來形容了。

她的一生經歷過三段婚姻，第一任丈夫衛仲道彷彿流星般在她的生命中劃過，留下沒有生育的蔡文姬一個人孤苦無依。

守寡後，蔡文姬還沒開始考慮自己今後的婚姻問題，就遇上了亂世。

天下一亂，這位出身於文豪世家的才女加美女反而成了南匈奴左賢王的垂涎對象，結果被他搶走了。

蔡文姬初到南匈奴時，人生地不熟，吃不慣也睡不好，可是她哪裡還敢期望回到漢朝。無奈之下，除了向左賢王妥協以外，蔡文姬別無選擇。她嫁給左賢王之後，這段婚姻整整持續了十二年之久。

左賢王在蔡文姬的生命裡占據長達十二年的時間，恰好是蔡文姬最年輕貌美的時期，而在這期間蔡文姬又為左賢王生了兩個兒子。可是被迫流落異邦的蔡文姬始終沒有把左賢王當作自己的夫君，這段婚姻夫妻二人的感情始

終似有若無，蔡文姬不快樂，左賢王也沒有真正取得蔡文姬的歡心。

　　不過，蔡文姬的生命裡有一個貴人，就大名鼎鼎的曹操。原來，曹操過去和蔡文姬的父親蔡邕私交甚好，得知故人的女兒流落在異邦迫為人妻，曹操當即拿出重金和左賢王做了一筆交易。

　　面對金錢的誘惑，左賢王雖然很不情願，可是想到曹操在中原地區的勢力，還是答應了將蔡文姬送回漢朝。

【文姬歸漢】

　　蔡文姬終於有機會回到祖國了，可是這時，她所生的兩個帶著匈奴血統的兒子卻被左賢王要求必須留下。畢竟已為人母，一邊是曹操重金替蔡文姬贖回的自由，一邊是自己所生的親生骨肉，蔡文姬為難了。幾經猶豫，她做出回歸故國的決定。想到即將與親生骨肉兩地分離，蔡文姬的心情萬分悲痛。

　　後來，蔡文姬回到中原，想到了自己留在南匈奴的兩個孩子，便時常沉浸在對

兒子的思念中，正因如此，蔡文姬寫下了《胡笳十八拍》。

可是，蔡文姬既然選擇回到中原，她就要面對新的生活。這時，曹操秉持著「幫人幫到底」的原則，看到孤身一人的蔡文姬在亂世中無依無靠，就親自當了媒人，安排蔡文姬去和同鄉董祀相親。

而這個董祀，也因此成為蔡文姬的第三任丈夫。

小知識

　　曹操曾問蔡文姬：「聽說妳家收藏很多古籍，現在還有嗎？」蔡文姬說：「當初父親留給我的書籍有四千餘卷，但因為戰亂流離失所，保存下來的很少，現在我能記下的，只有四百餘篇。」曹操說：「我派十個人陪夫人默寫下來，如何？」蔡文姬說：「男女授受不親，給我紙筆，我自己寫給你。」於是，蔡文姬將自己所記下的古籍內容寫下來送給曹操，絲毫沒有錯誤。

再婚不如要我命
——皇甫規妻大罵董卓慘被殺

在以男人為主導的中國歷史裡，還是穿插了一些女性人物，她們有些是巾幗英雄，有些才貌出眾，有些貞節剛烈。總而言之，這些女子的存在，以及她們為後世留下的故事，不僅為中國古代史增添了一抹柔情，也做為現代女性的榜樣。

皇甫規的妻子正是這樣一位女子，在東漢末期奸臣當道，人人自危的那段日子，她以自己的忠貞大義捍衛了世間正義，也捍衛了自己對亡夫的承諾。

當時，東漢朝廷已經完全淪為董卓的政治玩物，而像皇甫規這樣堅持正義且敢於對抗的大臣少之又少。不過，皇甫規雖然在朝廷裡很不順心，但是他在家中卻有個賢內助，這對皇甫規來說也算是一種安慰。

皇甫規的妻子，具體何名何姓，我們已經無法得知。相傳，這個女子不僅寫得一手好字，更擅長吟詩寫文章。當皇甫規需要寫些往來的書牘，他的妻子經常代筆。夫妻二人在搖搖欲墜的亂世裡也算自有琴瑟和鳴之樂。

可是，像皇甫規這樣有影響力為人又正直的大臣在朝廷當政，對大奸臣董卓來說勢必無法容忍。就這樣，皇甫規和妻子平靜溫和的日子在董卓的干預下再也無法繼續下去了。

黨錮之禍的爆發，令皇甫規對朝廷十分失望，由此萌生隱退的想法。雖然沒被允許，可是此時皇甫規年紀已經很大了，多年對朝廷的奉獻，皇甫規再也支撐不下去了。

西元一七四年，皇甫規因病去世。

皇甫規過世之後，他那尚且年輕的妻子被董卓看中。

董卓垂涎皇甫規的妻子容貌嬌豔，就用一百乘有帷蓋的車子、二十匹馬作為聘禮想要娶她過門，不僅如此，董卓還將錢幣和布帛鋪滿了道路，以表示自己的誠意。此時皇甫規剛剛過世，皇甫規妻子新寡就碰到奸臣董卓來騷擾，自然很不開心，於是穿著便服就來到了董卓的府上。

皇甫規的妻子見到董卓之後立刻下跪，接著陳述自己對亡夫皇甫規的忠貞之情。可是董卓哪裡會體諒，反而命令身邊的侍衛拔出佩刀威脅皇甫規的妻子說：「以我的聲威，既然下令就沒有人敢不從，難道妳一個婦道人家還想抵抗？」

此時，面對專橫的董卓，皇甫規的妻子感到萬念俱灰，當即站起來痛罵董卓：「你不過是羌胡的野種，毒害天下難道還不夠嗎？我的祖先，是有德行的，我的夫君能文能武是棟樑之才，你不過是給朝廷打雜的夥計，現在竟然敢對你主子的夫人行非禮之事，簡直是禽獸不如！」

董卓被皇甫規的妻子這麼一罵，更是怒了，直接命手下將皇甫規妻子的頭吊在車轅腳橫木上，然後派侍從對皇甫規的妻子施加棍棒。

面對如此忠貞烈女，董卓的手下無論怎麼助紂為虐此刻也不忍下手，可是皇甫規的妻子卻對手拿棍棒的人說：「你們下手重些，讓我能早點死掉，這才是對我的體恤和恩惠。」

最後，皇甫規的妻子死在董卓的棍棒之下。而皇甫規妻子的事蹟流傳出來以後，有人為她畫了一幅畫像，並將她稱為「禮宗」，以示對她的敬意。

小知識

《後漢書·烈女傳》中記載：「皇甫規妻，扶風馬氏女。規繼室也。善屬文。董卓聘之，夫人不屈，卓殺之。」雖短短數語，卻真實道出了皇甫規妻子的剛烈。

半途而廢可不行
——樂羊子妻的人格魅力

故事 91

樂羊子妻，別說是名字，就連姓氏都沒留下，這樣一個無名無姓的女子，卻在史書上留下了印記。

樂羊子剛和妻子成婚不久，有一次，他在路上發現一錠金子，就高興地拿著金子回到了家。

當樂羊子把金子遞到妻子手裡時，卻被當頭訓斥了一番。樂羊子的妻子雖然沒問金子的由來，卻也知道不是樂羊子自己賺來的，於是對他說：「我聽說有志氣的人不會喝「盜泉」裡的水，清正廉潔的人也從不會接受他人傲慢侮辱的施捨，難道你要因為這樣一錠金子來損壞你的德行嗎？」樂羊子被妻子這麼一說，感覺十分羞愧，就將金子給了鄉鄰，遠走遊學去了。

可是，獨自在外求學的樂羊子除了需要忍受異鄉的孤獨，還要忍受對妻子的想念。在樂羊子外出一年後的某一天，他的妻子發現丈夫突然回來了。夫妻一別就是整整一年，妻子見到樂羊子回到了家中，立刻詢問回家的原因。樂羊子回答說：「沒有什麼事情，只不過在外面久了，很想念家人。」妻子聽到後，二話不說直接走到織布機前拿起剪刀對著剛剛織好的布匹，然後回過頭來對樂羊子說：「這些布都是從蠶一點點吐出的絲，然後又經過一根根絲積累在一起，最後才得以織成的。如果現在我將這些線割斷，那麼這匹布將永遠不能織成，就等於是前功盡棄。你要積累學問，卻要像這些切斷的絲織品一樣中途放棄，那麼，你將如何成就自己的美德呢？」

樂羊子聽了妻子的話，心裡異常感動。

這一次離家求學的樂羊子，一走就是七年，期間無論遇到什麼困難，樂羊子都堅持著克服了。

　　然而，在樂羊子求學期間，還發生過一件事情：

　　當時，樂羊子一家只靠妻子一人操持家務，日子自然過得不好。

　　有一天，鄰居家的雞跑到了樂羊子家中的院子，被樂羊子的老母親看到後，偷偷抓來殺掉煮了一鍋雞肉。晚飯的時候，樂羊子的妻子看到桌子上的雞肉不但不吃，反而哭了起來。她的婆婆不明所以地問她：「現在有雞肉吃，妳為何還不高興呢？」樂羊子的妻子回答說：「我是因為自己沒有侍奉好您才難過的，讓您忍受貧窮沒有雞肉吃以至於要吃別人家的雞。」婆婆聽了之後，也覺得十分羞愧，最後將鍋裡的雞肉倒掉了。

　　可是，當七年之後，樂羊子終於學有所成準備回家的時候，卻傳來妻子去世的消息。

　　當時，有一個強盜闖進了樂羊子的家中，因為垂涎樂羊子之妻的美色就想據為己有，但又怕樂羊子的妻子不從，就先將其婆婆抓了起來。樂羊子的妻子聽到婆婆呼喊的聲音拿著菜刀趕了出來，誰知強盜卻要她做自己的老婆。樂羊子的妻子知道無法扭轉強盜的想法，只好長歎一聲，舉刀自盡了。

　　樂羊子的妻子為了保全名節捨棄了性命，這件事被當地太守得知後，將強盜抓來正法，還為樂羊子的妻子舉行了葬禮，並賜予「貞義」的稱號。

小知識

　　樂羊子妻，記錄在《後漢書·烈女傳》。可見樂羊子妻在勸誡夫君做事不要半途而廢，以及維護自己高尚品德的做人意義。

可憐佳人遲暮
——紅顏薄命的甄宓

　　和曹家有關係的女人很多，最傳奇的莫過於曹丕的妻子甄宓。

　　甄宓原本是袁紹的兒媳婦，當年曹操率軍攻打袁紹，早已聽聞袁紹的兒媳婦甄宓是一個絕色美人，等到一攻進幽州城，就迫不及待地衝進了袁紹的後宅。

　　沒想到，讓他的兒子曹丕搶先一步。

　　亂世佳人似乎格外讓人憐愛。曹丕第一眼見到甄宓的時候，甄宓跪在地上完全是一副蓬頭垢面的樣子，可是這絲毫無損她的美貌，反倒是這幅楚楚可憐的模樣讓曹丕心動了。

　　曹丕愛她、娶她、寵她，可是最後卻殺了她。

　　為何殺她，這裡面的原因有很多。

　　甄宓從盛寵到失寵，雖然有曹丕登基後逐漸寵愛其他嬪妃的原因，不過最重要的還是甄宓無法逃脫美人遲暮的詛咒。

　　甄宓到底有多美？當時民間有句話恰好道明她的姿容：江南有二喬，河北甄宓俏。

　　起初，甄宓和曹丕的二次婚姻，還是很圓滿的。郎才女貌，而且曹丕對她又是一見鍾情，這時的甄宓可以說是得到了曹丕的專寵，不久生下了一男一女，想來當時甄宓應該過得很開心。

　　可惜隨著曹丕稱帝，後宮佳麗三千，而美人甄宓卻漸漸不敵歲月，要說

【相傳，名畫〈洛神賦圖〉中洛神的原型就是甄宓。】

美人最怕遲暮，這一點也不假，試想甄宓皮膚鬆弛、體態發福、皺紋滋生，這種形象恐怕很難和之前的「河北甄宓俏」相符了。

甄宓年紀一天天的變大，曹丕的心也一天天從甄宓身邊溜走。

在這時又出現了郭美人，可是曹丕有了郭美人還不知足，還想要娶漢獻帝的公主，到了最後幾乎連他爹曹操的小老婆們也想娶到自己宮中。

曹丕到底是漢人不是匈奴人，他的母親哪裡能忍受這種娶小媽的亂倫醜事，差點沒被曹丕氣死。

曹丕的老婆人數越來越多，甄宓的位置在曹丕心裡也就越來越輕。面對曹丕喜新厭舊，甄宓吃醋了。原本每天與自己花前月下的夫君現今整日都在寵幸郭美人，甄宓守著空房心中難免五味雜陳。而此時的甄宓不僅僅是在曹丕心裡失寵，曹丕更是不想見到她，直接把她打發到鄴城長久居住，根本不給甄宓任何爭取寵愛的機會。

甄宓是一位才女，但才女也有七情六欲。所以甄宓吃起醋來，後果很嚴重。她並不像其他女子看到丈夫移情別戀就吵吵鬧鬧，她的表現形式反而十

分有水準：寫詩。

「蒲生我池中，其葉何離離。傍能行仁義，莫若妾自知。眾口爍黃金，使君生別離。念君去我時，獨愁常苦悲。想見君顏色，感結傷心脾。念君常苦悲，夜夜不能寐。莫以豪賢故，棄捐素所愛。莫以魚肉賤，棄捐蔥與薤。莫以麻枲賤，棄捐菅與蒯。出亦複苦愁，入亦複苦愁。邊地多悲風，樹木何翛翛。從君獨致樂，延年壽千秋。」

平心而論，甄宓的詩還是很有水準的。可是曹丕哪裡受得了甄宓這種怨言，加上郭美人對曹丕吹枕邊風，一杯毒酒，徹底斷送了甄宓的性命。

曹丕似乎還是無法發洩心頭的怒氣，又命人將甄宓的屍體用頭髮遮住臉，還在嘴裡塞滿糠。這不僅是要讓甄宓生前難堪，還要讓她死後到了陰間也無法見人，無處訴苦。

甄宓的委屈，說到底只不過是女人間的爭風吃醋。可是在帝王面前，這種嫉妒和任性是萬萬不能有的。

可憐的甄宓直到她的兒子曹睿登基後，才被追封為文昭皇后。

雖然名譽得以恢復，但甄宓的性命卻再也挽救不回了，留給後人的只有無盡的歎息。

小知識

據說，甄宓生前曾見過一隻口含赤珠的綠蛇。綠蛇每天都會以盤卷之姿傳授甄宓各種髮髻的梳法。因此甄宓的髮髻樣式一日一換，而宮中侍女們也都爭相模仿。因此，甄宓花樣多變的髮髻被稱為「靈蛇髻」。

第六章

政治夾縫裡的文化綻放

廢物利用的成就
──「蔡侯紙」的發明

　　出身鐵匠世家的蔡倫可不是因為貧窮才入宮當太監，而是得益於祖上傳下來的打鐵技術。

　　朝廷在桂陽郡設置鐵官時，作為當地著名鐵匠的蔡倫也因此結識了朝廷官員。

　　不過，蔡倫除了打鐵之外還有其他的愛好，像是冶煉、鑄造、種麻、養蠶他都很有研究，更重要的是他還喜歡讀書。

　　想來蔡倫也算是才華洋溢，特長突出，加上和地方官員有點關係，想入朝廷自然輕而易舉。

　　蔡倫十八歲這年，遇到了人生的重大轉機。

　　這一年，負責京城到桂陽鑄鐵事務的官員向皇帝推薦了蔡倫，直接將他送進了皇宮做了宦官。

　　至於蔡倫何以放棄家鄉的小康生活反而選擇進宮侍奉皇室，常人可能難以理解，不過蔡倫的這種犧牲卻為他換來了功名利祿。

　　蔡倫初入宮時，只是被安排到皇宮旁舍嬪妃所居的掖庭當差，幾年之後，積累了一些資歷的蔡倫才得以被調任小黃門，出入皇宮、傳遞詔令。

　　終於有機會接觸皇室頂尖人物的蔡倫自然明白把握機會的重要性。這時，發生了竇皇后設計誣害宋貴人之事，而蔡倫適時地為自己爭取到了「審判」宋貴人的機會。在他的逼迫與威脅下，宋貴人最後不堪忍受服毒自盡。

竇皇后除掉宋貴人，其皇后的地位變得穩如泰山。此後，蔡倫也成了竇皇后的心腹手下。

到了和帝即位，竇皇后以太后身分臨朝，蔡倫的仕途也自此順利無比，先是擔任侍奉天子的中常侍，後又成了傳達詔令、掌理文書、參與朝政的高等宦官。

這時的蔡倫已經占據政治核心的位置了，朝廷官員基本上都要看他的臉色行事。

不過，蔡倫心裡清楚和帝才是國君，竇太后遲早要歸天，假如現在一心跟隨竇太后，哪天竇太后倒臺或者去世了，和帝總是要算舊帳的。於是，蔡倫趁著大將軍竇憲出征之時，幫助和帝清除了竇氏外戚集團。

蔡倫忙了半生終於穩定了自己的位置，此時有了和帝做後臺，他終於可以安心投入自己的興趣愛好了。當時，蔡倫兼任尚方令，掌管尚方，這是一個主管皇宮製造業的機構。於是，蔡倫又重拾老本行開始在皇宮裡面打鐵。

當時的皇宮作坊，集中了天下的能工巧匠，代表那個時代製造業最高水準，為蔡倫提供了一個極好的平臺。在蔡倫監督下製作的刀劍等器物，「莫不精工堅密，為後世法」。也就是說，蔡倫大幅改進了製作工藝，達到極高水準。晚蔡倫三、四十年的崔寔在《政論》中寫道：「有蔡太僕之弩，及龍亭九年之劍，至今擅名天下。」「蔡太僕」、「龍亭」，指的都是蔡倫，他已成為兵器「品牌」。

後來，在打鐵這一行已經如魚得水的蔡倫認為鐵匠事業沒有挑戰性

【蔡倫被紙工奉為造紙鼻祖、「紙神」】

了，就把目光轉移到製紙工藝上。

由於當時的造紙術所採用的都是上等材料，這就限制了用紙的人群，更不利於紙質書寫的推廣。於是，蔡倫開始想該如何將造紙的材料成本降低。

既然想到了這個事情，以蔡倫在皇宮的地位想動手施行自然不是難事。

首先，蔡倫找來一群機靈的小宦官加入自己的造紙團隊。接下來蔡倫開始挑選樹皮、破麻布、舊漁網等材料，等到材料備齊，蔡倫開始指揮小宦官們把材料剪碎統統丟進大水池裡浸泡。等到水池裡的材料慢慢腐爛後，原本的纖維物質就保留下來。

蔡倫取得了纖維物質之後，再將這些纖維放在石臼當中，不停攪拌，直到將這些碎纖維攪拌為漿狀物。最後一步就是把這些漿狀物用竹竿挑起來鋪到石板上晾乾，等到這些漿狀物乾燥凝固後就變成了紙。

在一次次失敗中，蔡倫終於製成了取材容易、來源廣泛、價格低廉的新型紙。

當蔡倫捧著用新型紙寫的奏摺，連同樣品呈到和帝面前時，和帝簡直吃驚極了，當即下令要將蔡倫改造的新型紙推廣全國。

九年之後，當蔡倫製造的新型紙被全國認可使用後，和帝將蔡倫封為「龍亭侯」，食邑三百戶。

而百姓們則將這種紙稱為「蔡侯紙」。

小知識

《後漢書》中關於蔡倫造紙的記載十分簡短，只說他「用樹膚、麻頭及敝布、漁網以為紙」。至於造紙過程中在材料的選取上，技術的應用，以及花費的時間和精力卻沒有過多介紹。雖然長期以來都認定蔡倫是造紙術的改良者，不過近年來，卻有人對此提出爭議。

科學的集大成者
——「木聖」張衡

　　雖然和帝時期，竇氏外戚把朝廷弄得烏煙瘴氣，可是這個時期，也出現了張衡這麼一個科學家。

　　十七歲的張衡離開了南陽老家先後來到長安和洛陽求學，可是並未看到應有的學術氛圍。天子腳下，淨是些驕奢淫逸的王公貴族，年少樸實的張衡對此看不順眼，就模仿班固的《兩都賦》寫出了批判長安的《西京賦》和批判洛陽的《東京賦》，合稱為《兩京賦》。

　　一心求學的張衡寫完《兩京賦》以後，已經是殫精竭慮了，在反覆修改的過程中，他漸漸發覺自己並不是特別適合做文學創作，反而對數學和天文更有興趣，研習起來也更輕鬆一些。

　　張衡寫了《兩京賦》之後，雖然不像他理想中那麼完美，但還是打動了急需人才的朝廷。

　　於是，張衡被朝廷召進京城做官。

　　起初，張衡在宮中做郎中，他並不是很滿意，於是上書表示自己更喜歡研究天文。皇帝見張衡這個

【張衡畫像】

年輕人對學問研究如此執著，雖然不相信張衡能有多大的作為，還是抱著考驗一下張衡的態度，將張衡調任到太史令一職，特別命令張衡專門負責觀察天文。

不得不說，張衡在天文上還是很有天賦的，沒多久就發現地球其實不是方的，而是圓的，月亮的光芒不過是因為借助了太陽光的反射。不僅如此，張衡還大膽的把天地比喻為一個雞蛋，認為天即是蛋殼，地即是蛋黃。為了驗證自己的想法是正確的，張衡又研究了一種借助水利轉動來測量天文的儀器，名為「渾天儀」，可以每天觀察日升月落，這在當時可以說是很了不起的創舉。

張衡有了第一個科學成果以後，更有說服力要求皇帝幫助他做科學研究。於是，張衡又研製出「地動儀」。

在東漢那個科學極不發達的年代，人們無法解釋地震為何會發生，更別說知道地震的原理了，只好將此歸為天災。

天災發生了，沒有解決的辦法，只好求助於鬼神。一場地震，往往除了傷及百姓性命、財產，還打擊了百姓的精神。

在張衡精心的考察和記錄下，終於，能夠預報地震的「地動儀」應運而生。

有皇帝的贊助，張衡的地動儀除了能夠預報地震，從外觀上看來也顯得奢華有品味。

【候風地動儀復原模型】

地動儀整體都採用青銅鑄造，看起來像一個酒罈的形狀，四周雕鑄著八條巨龍分別朝向八個方位，而龍的嘴裡則含了一顆小銅球，對應龍頭下方則分別製作八隻純銅的蛤蟆。

當地震發生時，龍頭所朝向的方位會吐出銅球，銅球掉進蛤蟆的嘴裡，人們便能得知哪個方向要發生地震了。

不過，在地動儀造好的時候，沒人相信這東西能預報地震。直到西元一三八年二月的一天，張衡突然看到地動儀正西方的龍嘴吐出了銅球，便立即上報西部即將發生地震。

幾天之後，朝廷接到奏報，隴西一帶發生了大地震，連山都崩塌了。

這件事之後，人們才真正相信地動儀的作用。

小知識

　　張衡因發明過地動儀、渾天儀、指南車、計里鼓車、獨飛木雕等儀器，在北宋被徽宗追封為西鄂伯，被後世稱為「木聖」。而聯合國天文組織於一九七〇年將月亮背面一座環形山以張衡的名字命名，一九七七年，又將小行星一八〇二命名為「張衡星」。

藏在朝廷的文學家
——斷代史從此興起

　　班固一家子都會寫作，而且對歷史還很有研究，於是，班固的父親班彪想要續寫前漢司馬遷的《史記》，可是就在班彪剛做好六十五篇前漢時代歷史計畫書的時候，因病去世了。

　　班彪死後，有司馬遷著《史記》留名的事例在先，班固自然對寫史也很有期待，況且班固想要延續《史記》還有現成的計畫書，這對班固來說可以省去不少前期工作。於是，班固開始正式將自己的寫作生涯投入史書創作中。

　　班固整理了父親生前收集的史料，自己又研究了一番，初步確定了寫作方向。這時，班固終於可以認真地開始動筆了。不料剛進入寫作狀態的班固卻碰上了翻舊帳的事情，原來在班彪去世的第十一年，有人將班彪直接告到了皇帝面前，說班彪私自篡

【史學家班固】

改國史。

班彪屍骨都已經風化，可是這時卻被定了罪，那麼只好父債子還，由班固來替班彪去做大牢。

班固被抓起來已經影響了他的寫作進度，誰知連他的史料、史作也一併被搜查沒收了。這可毀了班固和父親班彪兩人的心血。

不過，令班固沒想到的是，明帝竟然也是個文學愛好者。

當班固的手稿被呈交給明帝後，明帝瞬間被班固的文章給吸引住了。

這邊班固身在大獄生死難料，那邊明帝卻拿著他的文章片刻不離手。等到明帝看完了班固所寫的全部史作，這才想起來作者還關在大牢裡。

班固怎麼也沒想到，一次牢獄之災竟然換來了明帝這個頭號粉絲。

班固被釋放出來以後，明帝表示希望還能繼續看到班固寫的文章，於是直接命班固出任蘭台令史，不久又將他提升為典校秘書郎。此後，班固可以自由出入宮廷藏書處了。

有了皇家圖書館的資源，班固在資料搜尋上得心應手。

不過，班固雖然有機會獲取所需資源，可是當了官的班固也要每天抽出很大一部分時間應付政事。

就在班固苦於沒有時間專心寫《漢書》的時候，傳來了母親去世的消息。

按照漢朝制度，親人去世，官員需要辭官歸鄉服喪。回到家鄉後的班固，真正投入到《漢書》的寫作當中。

班固的《漢書》一寫就是二十多年，眼看快要完成的時候，班固卻又入獄了。

班固第二次入獄的原因仍然是有人秋後算帳。

原來，大將軍竇憲在朝的時候很賞識班固，曾讓他為其在戰爭勝利後記錄功績，而班固所寫的碑文「陵高闕，下雞鹿，經磧鹵，絕大漠。」以及「驍騎三萬，元戎輕武。」都被刻在燕然山的石碑上面。

當竇憲倒臺後，這件事也成為班固被打成竇氏一黨的罪證。恰好在洛陽有個叫種競的人與班家素來有怨，竇憲倒臺後，種競立即下令將班固抓了起來，非要逼問班固做了哪些壞事。

班固越是沉默不語，種競越是嚴加拷打。

班固在獄中的日子彷彿是生命倒數計時，在他傷重之時，面對種競的逼問，仍然不講話，只是坐在牆角透過鐵窗仰望星空。

沒有人知道班固在想什麼，也沒有人知道班固的傷勢如何。

班固身陷牢獄，班家人想了很多辦法最後也沒能救出他。過沒多久，班固就死在了獄中。

就這樣，一代史學家最後淪為政治鬥爭的犧牲品。

班固死後，《漢書》剩餘的部分由他的妹妹班昭和馬續共同完成。

小知識

　　《漢書》，是中國第一部紀傳體斷代史，「二十四史」之一。全書主要記述了上起西漢的漢高祖元年（西元前二〇六年），下至新朝的王莽地皇四年（西元二三年），共兩百三十年的史事。它對後世採用斷代體寫史產生了深遠的影響，徹底改變了秦漢以來的記史方式。

經學家的政壇風波
——馬融剃髮流放

在古代中央集權的制度下，除了政治家以外，像文學家、科學家、經學家這些人都比較尷尬，一方面想要成就事業必須獻身朝廷，另一方面對於學者來說殘酷的政治場所往往令他們身不由己。

【東漢著名經學家馬融】

經學家馬融的出身其實很好，他的從祖是東漢開國功臣馬援，有這樣的先天條件，馬融想要從事自己的學術研究自然不會太難。

可是馬融不入仕途，卻有人想要他做官，西元一〇八年，大將軍鄧騭就下令請馬融到自己身邊做官。不過，世家出身的馬融可不在乎一官半職，因此，他直接拒絕了任命。

然而，有官不做的馬融也並沒閒著，他住在涼州的武都、漢陽二郡間，每天潛心研究經學，日子過得十分愜意。

正當馬融一心在研究經學

時，卻傳來羌亂的消息。羌亂的爆發，直接導致了馬融的顛沛流離。此時的馬融，不僅每天要忙著逃難，還要忍受饑餓和寒冷。

這時候，馬融開始後悔當初沒有做官。畢竟在戰爭期間，只有朝廷官員的人身安全和財產利益更容易得到保障。於是，馬融對他的朋友說：「古人有言『左手據天下之圖，右手割其喉，這種以名害生的事，愚夫也不幹。』這是為什麼呢？生是最可貴的。現在為了怕鄉曲之士恥笑，使無價的身體受到摧殘，這不符合老莊的道理。」馬融發完了牢騷，就寫信給鄧騭表示自己想要為朝廷效力。好在鄧騭沒有計較馬融當初的傲慢，反而仍然珍惜馬融這個人才。

終於，馬融進入朝廷了。

馬融剛入朝廷的時候，由於他沒有政治經歷，所以被任命為校書郎，派他到東觀典校秘藏書籍。

可是馬融卻不能安心做好自己的事情，反而看到朝廷重文輕武時生了很久的悶氣。

雖然剛入朝的馬融對很多事已經有了不滿的情緒，但是在人生地不熟的朝廷裡，他一開始還是很收斂的。只是時間久了，馬融的直性子就再也藏不住了。面對日益衰敗的朝政，馬融直接寫了一篇諷刺朝廷的《廣成頌》，這下可得罪了當朝的鄧太后。

鄧太后發怒，馬融自然要被貶，這件事直接導致馬融被調到東觀，十年不得升遷。

可是馬融的性子哪裡是一次被貶就能夠改的，在他侄子去世時，馬融直接請罪回家。鄧太后知道後，再次大怒，痛斥馬融不守朝廷的法度，下令禁止馬融做官。

馬融碰上了看自己不順眼的鄧太后，只能再次回家研究他的經學，直到

西元一二一年，鄧太后去世，馬融才被召回京城做官。

馬融重新回到朝廷崗位，並沒有改掉自己的毛病，這也令他的仕途沉沉浮浮。

大將軍梁冀掌權時，直接派相關部門以貪汙罪將馬融抓了起來，把他的頭髮剃光發配到邊疆去服刑。

馬融這次被梁冀整治了一番，心裡雖然委屈，卻無處伸冤，想到自己流落至此，一時想不開竟然選擇自殺。好在被人救回，馬融才得以保命。

不過馬融也因為自殺一事被梁冀原諒了，等再次回到朝廷，馬融再也沒有昔日的個性了，他不敢觸怒權貴，面對梁冀的跋扈行為，還討好地寫了一篇《西第頌》來歌頌梁冀。也因此經學家馬融成了士人們的笑柄。

小知識

　　據《世說新語》記載：馬融有個學生叫鄭玄，這個鄭玄在馬融門下三年也沒能見到馬融，可是鄭玄在經法演算上卻比馬融厲害很多。由此，鄭玄遭到了馬融的嫉妒。在鄭玄學業完成辭別回家時，馬融擔心鄭玄將來會超過自己，就派人追殺鄭玄。早料到馬融會如此的鄭玄於是走到橋下，在水裡墊著木板鞋坐著。當馬融使用旋轉盤占卜鄭玄的蹤跡時，發現鄭玄此時是「在土下、水上，靠著木頭。」因此，馬融斷定鄭玄已死，便不再追殺鄭玄，鄭玄才免過一難。

留下一句座右銘
——崔瑗坐牢始末

　　父親崔駰離世的那年，崔瑗不過剛滿十四歲，雖然崔瑗並不是家中長子，可是父親生前對他寄予的希望可是一點也不比他哥哥崔章來得少。

　　崔瑗記得，父親在世時對他所說的話：「子玉早孤，銳志好學，盡能傳其父業」，子玉正是崔瑗的字，在父親心裡，崔瑗始終都是自己唯一期望的繼承人。

　　可是崔瑗沒能等到自己建立功業，父親就已經撒手人寰，這對少年時期的崔瑗來說始終是一個遺憾。

　　當時，崔瑗沒有父親的庇護，而大哥對他又心生隔閡，在這種孤獨的成長環境中，崔瑗年紀輕輕就學會了獨立謀生。

　　年少的崔瑗在求學路上既漂泊又艱難，到了他十八歲這年，已經熟讀經書的崔瑗決定外出求學，同時也為了看看這個世界。

　　就這樣，崔瑗一個人上路了。

　　在趕往洛陽的路上，崔瑗的心中早已有了人生目標。

　　終於，他來到了賈逵的身邊。

　　雖然此時賈逵已經年過六十，可是在崔瑗看來，只有賈逵才配得上「大家」的稱號。

　　史書對賈逵有這樣的評價「自為兒童，常在太學，不通人間事」，這正

說明賈逵自幼就是塊讀書的料，而賈逵的一生也始終以學問相伴，先後在明帝、章帝以及和帝三位皇帝身邊任過官職，這個三朝元老可以說是當時天下間儒學造詣最深厚的學者了。

崔瑗得到了賈逵的指點，學問進步迅速。而在求學期間，崔瑗又結交了扶風馬融以及南陽張衡兩位好友。既有名師諄諄教導，又有益友朝夕相伴，這段時間可以說是崔瑗一生中最快樂的時光。而在與老師和朋友的相處中，崔瑗也更加深入地認識了社會。

可是，就在崔瑗錦繡前景十分美好之際，卻接到哥哥崔章被州人殺害的消息。

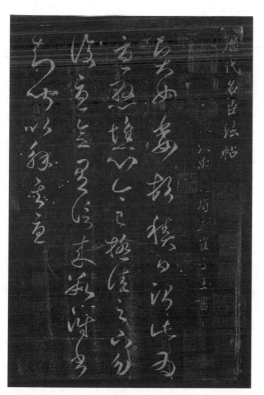

【〈賢女帖〉（選自《淳化閣帖》），崔瑗書。】

崔瑗立刻上報官府，可是地方官員對於此事的審判卻是一拖再拖，崔瑗等了又等，始終無法看到兇手被繩之以法。於是，崔瑗採用了一種極端方法解決這件事情：手刃兇手。

造化弄人，假如未曾發生這件事，以崔瑗的才華和品行是足以成為文學大家的。可是最後卻因為替哥哥報仇使崔瑗將自己推向了亡命天涯的命運。

然而，正當崔瑗的師友惋惜他的不幸，而他自己也做好了逃亡準備的時候，命運卻眷顧了他。

這年，朝廷大赦天下，崔瑗也得以赦免。

雖然崔瑗終於可以回家，可是經過這次事情之後，他的人生軌跡也慢慢發生了轉折。

這時的崔瑗開始認真地反思過往的經歷，在大起大落間崔瑗反省了自己的過錯。此時，當崔瑗再回憶起父親生前對自己的期望和教導，覺得自己辜負了父親的厚望。

於是，他將自己對前半生的反思記錄成銘文，放在自己座位的右側。這樣，每當崔瑗內心困惑迷惘的時候，只要看看座位右邊的銘文，就能夠立刻找回原來的動力，並且還時時刻刻以銘文勉勵自己。

這段銘文是這樣的：「無道人之短，無說己之長。施人慎勿念，受施慎勿忘。世譽不足慕，唯仁為紀綱。隱心而後動，謗議庸何傷？無使名過實，守愚聖所藏。在涅貴不緇，曖曖內含光。柔弱生之徒，老氏戒剛強。硜硜鄙夫介，悠悠故難量。慎言節飲食，知足勝不祥。行之苟有恆，久久自芬芳。」

此後，世人都以「座右銘」來標榜自己的行動指南，以示鞭策。

小知識

　　崔瑗，東漢著名書法家，尤善草書，師法杜度，時稱「崔杜」，是中國歷史上第一個被尊稱「草聖」的書法家。三國時魏人韋誕稱其「書體甚濃，結字工巧」，即書體非常濃密，結字精緻美妙。

中國有了「漢字學」
——許慎「說文」又「解字」

　　西元一二一年八月的一天，在通往洛陽的大道上，一輛馬車正急速前進著，車裡的年輕人是許慎的兒子許沖，車上裝的是許慎多年的心血《說文解字》，此次許沖的任務是要將病重的父親所完成的巨著獻給皇帝。

　　此時的許慎躺在老家的病榻上，對於皇帝是否能夠認可《說文解字》並不確定，但能夠完成這部著作，對於許慎來說還是很欣慰的。

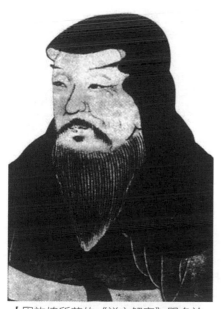

【因許慎所著的《說文解字》聞名於世界，所以研究《說文解字》的人，皆稱許慎為「許君」，稱《說文》為「許書」，稱傳其學為「許學」。】

　　許慎年輕時曾跟隨文學家賈逵學習，當許慎詢問老師為何同樣的經書典籍要分為「古文經」和「今文經」兩派研究時，他的老師賈逵告訴他這樣一件事：

　　「當年秦始皇焚書坑儒，像《詩》、《書》、《禮》、《易》、《春秋》、《論語》這些先秦典籍都被燒毀了，直到漢武帝施行「罷黜百家，獨尊儒術」，過去的經書靠後人的記憶得以用隸書記錄下來，這類經書被稱為『今文經』。而後來從地下或者牆壁裡挖掘出來的古書，由於是使用春秋戰國時期的不同文字記錄的，因而被稱為『古文經』。追根究柢，無論是『古文經』還是『今文經』，所記載的內容其

實都是一樣的，然而在不同的時期受到不同字體的限制，所以才出現了兩個學派。」

在賈逵心中，文字是記錄語言，傳遞資訊的工具，只有將文字固定下來，並加以明確釋義，才能使典籍更容易被研習探究。

不得不說，賈逵真的是一位好老師，因而在許慎心中，對於老師的想法也時常銘記著。久而久之，許慎萌生了編纂一本統一文字結構、讀音以及意義的字書。

許慎有了這個想法後，更加積極地向老師賈逵學習文字方面的知識，同時又有系統地研究六書理論。不僅如此，為了能夠拓寬自己的文字知識，許慎還找來了許多上古時期的宗教、文化、政治、經濟等各個方面的書籍，在大量的閱讀中，逐一分析每個字的準確意義。在遇到有疑難的時候，許慎還要翻閱典籍，請教其他有學識的人。

就這樣，許慎開始有了初步的寫書計畫。他希望能透過《說文解字》告訴人們漢字的構造其實是有規律可尋的。可是漢字自產生以來，每個字其實都有自己獨一無二的字形編排、構形分析，以及釋義、注音和來源，這些都需要許慎加以探究。雖然在許慎編纂過程中，

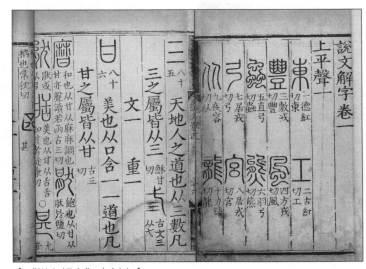

【《說文解字》古刻本】

有很多學者為他提供了幫助，甚至連皇帝都親自問許慎進度如何，然而編纂《說文解字》畢竟是一個非常大的工程，許慎一寫就是三十年，期間為了能專心寫書還辭了官。

西元一二一年，已經頭髮花白的許慎終於完成了《說文解字》的全部內容，心願得成，但身體卻再也支撐不住了。

當許沖的馬車抵達洛陽時，整個洛陽城都沸騰起來，城內的達官貴人，學者名士紛紛來到許沖的住處，希望能夠看一眼這部承載著中華文化的《說文解字》。此時當政的漢安帝得知此事後，立即召見了許沖。

可是，由於許慎在解釋「寶」字時並沒有避諱當時竇太后的姓氏，致使他辛苦大半生的著作只換來了皇帝獎賞的四十匹布。但《說文解字》還是以其固有的魅力和價值震驚了全國，而《說文解字》對後世的影響，恐怕許慎自己都未曾想到。

假使許慎知道即使在今日今時世人仍然使用《說文解字》的編排方法，也許他會更加欣慰自己一生的付出。

小知識

　　現在我們常用的中文輸入法，有些正是從研究《說文解字》入手，最後使漢字的輸入效率超過了西洋文字，從而使古老的文字散發了新的生機。而《說文解字》亦成為後世研究甲骨文、金文和古音不可缺少的橋樑。

夜夢金人向西去
——佛教傳入中國

　　說到佛教在中國的起源，則要從一個夢開始說起——

　　西元六四年，此時當政的漢明帝做了一個奇怪的夢。夢中的漢明帝獨自站在宮殿裡，忽然看到一位身材高大、光環圍繞的金色天神降臨，可是當漢明帝想要和天神說話時，天神卻忽然轉身向西邊飛去了。

　　這種事放在平常人家，無論夢見了多麼怪異的景象，最多也不過是和家人交流一下，再隆重一點可能請一個算命先生替自己解夢。可是這件事放到漢明帝身上，卻直接影響了佛教在中國的地位。

　　漢明帝第二天醒來仍然放不下夢中的景象，不斷回味夢中情形。自然想要知道這個夢有什麼寓意，於是，就在早朝向群臣說出了這個夢境，並詢問哪位大臣能夠解釋夢中的金人是何許人，以及金人向西去

【佛陀靈鷲山說法圖】

的意義。

　　這時，太史傅毅站了出來。

　　他對漢明帝說：「西邊天竺有位修道成佛的人，被稱為佛陀。佛陀身高丈六，遍體散發著金光，而且可以隨意飛馳。我想陛下夢中所見的正是佛陀了。」

　　有了傅毅的解釋，漢明帝對夢中景象終於有點釋懷。可是接下來，漢明帝又對西邊佛陀產生了更大的好奇。漢明帝心想，既然佛陀入夢，必然對我有所指示。於是，漢明帝決定派人去西域求取佛法，看看佛陀到底有什麼啟示。

　　在漢明帝的安排下，終於有了第一次「西天取經」。被派出的使臣一路沿著絲綢之路北道走出玉門關，再沿著塔里木河向北經過龜茲、疏勒，在沒有準確座標的指引下，一路沿著錯誤方向向西尋找著西域的佛法。好在當時佛法已經流傳很廣，雖然使臣走了不少冤枉路，最後還是走到了大月氏。

【白馬寺是佛教傳入中國後興建的第一座寺院，有中國佛教的「祖庭」和「釋源」之稱。現存的遺址古跡為元、明、清時所留。】

漢朝的使臣到了大月氏首先遇到了兩位印度僧人：迦葉摩騰和竺法蘭，使者得知這兩位高僧對佛法有極深的研究，當即表示希望能夠請兩位高僧到洛陽面見皇帝，幫助漢朝傳揚佛法。

　　迦葉摩騰和竺

法蘭瞭解了使者的意圖後，很爽快地答應了使者的要求。於是，中國終於出現了最早的佛經和佛僧。

當漢明帝得知使者帶回了高僧而且還帶來了佛陀的木像後，表示希望能看一看佛陀的真容。誰知漢明帝一見到木像當即大吃一驚，木像竟然與漢明帝在夢中見到的天神一模一樣。

這下漢明帝徹底堅信那個夢境是佛陀對自己的啟示。

漢明帝受到佛陀的指引，開始請迦葉摩騰和竺法蘭在洛陽翻譯佛經，並將佛法指派給各地政府學習傳授，為了表示對佛陀的尊敬，漢明帝又命人興建起中國第一座寺院——白馬寺。

此後，在漢明帝的宣導下，佛教開始慢慢的在中國擴大影響力，而佛教徒也越來越多。

誰也沒有想到，漢明帝的一個夢，直接將佛教引入了中國，也許這正是冥冥中註定的機緣。

小知識

東漢末年，軍閥袁紹為了防止百姓逃往洛陽，就將以洛陽為中心方圓二百里內的房屋全部燒光，白馬寺也因此被燒毀。直到西元二二〇年，曹丕在許昌稱帝，才下令在洛陽廢墟上重建白馬寺。

老師也有年輕時
——賈逵隔籬偷學

故事 100

像崔瑗、許慎這樣的文學家能在年輕時慕名請求做賈逵的學生，可想而知，這位著名的經學家和天文學家有多了不起了。或許對於賈逵，不僅僅用學富五車來形容。賈逵在學術的成就，除了用造化來解釋，也許沒有更好的詞語能夠形容了。

在當時流行世家出身的東漢，像賈逵那種無權無勢的家庭，想要培養出一個高官名士可以說是癡人說夢。不管是購買書籍還是請先生教書，都是一筆很大的開銷，更何況賈逵的家庭已經不能用普通來形容，完全是一貧如洗。賈逵的家窮到什麼地步呢？即便在最寒冷的冬天，賈逵也只能穿著單衣過冬，一條保暖的棉衣對於賈逵來說完全是奢侈品。這樣的家庭情況，賈逵想要讀

【賈逵畫像】

書幾乎是不可能的事情，即使他想見到一本書可能都是一件極為困難的事。

然而，正是在這種清貧的條件下，小小年紀的賈逵卻已經能夠背誦經書了。當賈逵十五歲的時候，已經成為名聞鄉里的小老師，很多名門子弟都主動來向賈逵求教學習，可見賈逵天生就是一塊做老師的料。

當然，此時年輕的賈逵雖然會幫名門子弟答疑解惑，可是他並沒有真正收過徒弟，他也從來沒有想過自己今後會成為全國數一數二的學者，更不會想到自己將來的徒弟個個都成就非凡。

賈逵自小聰慧，即便如此，他的求學之路還是很令人驚歎。在賈逵四歲那年，他的父親就去世了，全家的重擔都落在他的母親身上。一個喪夫的女子要維持全家的生計，只能靠替別人縫洗衣服來賺取生活費，賈逵不但經常過著有一頓沒一頓的日子，而且還難以得到母親的照顧。此時，就連他的姐姐也回到了家中。原來，賈逵姐姐的婆家嫌棄她沒有生育所以將她休了。不過，賈逵的姐姐卻因而成了賈逵的人生導師。

四歲的賈逵整天跟在姐姐身旁，姐姐為了教育賈逵，經常告訴他一些古人的故事，可是姐姐畢竟學問有限，每次姐姐講完以後，賈逵都會繼續要求姐姐再多講一個故事，姐姐哪裡有那麼多的故事說給賈逵聽呢？於是，姐姐想到了一個辦法：因為家中對面學堂的老先生每天都會講課，而學堂外面的籬笆牆離學堂很近，姐姐便抱著賈逵在籬笆牆外偷聽老先生講課。

從此以後，每當老先生上課，姐姐都會抱著賈逵去悄悄聽課。漸漸地，隨著賈逵一天天長大，姐姐再也抱不動他，這時的賈逵便自己抱著板凳站在籬笆牆外獨自聽課。

誰也沒想到，小小年紀的賈逵竟然如此有毅力，無論颱風還是下雨，賈逵都會堅持到籬笆牆外聽老先生講課，從來沒有間斷。夏日炎炎時，賈逵頂著酷暑；大雪紛飛時，賈逵忍受嚴寒。即使姐姐心疼賈逵拉著他回家，賈逵也一定要聽完老先生講課。

賈逵正是在這種艱苦的條件下，堅持學習，而賈逵對於老先生所講的內容過耳不忘，到了賈逵十多歲時，學問已經遠遠超過二三十歲的讀書人了。

　　後來，賈逵又想到以樹皮做紙書寫文章，終於成了赫赫有名的文學大家。

小知識

　　賈逵開門授徒，講授經文，學生們用糧食代替學資，向他捐贈的糧食裝滿了糧倉。所以有人說，他不是在用體力耕種，是世人所說的「舌耕」。

　　「舌耕」通常指靠口舌來謀生，比如教書和說書人。

國家圖書館出版品預行編目資料

後漢書裡的那些人那些事／江輝著.－－第一版，
－－臺北市：宇炯文化 出版；紅螞蟻圖書發行，
2017.08
　　面　；　公分.－－（Discover；41）
ISBN 978-986-456-293-0（平裝）

1.後漢書 2.通俗作品

622.201　　　　　　　　　　　　　106012609

Discover 41

後漢書裡的那些人那些事

作　　者／江輝
發 行 人／賴秀珍
總 編 輯／何南輝
責任編輯／韓顯赫
校　　對／朱靜宜、謝容之
美術構成／上承文化
封面設計／張一心
出　　版／宇炯文化出版有限公司
發　　行／紅螞蟻圖書有限公司
地　　址／台北市內湖區舊宗路二段121巷19號(紅螞蟻資訊大樓)
網　　站／www.e-redant.com
郵撥帳號／1604621-1　紅螞蟻圖書有限公司
電　　話／(02)2795-3656（代表號）
傳　　真／(02)2795-4100
登 記 證／局版北市業字第1446號
法律顧問／許晏賓律師
印 刷 廠／卡樂彩色製版印刷有限公司
出版日期／2017年8月　第一版第一刷

定價 300 元　　港幣 100 元

ISBN　978-986-456-293-0　　　　　　Printed in Taiwan